岩 波 文 庫

33-234-1

梁 啓 超 文 集

岡本隆司
石川禎浩 編訳
高嶋　航

岩 波 書 店

凡　例

一、翻訳にあたっては、原則としてなるべく、初出の原文にさかのぼって底本とし、その書誌情報を各文の冒頭に明記した。各種の異本、なかんずく必ず、梁啓超の全集である『飲冰室合集』（林志鈞編、上海：中華書局、一九三六年）に収める『飲冰室文集』『飲冰室専集』に再録されているテキストと照合した。引用する場合は、それぞれ『文集』『専集』と略記する。

一、収録する各文章の冒頭に、訳者による「解題」を付し、その背景を簡単に説明した。

一、訳文の改行やルビは、読みやすさを考え、訳者が便宜的にくわえたものである。

一、しばしば用いられる仏教語については、そのすべてに訳・注を施すのは煩瑣に失するので必要最小限にとどめ、ほかの語彙には原則としてルビをふることで、それと示すことにした。

一、「報」や「群」など、当時の言説・思想に関わりの深い語彙概念については、原語を残しつつ、解題・注釈などで説明をくわえたり、ルビで解釈を示したところがある。

一、底本にある割注・注記などは、（　）で示した。
一、訳者による注記・補足などは、〔　〕で示した。
一、本文中の……は省略をあらわす。
一、漢数字は見やすさと文脈を考慮して、旧暦・概数・桁の大きな数字は「三十」「五百」「一億九千万」などとし、西暦・序数は「一三」「五〇」のように表記した。
一、本書で収録した文章に言及する場合、逐一書誌情報を記すのは煩瑣にわたるため、たとえば第四章の1「言論界に対するわたしの過去と将来」なら、「本書四―1」のように略記する。また表題を添えて「本書三―5「三十自述」」などと記した場合もある。

目　次

第一章　亡命まで　〜一八九八年

戊戌変法期の梁啓超

1　変法通議　自序・女学について

【初出】「自序」は『時務報』第一冊、光緒二十二年七月一日(一八九六年八月九日)、「女学について」は『時務報』第二三、二四冊、光緒二十三年三月十一日、四月一日(一八九七年四月一二日、五月二日)。

【解題】「変法通議」は『時務報』第一冊から第四三冊、『清議報』第一冊から第四冊にかけて断続的に掲載された。『時務報』で最も注目され、最も影響力を持った論文で、変法を唱える梁啓超の代表作となった。とりわけ「自序」は本書一―2「報館が国事に有益であること」と並んで、『時務報』創刊号の巻頭を飾ったことから、その重要性がわかる。

「自序」の末尾に記されるように、当初は六十篇を予定していたが、最終的には十四篇しか書かれなかった。ここではその中から「自序」と「女学について」を訳出した。

「自序」は「変法通議」の総論に当たり、「変」が自然の法則であると唱えることで、変法の正当化を図ったものである。「女学について」は「変法通議」十四篇の過半を占める学校類の一篇である。

日清戦争の敗北は、大砲や鉄道が必ずしも国を強くするのではないことを梁啓超に思い知らせた。では西洋の強さはいったいどこに由来するのか。かれの答えは学問であり教育であった。教育こそ、人を変え国を変える根本なのだ。「変法通議」はさながら教育論である。なかでも重要なのは男子の教育であり学問である。しかし、「変法通議」を特徴づけるのは、なんと言っても、かれが女子教育や幼児教育に目を向けた点にある。教育によって、女性は「分利者」から「生利者」に変わり、良き国民を産み育てる母親となる。それを妨げているのが纏足であり、纏足を変えなければ、女学は興りえない。かくして梁啓超は纏足解放運動を起こすことになるのである。

自序

法はどうして必ず変化するのか。およそ天地の間にあるもので変化しないものはない。昼夜が変じて一日となり、寒暑が変じて一年となる。

大地がはじめて生まれたとき、マグマが燃えさかり、熱が溶かし氷が動かし、変化が積み重なって地球となった。海草や貝類、大きな木や大きな鳥、飛ぶ魚や飛ぶ恐竜、袋獣や脊椎動物が生まれては滅び、絶えず変化して世界を作り上げた(1)。青い血と赤い血が体内に流れ、二酸化炭素を吐き出して酸素を吸収し、刻々と続いて、一日に幾度となく変化して、人を作り上げた。もし不変というなら、天地と人類は同時に消滅するだろう。したがって、変というのは古今の道理なのである。

貢助の法が変じて租庸調となり、租庸調が変じて両税となり、両税が変じて一条鞭となった。井乗の法が変じて府兵となり、府兵が変じて彍騎《かくき》となり、彍騎が変じて禁軍となった。学校升造の法が変じて薦辟となり、薦辟が変じて九品中正となり、九品が変じて科挙となった(2)。昔から今に至る長い間に、変わらない時はなく、変わらない事はない。道理がもとよりそうなのであって、人がなしたわけではない。

不変の説を主張する者は、ややもすれば「古《いにしえ》を守る」「古を守る」というが、太古・上古・中古・近古から現在に至るまで、すでに幾たび変化したかしれないことをわかっていない。今日、古法と見なして守っているものは、古人の考えからなんと遠く隔たっていることか。

さて、自然の変化は天の道である。変化して善くなることもあれば悪くなることもある。〔人の世界の変化には〕人の道があり、智者がそれを明らかにする。『論語』〔憲問〕に「学べば上達し、学ばなければ下達す」というが、〔国を〕治めることもまた同じである。

心のまま運に任せ、変化に委ねれば、日々悪くなるが、刷新して整頓し、斟酌して変化に通じれば、日々善くなる。

このことを過去に徴してみよう。ある王朝が天命を受けて法や制度をつくっても、数世代後にその子孫が実行しているものは、その祖先のものとは必ず異なっている。しかるに、君も民も上も下もなお「いまわれわれが祖先に法《のっと》るのは、これまでそれによって天下を治めて治まってきたからだ」と自得して漫然と踏襲し、古いしきたりにとらわれて〔変化を〕見抜かず、次第に移り変わって万事が廃れ、ついに疲弊して修復できないまでになってしまったのである。代わって勃興したものは、その弊を明らかにしてこれを変え、そうして新たな王となった。もしその子孫がこの道理に通暁し、自らその弊を明らかにして自らこれを変えれば、中興と呼ばれる。漢と唐の中興はもとよりそのようなものであった。『詩経』〔大雅・文王〕に「周は旧き邦といえども、受けし天命こそ新なれ」というのは、旧い国を治めるには必ず新しい法を用いることをいっているのである。その事ははなはだ筋道が通り、その道理は至って明らかである。なすべき機会があり、取るべき法があり、実施せざるをえない時勢があり、一刻も遅らせてはならない理由がある。

不変の説を主張する者は、なお「古を守る」「古を守る」といって、古いしきたりにとらわれ、〔万事が〕廃れているのを見ても見ぬふりをし、無関心でいささかも心を動かされない。嗚呼《ああ》、大いに惑い〔死ぬまで〕悟らない〔『荘子』天地〕といわざるをえない。『易』〔繫辞下〕は「窮すれば則ち変じ、変ずれば則ち通じ、通ずれば則ち久し」といい、伊尹《いいん》は「その新しきを用いて、その陳《ふる》きを棄《す》てる。そうすれば病は存在しない(3)」といった。夜に蠟燭を灯さなければ暗く、冬に裘《かわごろも》を身につけなければ寒く、河を渡るのに陸用の車に乗る者は危なく、病症が変わったのにそれまでの処方を試みる者は死ぬ。いま専らこの道理を掲げて大声で疾呼するのは、上は「士訓」「誦訓」の遺制(4)に従い、下は盲人の楽師が〔時世を〕諫《いさ》めるとの道理〔『国語』楚語上〕に依る。言う者に罪なく、聞く者は興味を持つに足る〔『詩経』大序〕。六十篇をつくり、十二に分類した。「わたしが知られるのもわたしが非難されるのも〔この文章のためであり〕」〔『孟子』滕文公下〕、そのことで言い訳はしない。

女学について

孟子曰く、「気楽に暮らして教育を受けなければ、禽獣と変わらない」〔『孟子』滕文公上〕。この言葉はなんと悲しいではないか。ある人のことを禽獣と見なしたなら、驚き怒らない者はいない。しかし、もし本当に子輿氏〔孟子〕の言葉通りであれば、今日禽獣と変わらない者がなんと大勢いるだろうか。

広い国内に、頭が丸くて足が四角い〔『淮南子』精神訓〕種族はおそらく四万万〔四億〕(5)いて、農や工や商や兵と呼ばれているが、〔そのうち〕一生本を読まない者はほとんど一億九千万余りいる。官や士と呼ばれ、読書〔人〕と称されながら、本を読んだことがない者はほとんど数百万いる。頭が丸くて足が小さく、官でも士でも農でも工でも商でも兵でもなく、いにしえから今に至るまで一度も本を読んだことのない者〔女性のこと〕はおよそ二億人いる。

それだけではない。前者の官や士や農や工や商で禽獣と変わらない者は、なお禽獣となることを恥としているが、後者の官でも士でも農でも工でも商でも兵でもなく禽獣と変わらない者は、〔禽獣となることを〕恥としないばかりか、天下の人がこぞってそれがもとより当然であると考えている。嗚呼《ああ》、悲しいではないか。悲しいではないか。

梁啓超《わたし》にいわせれば、こうである。今日の中国で、人に婦学〔女子教育〕について語れば、聞く者は必ず「天下にはそれよりさらに重要なことがどれほどあるかしれない。多くの事業がまだ始まっていないのに、汲々としてこれを論じるのは、根本を知った言葉ではない」という。しかしわたしが天下積弱の根本を究明するに、必ずや婦人が学ばないことが原因である。どうかその道理をつぶさに述べ、天下に告げさせてもらいたい。

第一の道理。学者の言に曰く、およそ一国の人は必ずそれぞれが職業を有し、それぞれが自活するようにしなければならず、そうして国は大いに治まるのである。さもなくば、無業の民の多寡が〔国の〕強弱の比率の差となる。なぜか。無業の人は必ず有業の人に養ってもらわねばならない。かれらを養わなければ無業の人が危うく、かれらを養えば有業の人が危うい。この道理を西洋人の訳者は「生利〔生産〕、分利〔消費〕」といっている[6]。すなわち、わが[7]『大学』〔伝第十章〕の「之を生ずる者衆《おお》く、之を食う者寡《すくな》し」の道理〔南皮〔張之洞〕先生曰く、食は蝕と訓ず、耗《ついや》し蝕《むしば》むをいう〕である。『管子』に「一人の農夫が耕さなければ、そのために飢える者がおり、一人の女が織らなければ、そのために凍える者がいる[8]」というのは空言ではない。けだし、一国の人民と物産を合計し、「決疑数術[9]」によってこれを計算すると、それによって得られる率はまさしくこの通りなのである。

中国であれば、男子について論じると、分利の人は生利の人の半ばに及ばんとしている。学者からこれを見れば、すでに国たりえない。ましてや、二億の女子はみな分利に属し、一人として生利の者はいない。彼女らは自活できず、他人に養ってもらわねばならないので、男子は犬馬や奴隷として女子を養う。ここにおいて、婦人は非常に辛い思いをする。婦人は養ってもらわねばならず、男子は養わないわけにはいかないので、年中懸命に働いても、その収入は妻や子供を扶養するのに十分ではない。ここにおいて、男子もやはり辛い思いをする。

わたしが見るところでは、上は官や士から、下は農工商兵に至るまで、どんな人であってもたえず恐れ案じている。とりわけ貧困を憂えるような人々は、寒さや飢えのためにどぶに転がり落ちて死ぬ者がいったいどれくらいいるかわからない〔『墨子』兼愛下〕。実際、比例の簡単な理論によってこれを論じれば、もし人々がそれぞれのなす仕事によって一身の生計を立てるのであれば、貧しくなる道理は何一つない。いま中国でみなが貧困を憂えているのは、一人で数人を養わねばならないからだ。一人で数人を養うこの世界が形成された原因は一つではないが、婦人に職業がないことが実に出発点となっている。

同じく人であるにもかかわらず、なぜある者には職業があり、ある者には職業がないのか。けだし、この世で任意の職業を一つとってみれば、その職業には必ずそうであるべき理由となすべき事柄があり、いずれも学問によらなければ達することができない。ゆえに男子について論じると、おおむね物事の道理をわきまえている人が職業を求めるのはきわめて容易だが、これに反する人が職業を求めるのははなはだ難しい。

そうであるなら、学問は職業の母である。婦人に職業がないのは、天《しぜんの》理がそうであるからではない。最初、擾乱の世(10)ではもっぱら力で争うことを重んじる。男子がなそうとする仕事は、もとより婦人にできるものではない。ここにおいて、婦人を取るに足りないものと見なし、二度と教えなくなる。教えないのだから、当然職業に就くすべはない。

長い年月を経て、次第にその本来の姿を忘れ、〔婦人は〕もとより生まれながら何をなすこともなく、人の情けにすがって養ってもらうものだと考えるようになった。こうして、男子は高貴で婦人は卑賤、婦人は安楽で男子は苦労、ということになった。安楽で卑賤なのは人情の喜ぶところではなく、高貴で苦労するのもまた人情の喜ぶところではない。とするなら、どうすればその高貴と卑賤を平均し、その苦労と安楽を平均することができようか。

現実はともかく、道理はこの通りである。だからこそ、「国は何を以て強いのか。民が富めば、すなわち国は強い(11)。民は何を以て富むのか。人々が自らを養うことができ、必ずしも一人で数人を養うことがなければ、民は富む」というのである。一国のなかで仕事をする人がにわかに倍増すれば、その国が生み出す産物も、必ずにわかに倍増する。増加した分はみなかつて捨てられていた財貨である。捨てられていた財貨を民間で蓄えれば、事ははなはだ順調に進むし、その利益ははなはだ広い。このようなことは、学問なしにははなしえない。

第二の道理。人はつねに「婦人は才能がないのが徳である」というが、これは偽りの言葉である。世の愚かな儒者はこの言葉を取り上げ、天下の女子を一字も知らず、一冊の本も読めないようにすることに努め、そうしてはじめて正真正銘の賢淑と見なすが、これは実に天下に災いをもたらす道である。

いにしえに才女と呼ばれた者は、風や月を素材にし、花を摘み草を玩《もてあそ》んで、春を傷《いた》み別れを惜しむ文章をつくり、数巻の詩詞集を成せば、最高であると見なされた。本来このような事を学問と見なすことはできない。男子であれば、もし他に学ぶものがなく、もっぱら詩文によって名が知られていれば、道楽者といわれるだろう。婦人は論ずるまでもない。わたしがいう学問とは、内にはその志を拓き、外にはその生計を助け、一挙にいくつも良いことが得られるもので、未だそれが婦人の徳に害をなしたのを見たことがない。もし「才能がないのが徳である」というなら、辺鄙な田舎にいる読み書きのできない数多くの女性が、才能がないためにますます賢淑になったということは聞かないのに、〔そのような女性が〕官吏や学者の家の婦人と比べていっそう激しく、箒を取って非難したり、唇をとがらせて言い合ったり〔『漢書』賈誼伝〕することばかり聞くのはどうしてか。

およそ人がけちけちしたり、怒って争ったりするのは、必ずその視野がきわめて狭く、その眼力や思考が一日中このきわめて限られた範囲で汲々としているから、このような弊害が生じるのである。もし人が、万古〔の歴史〕と五洲〔の世界〕があるのを知り、人々が互いに処する道と万国が強弱を来した理を知るならば、その心は天下を憂え衆生《しゅじょう》を憐れむのに暇なく、家族や女性、子供のことで言い争う余力はないはずである。

いま婦人が多くの場合に天下や衆生といったことに昏《くら》いのは、天地の間の事物について何一つ聞いたことがなく、終生その気力を狭い家のなかで強弱を争い駆け引きをすることに費やしているために、その醜悪な習性が、学ばずしてみな具わり、期せずして悉《ことごと》く一致することになったからである。それゆえ、全国に数億の人、数千万の戸があっても、家庭の内外で朗らかに睦まじく、振る舞いや言葉が終生わだかまりのないものを求めれば、万に一つも得られない。その発端は、姑と舅の関係、兄弟の妻同士の関係に生じないものはない。時勢に憤慨する者は、婦人は悉く殺してもいいくらいだとさえいっている。

そもそも婦人の性は悪なのか。教化されていない無知な人間を数人集めて一室に閉じ込め、互いにうまくつきあうことを望んでもできるはずがない。婦人が男子を煩わせるのは、自活できないために、必要なものを人に仰ぐからである。ただこれは体を煩わせるにすぎない。もし家庭が一日中平穏でなく、部屋に入っては憂え、じっとしていれば嘆じるようであれば、それによってどれだけ人の霊魂が損なわれ、人の志気が挫かれるか、通常の基準で推し量ることはできない。

ゆえに、豪傑や物事にこだわらない人でも、終日狭い家のなかに閉じ込められれば、数年後には必ずや志がしぼみ、才気が消耗するであろう。そうであるなら、婦人は本当に毒薬であって近づくべきではないのだろうか。毒薬を飲んでこれをうまいとするよりも、どうして毒を治療する術に少しでも留意しないのか。

第三の道理。西洋人は子供の教育をいくつもの課程に分けているが、母の教えに由来するものが七割に上る。幼児は父より母と関係が深い。その性質や好みを状況に応じてうまく導くことができるのは婦人だけである。それゆえ、母の教えが良ければ、その子が身を立てるのは容易だが、良くなければ、その子が身を立てるのは難しい。『顔氏家訓』〔教子第二〕に「子供のしつけは幼な子のうちに」という。先生に就く前に、性質や抱負はだいたい決まる。子供のころ身につけた習慣は天性に等しく〔『大戴礼記《だたいらいき》』保傅〕、大きくなってもそれを踏襲する。これは実に教育学のあらゆる基礎である。

もし人の母たる者が、学問の根本に通じ、教え方に熟達していれば、子供は十歳までにあらゆる学問の初歩的な知識や立志立身の道をあらかた知ることができる。中国ではいまだ初等教育が創設されておらず、家を出て先生に就いても、教えられることは卑俗で支離滅裂であり、取るところがない。幼年の時期にいつも家のなかで気楽に過ごし、保母の手を離れないとなれば、目や耳に日々入ってくるのは、身の回りの細々としたことで、それ以外はほとんど何も見たり聞いたりすることはない。優れた者ですら、科挙に合格して富貴を得ることを羨み、財産を継いで子孫を育てることを教えるのが関の山である。ゆえに、成長するや、心のうち目のうちにこれより大事なものは天下にないと思うようになる。多くの人々が同病相憐れみ、知らず知らずのうちに、自らの利益しか考えず、その場しのぎで恥を知らず、浅薄かつ野蛮な今日の世界ができあがったが、それがどこから始まったかを知らない。それがどこから始まったかを知らないばかりか、まったく意に介することもない。

ゆえに、試しに幼塾〔初等教育施設〕にいる西洋人の子供を、年配で博学なわが士大夫と比べると、その志向や学識は間違いなくわが方の及ぶところではない。どうしてその人種がとくに優れているということがあろうか。幼いときの教育がそのやり方を得ていないからではないか。

したがって、天下を治める根本は、人心を正し、人才を広げるという二点につきる。

二点の根本は必ず幼児の保育から始まる。幼児の保育の根本は必ず母の教えから始まる。母の教えの根本は必ず婦学から始まる。したがって、婦学は実に天下の存亡強弱の根本である。

第四の道理。胎教の道は『大戴礼』〔保傅〕と『論衡』〔命義〕が詳らかに述べているが、後世この道理は長らく重視されてこなかった。いまの西洋人はこれについて議論し注意している。西洋の学者は、物や人がしだいに進化した道理を考察し、およそ器官があるもの(人・動物・昆虫・植物は器官があるものであり、金・石・水・土は器官がないものである)は、その体内に死滅するものと死滅しないものがあると考えている。たとえば草木の根・枝・幹・果実・花・葉は死滅する。しかしつねに死滅しないものがあり、母を離れて子につき、連綿と受け継がれて途絶えない。これを「種を伝える」という。人も同じである。

けれども、二つの種が化合するうちに、しだいに変化するものがあり、その種を徐々に改善することができる。猿から進化して人となり、野蛮で賤しい種族から進化して文明で貴い種族となる。〔その変化は〕最初は微々たるものだが、やがては大きなものとなる〔『荘子』人間世〕。だからこそ、種族の学を語る西洋人は胎教を第一の道理と見なすのである。かれらが自ら種を改善する手段と考えるものは一つにとどまらない。しかし、軍事力強化に意を用いる国々は、全国の婦人に一律に体操を習わせている。このようにすれば、必ずや彼女たちが生む子は皮膚に張りができ、体も強壮になると考えているからである。これは女学校の重要な道理である。

いま先見の明を持ち天下を憂える者にとって、大事なことが三つある。保国・保種・保教である。

国はどのようにして保つのか。必ず国を強くしてはじめて保つことができる。種はどのようにして保つのか。必ずその種を改善してはじめて保つことができる。欺瞞から進んで誠実となり、私から進んで公となり、バラバラから進んで集団となり、愚から進んで智となり、野蛮から進んで文明となるのがその道理である。〔この道理の〕半分は男子を教育することにあり、もう半分は女子を教育することにある。しかも男子〔の教育〕の半分は婦人〔の胎教〕に由来する。したがって、婦学は保種の出発点である。いま人にこの道理を語っても、耕作して飢えを救い、井戸を掘って渇きを癒やす〔ようなもので〕、迂遠で適当ではないと誰もがいう。しかしながら、これは昔の哲人や王、西洋の優れた学者がきわめて綿密に議論し、究極にまで押し広げ、汲々として重要な手立てと見なしているものである。

(〔賈誼『新書』巻一〇、胎教雑事〕胎教篇に曰く、「『易』〔の逸文〕に「その根本を正せば、万事は理《おさ》まる。〔最初に〕少しでも違えると、〔やがては〕千里も食い違ってしまう。したがって、君子は始めを慎重にする」という。……子孫のため慎重に妻を娶り、娘を嫁にやる。必ず代々品行の良いものを選ぶ。このようにすれば、その子孫は親を敬愛して孝行を尽くし、放縦凶悪になることなく、一族は善でないものはなく、三族〔父・母・妻の一族〕が助けあう。ゆえに鳳凰は生まれながら仁義の心を持ち、虎狼は生まれながら貪欲暴戻の心を持っている。両者が異なるのは、それぞれその母が異なるからである」。この言葉はきわめて的確で明瞭である。また「胎教の道を玉《ぎょく》の版に記し、金の箱に入れ、宗廟に置き、後世の戒めとする」という。思うに、いにしえの人がこのことをこれほど重視したのは必ず理由があるはずである。

〔福建省〕侯官県の厳又陵〔厳復〕(12)君は『天演論』を訳して、「器官がないものは死滅しない。生命を有していないからである。器官があるものは体内に死滅するものと死滅しないものがある。死滅しないものといっても、精霊や魂魄のことをいうのではない。死滅するものと死滅しないものは判然としている。たとえば草木の根・枝・幹などは死滅するものであり、死滅しないものは母から離れて子につき、代々少しずつ変化するが、死滅することはなく、あるいは分割されて、一部は死滅するが、すべてが死滅するわけではない。動植物はみなこのようである。このため、人の体には、先祖が持っていたもので、その身に生まれ変わったものが必ずある。思うに、生を受け形を得て以来、次々と受け継がれて今日に至っているのである」〔『天演論』巻下・論一、能実〕と述べている。これが胎教を胎教たらしむ公理である。厳君はわたしに書簡を寄せて、「生物学の法則によれば、人が生まれると、その考え・才能・形体・気質は、あらかじめ数十代にわたる先祖の身体や精神が経験し蓄積してきたものに基づいて形成され、後には見るものや聞くもの・先生や友達・遭遇した時や場所に依って変化する」〔同前〕と述べている。この議論はきわめて精緻で、保種を語ろうとする者は、この二つの道理を心にとどめておかねばならない。前者の道理〔人の考えや気質が先天的に形成される〕を心にとどめようとすれば、胎教はその根本となる。後者の道理〔人の考えや気質が後天的に形成される〕を心にとどめようとすれば、胎教はとりわけ根本の根本となる。この学問は数十年後必ず大いに天下に明らかになるだろうが、現在はみなが迂遠で無用と見なしている。）

西洋の科学者によれば、数学や科学などの理論に関して、婦人はつねに男子に及ばない。これらの理論を実際の事に応用して、医学や工業など専門の学問とするのは、男子はつねに婦人に及ばない。とすれば、男女は学問に対して、それぞれ得意とするところがあるのであり、優劣があるのではない。

議論する者は「数千年来、卓越した学問をなし大功を立てた男子は記録に絶えず現れるが、婦人は聞いたことがない。このようであれば、婦学を振興したとしても、そのなすところは僅かである」と疑うかもしれない。しかし、わたしは生物学者が公理についてこう語るのを聞いたことがある。およそ生気を持つもの〔生物〕で逆さに生ずるもの〔植物〕は最も愚鈍で、横に生ずるもの〔動物〕は次に愚鈍である。身体が屹立し、頭に清陽の気〔清らかで軽い気〕が満ちているもの〔人間〕は、その聡明さは互いにそれほどかけ離れていない。差異が生じたのは、智慧が開けているかいないか〔の違い〕にほかならない。

かつて乾隆・嘉慶〔一七三六〜一八二〇年〕の間、漢学〔考証学〕は江蘇・浙江で盛んであったが、わが広東では一人も従事していなかった。咸豊・同治〔一八五一〜七四年〕の後、〔後漢の〕馬融や鄭玄の名を口にし、『説文解字』を手にとる者が多くなった(13)。広東の民が乾隆・嘉慶には愚かだったが、咸豊・同治には賢くなったというのではない。日本の明治以前、民智は閉塞し技術は拙劣であったが、翻然と維新して、ついに今日のようになった。日本人がかつては拙く、いまは巧みになったというのではない。その頭脳は潜んで動かず、その霊髄は塞がって通じていなかった。これを導くことによって、機運がはたと転じ、あらゆるものが動き出したのである。

婦人が数千年来、学問によって名を知られることがなかったのは、彼女らを導くものがいなかったからである。婦人が学問に従事する場合、男子に勝る点が二つある。第一に、煩わしい交際が少なく、第二に、困難な科挙を受験しないですむ。その日常は静かで、その心は細やかである。そのため、往々にして男子が究めることのできない道理を婦人が究め、男子が創ることのできない方法を婦人が創ることがある。西洋の歴史に記載されるムハンマドの母、以伯南〔未詳〕の娘、ジョン・ハーシェルの父の妹[14]など、その学業の成果は男子と比べても決してひけをとらない。わが中国の女子にも異国に留学し、学を成して帰国した者がいる。かつてわたしが耳にしたことのあるイダ・カーン氏やメアリ・ストーン氏[15]は、西洋の大学者すら賞賛していた。そうであれば、婦人はどうして生まれながらにして学ぶことができないことなどあろうか。天を戴き地を履《ふ》み、頭に清陽の気が満ちている二億の人類〔女性〕を傷つけ捨て去っておきながら、逆さに生じたり横に生じたりするものと同一視するのは、不仁といわざるをえないのである。

よきかな、諸宗教が平等をいうのは（南海〔康有為〕先生には孔教は平等であるとの主張がある）。不平等はどこから生じるのか。力を尚《とうと》ぶことから生じる。平等はどこから生じるのか。仁を尚ぶことから生じる。みな人ではあるが、これを民と名付けて君主は臣や妾とし、これを女と名付けて男は奴隷とする。臣妾や奴隷とするにとどまらず、さらに必ずその耳と目を封じ、その手と足を縛り、その頭脳を麻痺させ、その学問の道を塞ぎ、その生計の道を断ち、この強者の手におとなしく服従せざるをえなくした。時が経つにつれ、臣妾に安んじ、奴隷に安んじ、慣れて当然と考え、自分でもわからなくなる。なかには自ら臣妾や奴隷であることの不当を疑う人もいるが、かえってみなでその人を責め立てる。このため、数千年来男子は婦学を以て天下を治めるために当然なすべきことと考えず、数千年来婦人が奮然として自ら陣営を広げ、婦学を同類〔女性〕に提唱することはなおさらなかった。才能がなかったからではなく、圧力がそうさせたのである。

いま人に「国を強くしようとすれば、必ず学校によらねばならない」というと、多くの人はこれを信じる。人に「国を強くしようとすれば、必ず女学〔女子教育〕によらねばならない」というと、多くの人はこれを疑う。かれらが惑わされた原因はおそらく存在する。今日、腕をまくって舌を振るわせ、国を強くすることを語る者が、西洋人に驚愕し、その長所を見習おうとするのは、ただ艦船の巨大さ、大砲の鋭利さ、鉄道の速さ、鉱業の盛んさゆえだが、これらはいずれも婦人が得意とするものではない。したがって、国のことを思慮する者は「婦人を教育するのは急ぐところではない」という。西洋人の強みがこれら〔艦船など〕にあることは知っていても、その強い原因が別のところにあることを知らないのである。農業・工業・医学・商業・科学・法律・教育はいずれも男子がなすことができるものだが、婦人もなすことができる。〔婦人も〕学んで有用の材となることができるという点では同じである。いま治国を語る場合、必ず学校に原因を求める。人材はともに国を立てるものではないか〔『左伝』昭公元年〕。中国が自ら有する人材は、教えなくては〔人材と〕ならないのではないか。かの二億〔の男性〕は人材であって、この二億〔の女性〕は人材ではないとは、どういうことなのか。

西方の全盛の国ではアメリカが一番であり、東方の新興の国では日本が一番である。男女平等の論はアメリカで大いに唱えられ、日本でもしだいにおこなわれている。日本の女学には十三の学科がある。(16)一に修身、二に教育（教授および幼児の保育を指す）、三に国語（日本語を指す）、四に漢文、五に歴史（外国史を兼ねる）、六に地理、七に数学、八に理科（科学を指す）、九に家事、一〇に習字、一一に図画、一二に音楽、一三に体操である。男子の学科と違いがあるのは数科目にすぎない。この数科目はおおむね軍事や政治と関係があるもので、力を尚ぶ世界が必要とするものである。

かの西洋人が国を立てるに、いまなお太平の世に到達していない。太平の世では、世界は遠くも近くも大も小もなく(何休『春秋公羊伝解詁』隠公元年)、国の境界もなく、人種の境界もなく、したがって戦争もなく、兵器もなく、軍事制度もない[17]。全国で講じるべきものは、ただ農業・商業・医学・法律・科学・工業などである。全国の人は男女を問わず、みなそれぞれ職業を持って自活すべきで、できるできないの区別はない。

したがって、女学と男学は必ず合併する。いまのアメリカがほぼこれに近い。このため、女学が最も盛んな国が最も強く、戦わずして敵の兵を屈服させることができる。アメリカがそうである。女学が次に盛んな国は次に強く、イギリス・フランス・ドイツ・日本がそうである。女学が衰え、母の教えが失われ、無業の者が多く、智慧のある民が少ないのに、その国が存在するなら、それは幸運である。インド・ペルシア・トルコがそれである。

このように、中国は早急に婦学を振興しなければならない。しかしながら、今日の中国で婦学を提唱できるだろうか。学問というのは、朝晩机に向かって書を開き、声を出して読むことだけではない。先生や友人から教わったり学んだりして智を開き、国内外を遊歴して才能を広げ、これらが補い合って学問が成就するのである。いま中国の婦女は家の奥深くに引きこもり、外に出ることなく、一生の間学問に通じた人を見ることなく、都会に足を踏み入れることなく、一人で学び、友もなく、学識が浅く、見聞が狭い。

これによって風や月を素材にし、花を摘み草を玩ぶことを学んでも、なおよくなしえない。いわんや実学を研究し、実際に役立てるのは、優れた素質があっても、なお困難であろう。それればかりか、かれらは人の肢体や血肉を破壊し、あるいは人を障害者とし、あるいは人を犯罪者とし、己の耳目を喜ばす愛玩物にしている。どうして学問があることを知ろうか。どうして学問に従事させることができようか。

このため、纏足が変わらない限り、女学が成立することはない。嗟夫《ああ》、国家〔清朝〕成立の当初、命令を下して髪を剃らせ、国全体が鎮定された。順治末年〔順治十七年、一六六〇年〕に纏足の禁令を掲げたが、しばらく経っても〔纏足の〕積習は変わらなかった。一人の王の力では群盲の心を改められず、逞《たくま》しい男の頭はか弱い女の足に及ばない〔男の髪が薙髪令《ちはつ》に従って辮髪になったことをいう〕。ついにこの誤りの種を残し、それは繁殖して広がり、数百年を経て、日々盛んになり、内には聖明なる〔皇帝の〕制に違い、外には異族の笑いの種となり、表では酷刑の苦しみを受け、裏では種族の傷を遺すことになった。

嗚呼《ああ》、広々と果てしない天が、どうしてことさらにわが四万万〔四億〕の生霊《ひとびと》を苦しめ、この悪業を留めて、かれらを窒息させようとするだろうか。しかし、天下を治める者もいまだこのことに意を払っていないのである。

(1) ここで示される地球の歴史に関する知見は雷俠児著／瑪高温・華蘅芳訳『地学浅釈』江南製造局、一八七一年(Charles Lyell, *Elements of Geology or the Ancient Changes of the Earth and its Inhabitants as Illustrated by Geological Monuments*, 6th ed., John Murray, 1865の翻訳)から得たものであろう。

(2) 「貢助」「租庸調」「両税」「一条鞭法」は税制、「井乗」「府兵」「彍騎」「禁軍」は軍制、「学校升造」「薦辟」「九品中正」「科挙」は官吏登用制の沿革を記している。

(3) 『呂氏春秋』先己篇に「用其新、棄其陳」とある。「病乃不存」を続けるのは康有為「上皇帝書第二」の表現である。

(4) 「土訓」は王に各土地の状況を教える官職(『周礼』地官・土訓)。「誦訓」は本書一―2参照。

(5) 清末・民国の中国の人口はしばしば「四億(四万万・四百兆)」と称された(兆は百万の意)が、この数字は道光年間の人口見積もり(四億二千万あまり)をもとにしたものであった。この「四万万」という表現は、中国人の総称としてよく使われ、本書にも散見する。

(6) 在華宣教師のリチャード(Timothy Richard)は光緒十九年(一八九三年)四月の『万国公報』第五二期に掲載した記事「論生利分利之別」をもとに、翌年、『生利分利之別』を広学会から刊行した。梁啓超は一時期リチャードの秘書を務めたことがあり、編纂を手がけた『西学書目表』(時務報館、一八九六年)にも『生利分利之別』が収録されている。

（7）『文集』では「南皮先生」の四文字が伏せ字になっている。張之洞（一八三七～一九〇九）、直隷省南皮県の人、諡号は文襄。当時、両江総督だった張之洞は、康有為から上海強学会の会長に推され、資金面でも維新派を支援したが、民権の主張に不満を持ち、維新派と対立するに至る。梁啓超と張之洞の関係については、本書三―5「三十自述」を参照のこと。

（8）実際に引いているのは『漢書』食貨志上の一節であって、『管子』軽重甲の表現には、やや異同がある。

（9）確率論を紹介した傅蘭雅(John Fryer)著／華蘅芳訳『決疑数術』江南製造局、一八八〇年を指すか。

（10）「拠乱の世」および後注(17)の「太平の世」をふくむ春秋「三世」説については、本書二―1を参照。

（11）「民が富めば国は強い」というテーゼは、当時知り合った馬建忠（一八四五～一九〇〇）の「富民説」（一八九〇年）に影響を受けたものと推測される。梁啓超は馬建忠の著述・思想を激賞して、その文集『適可斎記言記行』に序文を寄せた（『文集』一、所収）。この「変法通議」起草と同じ時期で、「女学について」発表よりやや先んじている。

（12）厳復（一八五四～一九二一）、又陵は字・号、ほか幼陵・幾道ともよばれる。福建省侯官県（現在の福州）の人。福州船政学堂で学んだ後、一八七七年より数年間イギリスに留学、帰国後にスミス『国富論』・ミル『自由論』・モンテスキュー『法の精神』など、多くの西洋思想に関する訳著をあらわし、清末・民国初期の代表的知識人となった。とりわけ一八九七年に発表したThomas H. Huxley, *Evolution and Ethics* の翻訳『天演論』は、翌年に正式出版され、中国における社会進化論の普及に大きな影響を与えた。

(13) 漢学・考証学の内容、およびそれに対する梁啓超の見方は、本書二―1「支那の宗教改革について」、とくにその注(2)を参照。またここにいう広東での漢学の普及については、本書三―5「三十自述」を参照。

(14) ジョン・ハーシェル(John Frederick William Herschel 一七九二～一八七一)はイギリスの天文学者、数学者。その父の妹カロライン(Caroline Lucretia Herschel 一七五〇～一八四八)も著名な天文学者であった。

(15) 原文は「康愛徳《カーン・イダ》」(Ida Kahn)と「石美玉《ストーン・メアリ》」(Mary Stone)。ともにミシガン大学で医学を学んだ。梁啓超はこの二人の事跡を「記江西康女士」『時務報』第二一冊(一八九七年三月二三日)で称えた。

(16) 一八九五年の文部省令第一号「高等女学校規程」に、「高等女学校ノ学科目ハ修身、国語、外国語、歴史、地理、数学、理科、家事、裁縫、習字、図画、音楽、体操トス又随意科目トシテ教育、漢文、手芸ノ一科目若クハ数科目ヲ加フルコトヲ得」との規程が見える。

(17) 前注(10)に同じ。

2　報館が国事に有益であること

【初出】『時務報』第一冊、光緒二十二年七月一日(一八九六年八月九日)。

【解題】『時務報』創刊号の巻頭に掲げられ、刊行宣言書とみなせる文章。『時務報』は汪康年を経営者、梁啓超を主筆とし、上海で創刊された旬刊の雑誌である。論説・時事・外国の新聞雑誌の翻訳などで構成され、光緒二十四年六月二十一日の第六九冊まで刊行された。『時務報』が瞬く間に多数の読者を獲得し、刊行部数が一万部以上に達したことは、本書二―6「『清議報』第百冊の祝辞、並びに報館の責任と本館の経歴」に自ら述べる通りである。梁啓超は『時務報』刊行以前、すでに北京で『万国公報』『中外紀聞』の編集に携わっていたが、かれのジャーナリストとしての才能が花開き、その文章が大きな影響力を持つに至ったのは、『時務報』によってである。

「報」は journal の訳語で、新聞・雑誌を区別せずに指し、「報館」はそれを刊行する新聞雑誌社のことをいう。本書の訳出では、これらの漢語をそのまま用いる。

梁啓超は国家の強弱の原因を「通」か「塞」かに求める。そして「塞」を破り「通」

に導く手段としての報、そしてそれを刊行する報館の役割を強調した。実際、『時務報』によって切り開かれた「報」という新たな言論空間が、中国改革の原動力となっていくのである。

国の強弱を観察すると、通じているか塞がっているかにかかっている。血管が通じなければ病気となり、学術が通じなければ見識が狭くなる。道路が通じていないので、「越の人が秦の人の肥瘠《ひせき》を見る」〔韓愈「争臣論」〕ように、少しも関心を持たなくなる。言語が通じていないので、閩《びん》〔福建〕と粤《えつ》〔広東〕は中原から外国のように遠く隔たっている。国もまた然り。上下が通じていないので、聖徳を宣揚し民情に通達しようとしても効果がなく、法令文書を操る官吏が結託して悪事をなす。内外が通じていないので、己を知り彼を知ることができず、守旧の儒者が長広舌を振るう。中国が数十年にわたって侮辱を受けてきたのは、このためにほかならない。

閉塞を取り除き開通を求める方法はいろいろあるが、報館はその端緒である。耳や目がなく、喉や舌がないのを不具という。いま万国は並びたって隣人のようであり、斉州〔中国〕の内は同室のようである。隣人のことを知らず、甚だしくは同室の人がしていることすら互いに知ろうとしなければ、耳や目があっても、耳や目がないのと同じである。

おかみの施策を民に知らせることができず、しもじもの苦難を君主に告げることができなければ、喉や舌があっても、喉や舌がないのと同じである。耳・目・喉・舌の作用を助け、天下の不具を治すのが、報館の役割である。

報館はいにしえに根拠があるだろうか。いにしえには、大師〔楽人の長〕が詩を連ねて民の風俗をうかがった〔『礼記』王制〕。飢えた人は食べ物のことを歌い、過労の人は仕事のことを歌った。輶軒《ゆうけん》〔天子の使者の車〕に乗りこれを訪ね集めさせ、郷から邑に送り、邑から国に送り、国から天子に送った〔何休『春秋公羊伝解詁』宣公十五年〕。あたかも民間の新聞のようである。公卿大夫は天子の徳を宣揚し、政治の得失を論じた。〔『詩経』の〕「皇華」は使いを命じ、「江漢」は勲功を記し、「斯干」は御殿を完成させ、「駉《けい》」は馬を畜えたことを歌った。(1) 君主はこれを臣下に告げ、おかみはこれをしもじもに告げた。あたかも官庁の公報のようである。

さらにたとえば、誦訓は各地の歴史を解説し、王に告げてそれを理解させることを司り、各地の言葉が忌避するものを解説し、王に告げてそれを回避させ、各地の風俗を理解させることを司った〔『周礼』地官・誦訓〕。外史は方志〔各地の風俗、物産、故事などの記録〕を司り、文書で四方に通知することを司った〔『周礼』春官・外史〕。撢人《たんじん》は王の意志を述べ、王国の政事を説き、天下の諸侯国を巡行してこれを告げることを司った〔『周礼』

夏官・撢人〕。おかみの徳を宣揚し、しもじもの情に通達するために、ただ書き記すだけでなく、官職を置いて管理した。したがって、君主は一室に居ながら四海《てんか》のことを知ることができ、士大夫は〔『詩経』の〕三百篇を諳んじて国政を知ることができた。三代〔夏・殷・周〕が盛んで強かったのはこのためにほかならない。

西洋人の大報〔総合新聞・総合雑誌〕は、議会の言論・国家の財政・人口の変動・地理の要所・産業の増減・学会の課程・物産の品目・隣国の動向・兵力の増減・法律の改正・科学の新理論・工芸の新製品などを記している。その分報〔専門の新聞・雑誌〕は、政治家であれば官報を見ることができ、地理学者であれば地学報を見ることができ、軍事家であれば陸海軍報を見ることができ、農業学者であれば農学報を見ることができ、商業家であれば商会報を見ることができ、医学者であれば医報を見ることができ、技師であれば工程報を見ることができ、科学者であれば天文学・数学・音響学・光学・化学、電気学の主要な専門報を見ることができる。一つの学問に対して一つの報があり、ある学問で新しい道理を得れば、その報にはニュースが一つ増える。煩雑な議論は図でわかりやすくし、こみいったデータは表に整理する。朝に一紙に掲載すれば、夕には万国に広まる。このため、実務家は取り残される恐れを抱かずにすみ、学者は優れたものを見て切磋琢磨できる。

それでもなお文章の意味があまりに奥深く、みなが理解できないのを恐れて、女性や子供向けの報が出されている。刊行の形態には、月刊・半月刊・旬刊・週刊・五日刊・三日刊・隔日刊・日刊・半日刊がある。国家は鳥が雛を育てるように報館を保護し、士や民は蟻が生臭い食べ物にたかるよう〔『荘子』徐無鬼〕に好んで報の文章を読む。報をたくさん読めば読むほど、人は賢くなる。報館が多くなればなるほど、国は強くなる。通じるからにほかならない。

報館はこのように国事に役立つので、賢才有徳の士には、昨日まで主筆をつとめ今日には執政者となり、朝に政府の中枢を辞して夕に報館に入るものがいる。かれらはつねに政府と意気を通じて国是を主張する。露土戦争や独墺伊三国同盟にさいして、世界中の人が『タイムズ』の議論を首を長くして待ち、文章が脱稿するや、電報で飛ぶように送られた。報を重視すること、かくのごとくである。

しかしながら、イギリス・ドイツ・日本で、報館に対して讒謗律《ざんぼうりつ》や懲罰の条目があるのはなぜか。些細な事件を記載し、新奇な出来事を取材するのは、斉東の野言〔当てにならない話〕でなければ、秘密の書に記された雑事である。門を閉ざしてでっち上げ、口から出任せに語っても、困難な時局の役には立たず、人々を良い方向に導くこともできない。これがその弊害の第一である。

軍事や敵情の記載に根拠がなく、市場に虎がいる〔『韓非子』内儲説上〕といったデマに頼るばかりで、夕に鶏が鳴くといった疑わしい情報を戒めることもなく、甚だしくは衆情を推し量り、偽りの説をでっち上げる。海外ではすでに灰燼と化したのに、紙上ではなお戦勝を伝える文章が掲載される。人の耳を惑わし、大局を誤らせる。これが弊害の第二である。

人物の品定めをし、最近の出来事を論評するのに、恩讐によって毀誉を決定し、その文章と言葉は刀や兵より鋭利である。あるものは権勢を持つ人を称揚して、かれらに取り入る足がかりとし、あるものは富豪を非難して、かれらから賄賂をもらう手形とする。その振る舞いは無頼と等しく、その宗旨は善言に悖《もと》っている。これが弊害の第三である。

文章を執筆し議論を発表するのに、根本がなく、ありきたりの言葉を踏襲し、剽窃しては言い散らす。あるものは才がつきて思い悩み、うわべだけごまかして責めを塞ぐ。逸話を取り上げたり、紀行文を書き記したりするが、取るべき意義はなく、言葉に文《あや》もない。これが弊害の第四である。

あるいは、翻訳して収録することが多岐にわたり、言論は見るに足り、雑駁なものを削り、頗る簡にして要を得たものがあるが、宗教に借りて説き、鄭志を出るものではない〔別に意図するところがある〕(2)。一部分だけを引用する益はあるが、「歌う詩が〔舞に〕合わない」〔『左伝』襄公十六年〕との憾みは免れない。これがその弊害の第五である。

これらの原因がそろって、ついに報館の意義が制限され、ついに全国の身を慎む一部の人々は、かえって報館を害虫とみなし、報の文章を妖言とみなすようになってしまった。いにしえの道理がおこなわれず、良法が弊害をもたらしている。嗚呼《ああ》、悲しいではないか。

いま中国で報館を設置し、西洋人の壮観を再現しようとしても、情勢として不可能である。西洋では議会が一つの事を協議して決め、これを公衆に布告する。報館の人を議会に入れて記録させる。中国ではひた隠しに隠し、局外者であろうとなかろうと、政府中枢の挙動の真相はわからない。西洋では人口・物産・民間の事業・商業の帳簿が日々記録され、書物をひもとけば一目瞭然で、写しをとって報に印刷し、公衆と情報を共有する。中国では男女、六畜〔祭祀に用いる六種の動物〕には〔その情報を管理する〕専門の官職がなく、州県の知事は所轄の人民・財産・産業について広く知らせるすべを持たない。朝廷はいうまでもない。西洋人は科学・製造の専門の学問に関して、官は学校を設立し、士は学会を設立し、互いに見習うことを重視し、新しい方法が日々現れている。したがって、速やかに報に文章を掲載し、一刻も早く読むことを待ち望んでいる。

中国でこの学問を多少なりとも重視している人は、きわめてまれである。この学問を一途に探求し、その方法を明らかにし、新しい様式を造るものなど、なおさらいるはずがない。これらの理由から、われわれは西洋の報の長所を持ち得ないのである。

では報の形式は、どのようにすべきか。世界の最近の出来事を広く翻訳すれば、読むものは世界の大局とその強盛弱亡の原因を知り、夜郎自大になったり、井の中の蛙になったりしないですむ。各省の新政を詳細に記録すれば、読むものは新法が実際に利益をもたらすこと、担当者が苦労して設計していること、その宗旨の所在を知り、妨害するものが少なくなるかもしれない。広く外交の重要事案を探し求めれば、読むものは国の体制が確立しなければ人に侮辱され、法律を重視しなければ人に愚弄されることを知り、奮起して新学に励み、これまでの恥辱を雪ごうと考えるようになる。あわせて政治学芸の重要な書を掲載すれば、読むものはあらゆる実学の起源と手法、その日進月歩の跡を知り、科挙の受験勉強や考証詩文の旧学問をやるだけでいたずらに尊大になってしまうこともない。このようにしてしばらく経てば、風気は徐々に開け、廃れていたものが次第に復興され、国の体制は次第に整い、人材が次第に現れ、十年もすれば、報館のしくみも備わるだろう。

嗟夫《ああ》、中国の官報は、西洋で報が現れるよりも前に興っていた。しかしながら、数百年経ってもほとんど普及しなかった。〔外国との〕通商のため港が開かれると、これまでのやり方を踏襲することがますます増え、無用のことばかり多くて役立つことは少なく、裨益することも少ない。災禍はますます激しく、世は依然として乱れ、喉と舌は通じず、病は体の奥底に達している。蚊や虻の力では山を背負うことはできないが〔葛洪『抱朴子』論仙〕、精禽の心は海を埋めることを忘れない〔意志が堅いこと。『山海経』北山経〕。上は「大夫を非《そし》らず」〔『荀子』子道〕の道理に従い、下は「庶人市に諫《いさ》む」〔『漢書』賈山伝〕の条目に従い、救いに行くまいと密かに思いつつも、迫られて大声で疾呼している。召見されるか処罰されるかは、すべて執政者次第である。もし聞くものがよくわかっておらず、誹謗の言葉と見なしたならば、若き人材を摘まみ取ってしまうことになり、何の得るところがあろうか。あるいはまた同じ船で苦難をともにし、世に容れられない憤りに思いを巡らせ、奨励し大事に育ててわずかでも成し遂げられれば、顧亭林〔顧炎武〕のいわゆる「天下の興亡は賤しい匹夫にも責任がある」〔『日知録』巻一三、正始〕であろう。

(1)　いずれも『詩経』に収められる詩の篇名。「皇華」は『詩経』小雅・鹿鳴之什の「皇皇者華」、「江漢」は『詩経』大雅・蕩之什の「江漢」、「斯干」は『詩経』小雅・鴻鴈之什の「斯干」、「駉」は『詩経』魯頌・駉之什の「駉」を指す。

(2)　「鄭志を出るものではない」は『左伝』昭公十六年に見える言葉。韓起が晋の使節として鄭に来たさい、鄭の六卿が餞別の宴で歌った詩がいずれも鄭風で、友好を示すものであったという。大国晋と楚に挟まれた鄭は、この二国のいずれかに付くことで命脈を保ってきた。鄭の定公は晋に付き、その支持を必要としていた。本来国事に益するべき新聞雑誌の文章が、布教という別の目的に利用されていることを揶揄した喩えだろう。実際には在華宣教師が刊行していた『万国公報』を念頭に置いて書かれたものらしく、『万国公報』はこれに対して抗議した。

3　社会論序説

【初出】『時務報』第二六冊、光緒二十三年四月十一日(一八九七年五月一二日)。
【解題】「変法通議」のあとをうけ、梁啓超が「群」をキーワードとして構想・執筆した一種の社会論「説群」の序文である。「説群」は本文にあるように、全十篇百二十章からなる大部の著作として構想され、一八九七年五月より上海の『時務報』、マカオの『知新報』などに、「序論」と第一章「群理」が掲載されたが、続編は発表されなかった(その理由は不明)。

表題の「群」は英語の society の訳語として、厳復によって使われた言葉であり、梁啓超もそれを念頭において使っている。近代中国における社会論、社会学の最初期の文章とされるが、康有為の万木草堂での教えや、厳復『天演論』、譚嗣同『仁学』といった当時の最新の知見を取り入れているがゆえに、その「群」の及ぶ範囲は人間界にとどまらない。

この序説部分で言及されているのは、「人群」すなわち人間界の群で、いわゆる「社会」という意味に近いが、第一章「群理」(本書では訳していない)では、群の範囲は自然界・宇宙にもおよんでおり、societyよりも広い世界を対象とした自然論・宇宙論とさえいうことができる。この序説では、主に「人群」(人間社会)を対象にして、あらゆる事物をまとめていく力(いわゆる「合群」、一種の凝集力、統合原理)とその方法(「群術」、統合・結集方法)を研究、導入することが中国の急務だとする点で、社会学的知識と中国の救国論を組み合わせようと試みた意欲作である。

のちの中国語では、この「群」「人群」が直接には社会を意味しなくなり、日本漢語の「社会」をそのまま使用するにいたる。主として民国以前の梁啓超は、いわばその過渡期にあたっており、本書所収の文章でも、おおむね三—4「小説と群治の関係」までは、外来語の「社会」を交えて用いている。その場合、とくに区別して「社会」に「ママ」とルビをふった。

天下を治める道について、南海先生(康有為)にお尋ねしたところ、先生はこうおっしゃった。「群をもって体となし、変をもって用となすのだ。この二つの義が立てば、幾万年も天下を治めることができよう」と。わたしはうかがったことのあらましを述べて、「変法通議」を執筆し、さらに群の義をあきらかにしたいと考えたものの、その道理たるや深奥で、どうしても上手く説明できなかった。その後、侯官県の厳復君の力作『天演論』や瀏陽県の譚嗣同君の『仁学』(1)を読んだところ、豁然としてわが意を得たのだった。残念ながら、天下の有志が南海の教えやその両君の大著に接する機会は多くなかろうし、かりに見聞きしたとしても、納得し信じるということは難しいであろう。そこで、師説の内容をわかりやすく説明しながら、両著を引用して事実で裏づけてゆくべく、全十篇百二十章におよぶ「説群」を執筆することにした。むろん、南海の教えや厳・譚両氏の大著に比べれば、その十分の一にも及ばないにしても、変法の議論〔「変法通議」〕に比べれば、だいぶよくなっていると思っている。

　そもそも、『礼記《ママ》』に「能く群するや、これを君と謂う」(2)とある。だが、いにしえに民を統治するものは〔現実には〕、衆人に対して、「孤」「寡人」あるいは「予一人」と自称しており、わたしは前からこれに疑問を感じていた。つまり、世に言う「孤」や「寡」とは、一般にはよるべない境遇の人について言っているのに対し、統治者の場合だけは、あえて望んでそう自称していることである。他方、経典では暴君を指して、独夫や一夫と呼ぶわけだが、それが悪名であることは誰でも知っている。予一人という言葉の訓詁についてはよく知らぬが、独夫とはたしてどれほど違うだろうか(3)。

　今や、千万の人が群して国を形成し、億兆京垓の人が群して天下を形成している。そうである以上、この国や天下たるものは、能く群せずしてどうしてありえようか。群術でもって集団をまとめれば、群《しゃかい》を形成できるし、逆に独術でもって集団を治めれば、群は形成されない。ある群の失敗は、別の群にとっては利となる。

独術とは何か。人々が自分だけのことを考え、天下があることを知らないようにさせるやりかたである。君主が王府を我がものとすること、官がその地位を我がものとすること、農がその耕地を我がものとすること、工がその業を我がものとすること、商が売値を好きにつけること、一身でおのが利を我がものとすること、一家でその蓄えを我がものとすること、一つの家系がその族を我がものとすること、一つの宗族がその姓を我がものとすること、ある郷村がその地方を我がものとすること、ある一派がその地域を我がものとすること、教師がその教育を我がものとすること、士人がその学を我がものとすること等々は、すべて同様である。かくて、四万万〔四億〕も人がいると、国も四万万に分かれてしまうのであり、つまりは国がないのと変わりないのだ。

国を治める良法とは、君が民とともに同じ一つの群の一員であることを知り、それによって一つの群がそのようにまとまる道理や日常におこなわれることを理解し、さらに進んでその群が孤立分散せずに結集するように導くことである。これが群術というものである。

天下には列国があり、今は群ごとに分かれている。拠乱世(4)にあっては、群は多く独術によって治められているが、太平世の群は必ずや群術によって治められるはずである。独術同士が遭遇しても自存は可能だが、独術〔の群〕が群術〔によって治められている群〕と遭遇した場合、たちどころに亡ぶのは火を見るよりも明らかである。

かの西洋の群術が発達したのは、ここ百年のことにすぎないが、その勃興ぶりたるや今の如しである。ただし、今、自分のことしか考えないというわれわれの特質のままでは、まとめる方向に行こうとするかれらのやり方に倣おうとしても、それはちょうど西施のひそみに倣うようなもの、あるいは羊が虎のかぶり物をするようなものであって、上手く変われるはずなどありはしない。

そもそも、群といっても、国群もあれば、天下群もあるが、西洋の治は国群に施せば確かにすばらしいものの、天下群に施すにはなお不十分である。『易』〔乾〕に、「群龍首なきを見る、吉なり」と言う。『春秋』〔公羊伝・隠公元年〕に、「太平の世にては、天下の遠近、大小は一の若《ごと》し」という。また、『礼記』〔礼運〕には、「大道の行わるるや、天下を公となす、賢を選び能に与《くみ》し、〔……〕独り其の親を親とせず、独り其の子を子とせず。〔……〕貨はその地に棄つるを悪《にく》むも、必ずしも己《おのれ》に蔵《かく》さず。力は其の身に出でざることを悪むも、必ずしも己の為にせず。是れを大同と謂う」という。つまりは、これこそが天下群ということにほかならないわけである。

(1) 厳復については、本書一—1、注(12)を参照。譚嗣同(一八六五～九八)、湖南省瀏陽県の人。若くして内外の学問を修め、それを折衷、敷衍した独特な哲学的宇宙論『仁学』をあらわし、康有為・梁啓超らと交わった。戊戌政変でとらえられ処刑された。

(2) 『礼記』にはこの言葉は見えない。『荀子』(君道)に「君者何也。能群也」とあるので、これを踏まえているのではないかと思われる。ちなみに梁啓超はこの文章の翌年に書いた「湖南時務学堂学約」で「楽群」を論ずるさいに『荀子』を引いている。

(3) 古典に見える「孤」「寡」などが君主の自称として使われる場合、それが謙称なのか、尊称なのかについては意見が分かれる。一般的には謙称(寡徳の人)と解するが、梁啓超はそれが人の上に立つ統治者の尊大な考えを反映した尊称(オレ様)だという見解を表明している。

(4) 撥乱世については、本書二—1「支那の宗教改革について」を参照。

4 『史記』貨殖列伝の現代的意義

【初出】『時務報』第三五、三七冊、光緒二十三年七月十一日、八月二日(一八九七年八月八日、二九日)。

【解題】古代中国の経済を論じた古典『史記』貨殖列伝のさわりを抜粋し、当時の西洋経済学で読みなおして、中国経済の現状とその改革方針を述べた一文である。

とりわけきわだっているのは、重商主義的な保護貿易主義を否定したマンチェスター学派の自由貿易論を支持する論旨である。自由貿易が実現するはずの国際分業、国境を超えたコスモポリタニズムを主張するのと合わせて、それが『大学』の説く「平天下」にいたる「財用」の道、そして「撥乱」の世から「升平」「太平」の世に進む、公羊派の春秋三世説と符合することを強調した。西洋の学理・学説を儒教の経書にこじつける、いわゆる「附会」であり、当時の変法イデオロギーの正当性・普遍性を中国の知識人にうったえたものである。いわゆる三世説の詳細については、本書二―1「支那の宗教改革について」に梁啓超自身の説明があるので、参照されたい。

文章構成としては、貨殖列伝の文章を適宜引用し、そのあとに「啓超謹《つつし》んで案ずるに〔わたしのコメント〕」と記して、自説を開陳するスタイルをとっている。そこに引用する古典は、貨殖列伝もふくめ、漢文書き下し体にし、地の文章と区別することにした。必要に応じて、訳文もつけている。

登場する太公望や計然・白圭たちは、いずれも紀元前・春秋時代の人物で、貨殖列伝がその経済活動を特筆している。梁啓超はかれらを以後の中国で出現しなかったタイプの経済人と位置づけた。

なお当時の中国漢語に、economy を意味する「経済」「経済学」という語彙概念は存在しない。本文では原語で「商務」や「富国学」などという漢語がそれに相当する。本書所収の文章も以後は、日本漢語の「経済」をそのまま用いた三―7「暴動と外国の干渉」を除いて、「理財」「資生」ともいい、「生計」と称することが最も多い。

西洋では知識人が国家を富裕にする経済学を研究し、日々ますます盛大に、しかも精密になっている。いずれも地球・世界全体の土地・人民・物産をひっくるめて、比較事例・理論法則を用い、その盛衰消長を導いてきた。西洋があのように富強なのは、これによること、まちがいない。

しかしそれにも由来があって、はじまったのは古代ギリシアである。いにしえの賢人がその原理をはじめて明らかにし、近年におよんで、いっそう解明がすすんだ。新しい学問とは称しながら、やはり古代古典の理論にもとづいているのである。

かつて『管子』軽重篇・『史記』貨殖列伝を読んで、西洋の知識人が論じるところと符節を合することに気づいた。もしその理論を明らかにして今に応用すれば、中国の経済も衰退を挽回できるかもしれない。先賢の研究の精髄が千年も埋没してきたのは、何とも哀しいことであって、この文章を綴って、その現代的意義を述べたい。

『老子』曰く「至治の極は、隣国相い望み、鶏狗の声、相い聞こゆとも、民は各の其の食に甘んじ、其の服を美とし、其の俗に安んじ、其の業を楽んで、老死に至るまで相い往来せず、にあり」と。必《も》し此を用て務と為し、近世を輓《ひ》きて民の耳目を塗《とざ》さば、則ち幾《ほと》んど行わるる無し矣。

コメント。『老子』に出てくるのは、上古の風習である。中国では古来、古《いにしえ》を尊び今を卑しむ。西洋人はそうではない。昔になればなるほど野蛮で、今に近づくほど文明であると考える。これは実に孔子のいう「三世」の大義(「三世」とは、「拠乱」から「升平」「太平」と少しずつ進歩してゆく考え方である)にも符合している。

『老子』が「隣国の相い望ん」で「老死まで相い往来せず」というのは、以下のような意味になる。

上古は交通が不便で、いたるところ閉鎖的だった。森林があれば障壁となり、河川があれば隔絶されて、自由に行き来できない形勢だったのであり、そのためそれぞれがばっさり分かれて一国にまとまってしまう。だから上古は、国が最も多かった。今の中国辺境の土司[1]や東南アジア・アフリカの部族長も、これにみまがう習俗である。それがおこなわれるには、一州・一県の範囲内（いにしえの「国」とは、今日の一州県くらいの広さしかない）であらゆる物資がすべてそろわなくてはならない。

しかし現実には、地勢や産物というものはどうしても偏りがある。山に魚は乏しく、沢に木は少ない。農夫は有り余るほど穀物を作り、農婦は有り余るほど布を織り上げる。激しい労働につとめて生産しても、それで得られる利益はあまりにも少ない。干魃・水害があったりしても、自力で救済復興などおぼつかない。「相い往来せず」というその弊害は、ここに極まるのである。

『佐治芻言』[2]には、「たとえばイギリスでは、ノーサンバーランド・ダーラムの二州は石炭を産出する。ミドルセックス・ケント・ノーフォーク・サフォークの諸州では穀物ができる。コーンウォール州は銅・錫がとれる。交換しなくては、石炭の採掘者は食糧や道具も自分でそろえなくてはならず、採掘に全力で集中できない。穀物の産地でも人々がその栽培に専念できなくなるのである」とあり、また「産物が交易できるなら、ノーサンバーランドの人々は、地元産に頼るだけにとどまらず、コーンウォール州産の銅・錫、ケント州などの穀物をほしいと思うだろう」という。

『老子』も『佐治芻言』もその趣旨からうかがえるのは、通商が天地自然の道理であって、人の生存が頼るべきものだということである。だから経済学者は、国と国との間の障壁・境界をまったく無にしてしまうのがよい、障壁・境界を設けるのは下策だ、というわけである（たとえば各国が自国の産業を保護するため輸入税を引き上げるなど）。『孟子』が「功を通じ事を易《か》え、羡《あまり》を以て不足を補わず」（滕文公下）、「もし必ず自ら為りて後に之を用いれば、天下を率いて路《つかれ》しむ」（滕文公上）というのは、いずれも経済の学理を深く見とおしたものである。

太史公（司馬遷）はこの学理に最も通じていたから、貨殖列伝の冒頭でただちに邪説を暴露して「民の耳目を塗《とざ》」すと指弾したのである。『老子』（第六十五章）自体が法令なるものは、「以て民を明らかにするに非ず、将に以て之を愚とせんとす（民を愚かにするもので、聡明にするものではない）」といっており、これはまさに「民の耳目を塗《とざ》」すものの確証である。

いにしえだからこそ避けることのできなかった悪しき習俗を指して、わざわざ「至治の極〔治世の極致〕」という考えは、今日まで二千年もの間、人心を惑わしてきたものである。当代もなお鎖国につとめてきて、列強の脅迫でしぶしぶ海禁を緩和したものの、有無を相通ずる意義など思い至ったことなどなく、輸入ばかりで輸出がなく、日増しに貿易赤字がひどくなっている。それだけではなく、各省の交通も滞って、物資も貨幣も流通しなくなり、百里離れただけで外国同然であれば、隣国ばかりのことではないのである。つまりいわゆる「十八省[3]」なるものも、すでに数万ないし十万もの国に分かれているといって過言ではない。まことに『老子』の教えを実行できたものにほかならない。だから太史公は「貨殖列伝」を編むに、まず冒頭でこの意義を明らかにした。けだしわが中国の病弊は、病巣の根本をつかないと、症状もよくならないといっているわけである。

太史公曰く「夫れ神農以前は、吾知らざるのみ。『詩』『書』の述ぶる所の虞〔舜〕・夏〔禹〕以来が若きに至りては、耳目は声色の好きを極めんと欲し、口は芻豢《すうかん》の味を窮めんと欲し、身は逸楽に安んじ、而かも心に勢能の栄を矜誇す。之を俗とせしめて民に漸《すす》むこと久し、戸ごとに説くに眇論《びょうろん》を以てすると雖も、終に化する能わず」。

コメント。殖財を説くのに、耳・目・口・身体と肉体的な欲求にまでさかのぼるのは、なぜか。およそ聖人が教義を作り、賢王が政治を始めたのは、いずれも民を喜ばせるためであった。〔『礼記』〕「礼運」に「貨はその地に棄つるを悪《にく》むも、必ずしも己《おのれ》に蔵《かく》さず」という。大地に産するありとあらゆる物は、生ける人々の利益・安楽に役立てることができる。その向上に限りはなく、それを生み出す力は土地にある。ただ人がそれを発掘するのを待っているだけである。地力の開発が進めば進むほど、人々の生活もますます向上するし、生活が向上したなら、地力の開発ももっと進めざるをえなくなる。両者あいまって、ますます進んでゆくわけである。だから西洋人が贅沢になればなるほど、その国家はいよいよ富裕となり、土地に棄てたままの物資はいよいよ少なくなっている。そのため贅沢を憎み、節倹を尊ぶのを美徳とする説は、まさに「礼運」の孔子の言と正反対なのである。

朝鮮の人々は最も節倹であって、銭二枚あれば一日暮らせる。そして国はついに亡びようとしている。人々自身は二銭以上に求めるものがないし、一日の労働も銭二枚に値すればそれですむ。その人力・地力を尽くせば一日に百銭・一万銭を稼げるとしても、かれらはそう考えようともしない。なぜか。自分にはいらない、労苦だけで役に立たないと思っているからである。だから節倹を尊ぶのは「貨を己に蔵す」ことだとみな知っているけれど、それが「貨を地に棄つる」ことにひとしいと気づく者はいない。国を挙げて倹約につとめたら、全国の地利開発は日増しに行きづまり、次第に困窮して一日も暮らせなくなってしまう。東洋諸国が貧窮のすえ亡国に瀕しているのは、これが原因にほかならない。

だから節倹なるものも、やはり上古のやむを得なかった陋習である。ところが『老子』は、これで民を守ろうと主張している。情勢として無理なだけではなく、そもそも理論として成り立たない。太史公が「之を俗とせしめて民に漸《すす》むこと久し〔もう習慣は久しく民にしみついている〕」というとおりなのに、世のバカ学者は『老子』の時代遅れの議論を拾って、民を苦難に導き、地利を開発させないようにしている。これでは天下の人々をこぞってとことん野蛮に向かわせるようなものではないか。

故に善き者は之に因り、其の次は之を利導し、其の次は之を教誨し、其の次は之を整斉す。最も下なる者は之と争う。

コメント。「之に因る」とはどういう意味か。植物を栽培する西洋人は、必ずその植物の種類にはどんな性質を含み、どの土地に合うか、その土地はどんな性質がそなわり、どんな作物に適しているかを調べ上げたうえで、それぞれに応じて栽培をおこなう。もしそれを知らないまま間違った栽培をすれば、収穫は望めないし、知ったうえで無理やり条件を変えるのは、手間がかかるだけである。これが「之に因る」の第一義である。

またたとえば、熱の力・電気の力・水の力はすべて自然に存在するものである。自由に使ってよいし、使っても尽きることがない。昔の人は「因る」ことを知らずに、役に立たないと打ち捨てていただけである。だから「之に因る」の学は、今日の世界でようやく萌芽しはじめたところ、将来この学が普及したなら、人を養うことのできる地力の限界がひろがって何倍にもなるだろう。そのため司馬遷も「之に因る」のを最も「善」いとしたのである。

人力もそうである。かつては「燕《ペキン》の函《かぶと》・粤《カントン》の鎛《いもの》」〔『周礼』考工記〕といって、北京には鎧兜を作れる人がおらず、広東には鋳物を作れる人がいなかったから、それぞれ得意なところで補い合っていた。いまやイギリスのマンチェスターはもっぱら紡績・織布をおこない、フランスのリヨンはシルク製造を専業とする。ドイツ〔オーストリア〕のボヘミアでは色とりどりのガラスを、スイスでは金時計を製造している。物と所を入れ替えても、うまくいかない。

またいくつかの仕事があるとして、一人で数日かけてやっても、仕上がりは遅くて雑になろう。しかし数人で手分けして一日でやってしまえば、仕上がりは早くてしかも良好になる。「因る」能力を尊重するのは、このためでもある。

「利もて導く」とはどういうことか。もし新たな方法を案出したり、新たな機械を作ったりしたら、特許でその利益を独占させてやる。博覧会の設置、運輸・郵便の敷設はいずれもこのたぐいである。

「教誨する」とは何か。農業・鉱業・工業・商業を専門に教育する学校を設立することである。

「整斉する」とは何か。新しい利益が興せない場合、既存の利益を生かすほかはない。従前のものを整理して無駄を省くというやり方である。たとえば、陶文毅公(陶澍)・胡文忠公(胡林翼)の塩政・漕運の改革は、(4)いずれもこれにあたる。財務に長けた者からすれば、中策・下策のたぐいではある。

「之と争う」というのは、民こそ富の源だという大義に思い至らずに、ただ私腹を肥やさんがため、民の膏血《こうけつ》を搾取しようとすることである。最近の財務官僚が日々画策するのは、ほぼこの「之と争う」たぐいなのである。だから西洋では民間の日用必需品には暮らしに支障のないように税金を減免するのがふつうである。ところが中国では民間の必要に乗じて重税を課す。塩政のたぐいである。西洋で民の便宜のためにはかった良法美意も、中国では財政収入の一助にしようとたくらむので、実施するとかえってひどい騒擾をおこすものもある。今日の郵政のたぐいである。だから根本を誤ると、うまくいかない。原理公理を研究する学問は、これほどに欠かせないのである。

故に農を待ちて之を食し、虞《やまし》にして之を出だし、工にして之を成し、商にして之を通ず。

コメント。西洋の経済学者は産業を農業・鉱業・工業・商業の四部門に分ける。農とは土地でできるもの、鉱とは地中に蔵するものであり、工業はその両者を原料にして役立つ物を製造することで、商業とはその役立つ製品を天下に流通させることである。四者たがいに必要で、一つとして欠かせない。『史記』の記述とまさに符節を合するようだ。

此の四者は、民の衣食する所の原《みなもと》なり。原大きければ則ち饒《ゆた》かにして、原小さければ則ち鮮《すくな》し。上は則ち国を富ませ、下は則ち家を富まさん。貧富の道は、之を奪うも予《あた》うるも莫《な》し、巧みなる者は余り有り、拙き者は足らず。

コメント。「原《みなもと》」の大小は、土地によって決まらないし、人数によっても日数時期によっても決まらない。きめるのは力量である。力量を増して大にしてやろうとするなら、機械化するにしくはない。各種の機械そのものは、農業・鉱業・工業に役立つもので、商業でその機械にあたるのは、道路を修築して運輸を便利にすることになる。

だから一畝《ムー》の土地の生産で百人を養うことができれば、「饒《ゆたか》」といえる。逆に百畝で一人しか養えないのなら、それは「鮮《すくない》」というべきだ。一人の耕作で百人養えれば「饒」、百人で一人しか養えないのなら「鮮」だ。一日の労働で百人の食糧を供給できれば「饒」、百日の労働で一人の食糧なら「鮮」なのである。

そのため智恵をめぐらせばめぐらすほど、労力は少なくてすむ。だから『史記』は「巧みなる者は余り有り、拙き者は足らず」というのである。

故に太公望は営丘に封ぜらるるや、地潟は鹵《しおち》にして、人民は寡《すくな》し。是に於て太公は其の女功を勧め、技巧を極め、魚塩を通ず。則ち人・物之に帰す、繦《つづ》きて至りて輻湊す。

コメント。『易』(繫辞下)に曰く、「日中に市を為し、天下の民を通じ、天下の貨を聚《あつ》む」と。けだし多くの人が群がるところには、必ず大きな利益も集まってくるものである。『孟子』(公孫丑上)も「天下の商、皆悦びてその市に蔵さんを願う」といっており、商人がわが市に蔵したら、われわれの利益になる。

後世はそんな公理に暗くて、軽重をはきちがえている。そのために鎖国海禁の主張を唱え、通商を一大変事、開港を一大災害だと思いこむのである。西洋人に聞いてみれば、通商は論じるのがあたりまえで、自国の利益は九割、相手の利益が一割だという。だから西洋ではどんな国でも、少しの土地さえあればみな貿易ができる。日本も旧時は鎖国を唱えていたが、後には全国こぞって外国に開放した。それで有害だったであろうか。

だから太史公は富強に説き及んで、「人・物之に帰す」を主義としたにちがいない。いまの腐れ儒者は、まだ貿易開港にビクビクと怖がって、外国商品の流入を絶ち、国内貨幣の流通を止めようとしている。まさに「民の耳目を塗《とざ》す」『老子』の毒が及んだものではあるまいか。いわゆる「女功を勧め、技巧を極む」のは、やはり今日、日本が興隆したゆえんなのである。

故に曰く「倉廩実《み》ちて礼節を知る。衣食足りて栄辱を知る」(『管子』牧民)と。礼は有に生じて無に廃《すた》る。故に君子富みて、其の徳を行うを好み、小人富みて、以て其の力に適《かな》う。淵深くして魚之に生き、山深くして獣之に往き、人富みて仁義焉《これ》に附す。

コメント。『周礼』(地官・大司徒)に「保富(富民を保《まも》る)」の意義を説いたくだりがあり、西洋ではいっそう富民を国のエネルギーとみなす。なぜだろうか。国に富民がいれば、大きな利益をめざして、その資本を醵出して製造業を興すにちがいない。そうなれば全国の貧民も工場で糊口をしのぐことができる。そのおかげで、埋もれて顧みられなかった財貨もすべて市場に出てきて、一国の財貨が流通するようになる。だから具眼の士は重視するのである。

最近の西洋諸国では、慈善が流行して日増しに盛んになっている。学校や病院などの事業を興すため、富民が百数十万もの寄付をおこなうという。見ない国はないし、聞かない年もない。突出して本性が他人と違っているはずはなく、これこそ富民保護の効用の現れではあるまいか。それゆえ「人富みて仁義焉に附す」というのである。

ロシアはユダヤ人(ユダヤ人は最も富裕な人々である)を虐待しており、そのためにロシアは日々貧しくなった。朝鮮の臣民は私産の蓄えをもっておらず、国家はそのため日増しに衰えた。太史公が富民を重んじたのは、意味のあることなのである。この原理に明らかでないので、当世の愚劣な儒者では、富民保護を嘲笑しても不思議ではない。無を惑わせないようにしたのである。だからこれを嘲弄するのは誤りである。

六歳にして穰《みの》り、六歳にして旱《ひでり》す。十二歳にして一大饑《ききん》あり。夫れ糶《ねだん》は、二十なれば農を病ましめ、九十なれば末《しょうぎょう》を病ましむ。末病まば則ち財出でず、農病まば則ち草辟《ひら》けず矣。上は八十を過ぎず、下は三十を減らずんば、則ち農・末倶《とも》に利あらん。

コメント。西洋人が貿易事情を総合的に調べた結果、だいたい十年が一サイクルだという。イギリスの通商でいえば、乾隆十八年〔一七五三年〕より二十八年・三十七年・四十八年・五十八年のそれぞれが、通商の最も栄えた時期にあたっている。だいたい最盛をきわめたら、以後は漸次おとろえてゆくものだ。五年たって大きく衰え、そのあと次第に回復し、また五年して大いに盛んになる。

なぜそんなサイクルになるのか、その原理を西洋の学者が深く調べてみたところ、ヨーロッパで葡萄を産する数カ国では、十年ないし十一年に一度、必ず大豊作となって、通常の数倍の収穫がある。インドの各地でも十二年ごとに必ず一度凶作がおこる。だから貿易の盛衰の根源は、きっとここにあるにちがいない。いわゆる「六歳にして穰り、六歳にして旱す」云々という説と、期せずして合致するのである。

またなぜ十年に一度、豊凶がおこるのかを、西洋の学者が調べると、月面から反射して地面に来る熱量がちがってくるので起こる現象だとわかった。同じ年でも凶作の度合いが各地で異なるのは、熱の伝わり方が土地によって異なるからである。ここからいえば、計然が「金は穰り、水は毀《こぼ》ち、木は饑《う》え、火は旱なり」(『史記』貨殖列伝)といったのも、実際の測定によるのかもしれない。ともかく人は食なくして生きられないから、物価の貴賤はつねに農産物の価格によって変わるのである。十年の貿易サイクルもそこに左右されるから、計然は明察にも、農業と商業の均衡をはかったわけである。

糶《ねだん》を平らかにし物を斉《ひと》しくし、関市は乏しからざらしむ。国を治むるの道なり。

コメント。「糶を平らかにし物を斉しく」するのは、税率で操作する。西洋諸国ではかつて、自国の産業を保護するため、輸入税を重くかけるのが普通だった。最近でもこれをおこなう国は多いけれども、経済学に明るい学者は、みなその誤謬を知り、国家に有害なやり方だと考える。

そもそも通商というものは、半ばは商品と商品を交換するものであって、現金を用いるのは一割、二割しかない。だから毎年の輸出品はすべて外国商人が輸入品をもって来て、それと交換して運び去るのであり、必ずしも現金で買い付けるわけではない。輸入ルートを閉ざしてしまったら、中国産品と交換するすべがなくなり、かえって自国が苦しむことになるといえよう。また一国の国内だけであらゆる物産を生産できるわけではないので、どんな国でも自立していこうとするなら、外国の生産物に頼らないわけにはいかない。それが必然である。たとえば穀物を多く産する国なら、その価格が騰貴すれば自国に利益があると思い込み、自国民が食だけでは生きていけず、必要な衣服や品物を外国から調達していることにまで思い及ばない。穀物の価格があがれば、それにともなって一切の賃金も高騰するので、その影響を自ずとうけるのではあるまいか。

さらにかつて、穀物生産に適さない数カ国があり、農業従事者はコストがあまりにもかかっていた。その地主も他国から穀物食品が輸入されるのを厳禁し、あるいは外国の農産物流入を阻むため、その税を重くするよう建言した。イギリスも五十年前はそうした政策を実行して、まさにそのために、食物の欠乏に悩み、あまつさえ、ほかの商品の貿易も伸び悩んでいた。ところが一八四六年以後、貿易の制限を緩和する〔穀物法の廃止〕と、あらゆる取引が年々倍増していったのである。

なぜか。「平〔均衡〕」と「不平〔不均衡〕」によるものである。ある物産の価格がバランスを失うと、あらゆる物価が均衡しなくなるし、ある国の物価が突出したら、万国の物価がおかしくなる。地球の産物はすべてあわせれば、地上の住民が消費してもあまりあるほどの供給ができるはずだ。しかしどこかでその流れがふさがれば、別のところで不足がおこる。渋滞が大きければ大きいほど、不足も比例する。だから過不足を交換すれば、相殺して平準化するわけである。しかし商品には多寡があり、価格も高下する。はじめの兆しは微細ながら、ゆきつく先は巨大な格差になる。それをうまく「平」「斉」〔均衡・安定〕させることができれば、みな天下が恩恵を受けるし、「平」「斉」を失えば、被害に遭う。

では、一国の為政者はどうすれば、物価の「平」「斉」を実現できるのか。たしかに関税の操作に頼れば、物価を動かせる。とはいえ、財をどう動かすかはみな天下にかかわることである。地球全体の地力・人力の需給を総合的にみきわめなくては、バランスのとれた操作はできない。だから『大学』も財のコントロールを「平天下」のセクション〔伝十章〕で述べるのであって、一国のみを治めるのは、そもそも些末なことなのである。

それなら国家の統治では、この原理を精密に研究して応用すれば、国境での貿易取引も盛んにでき、国も必ず大いに裕福になる。いまのイギリスがこの状態に近い。

積著《ストック》の理は、物を完うするに務め、息幣《たいか》無からしむ。貨は留むる勿かれ。

コメント。今日の中国で経済を語る者は、この言葉の意義を知らないわけではない。それでもその弊害を避けられないのは、障碍を除去できないからである。何が障碍になっているのか。

まず、鉄道の不通、内河での汽船運航の不通、都市の道路未整備である。このため西洋なら一日で運べる貨物が、こちらでは十日ないし半月かけないと届かない。貨物本体の価格に比べ、輸送コストがその数倍にのぼることもある。しかも輸送中に棚晒しになってはすぐ破損して、あらゆる商品が輸出できなくなってしまう。

第二の障碍は、内国の税関の徴収にさいしてのことである。腐敗した役人が賄賂をもとめて、むりやりひきとめて、数日も通関できなかったりする。そのために貨物が倉庫で痛んで、市価にみあわないものになってしまう。

第三は、商業会議所がないので、商人たちがバラバラで団結できない。西洋商人はそこにつけこんで、知らぬ間に市場の主導権を握って、思うがままに市況を左右している。そのためこのまま時間が長く経過すれば、こちらが疲弊してしまう。

三つの障碍を除去しなくては、いわゆる「息幣」や「貨を留むる」弊害もまぬかれるすべがない。しかし除去の実施には、国家の力で保護してやらなくては効果があがらない。だから良き牧者《せいじか》とは、「亦た其の馬を害《そこな》う者を去らんのみ」(『荘子』徐無鬼)というのであって、ここでいう障碍除去と同じ意味である。天下のあらゆる事象には、こうした障碍がつきもので、それをすっかり除いてやれば、万事うまくゆく。経済ばかりに限った話でもないのである。

其の有余・不足を論ずれば、則ち貴と賤とを知る。貴《たか》く上りて極まらば則ち反って賤《やす》し、賤く下りて極まらば則ち反って貴し。貴くして出だすこと糞土が如くし、賤くして取ること珠玉が如くす。

コメント。新奇の事業を創《はじ》めるのを好むのは、決まって天下に傑出した人物である。並以下の連中は、世の風潮に甘んじて追随するのが常である。もちろん傑物は少なく、凡人が多い。

事業をはじめて起こすにあたっては、多くに利益を還元してやれば、追随する人は無限にいる。ところがはからずも、実際には事業にそれほど無限の人々を許容できないから、価値を落として競争せざるをえなくなり、こうして騰勢はほどなく失墜する。一方ほかの事業は、あまり人が寄りつかなくなり、欠乏をきたすにいたる。こうなってようやく、価値はにわかに上昇に転じる。以上が「上りて極ま」り「反って賤し」(高騰がきわまって反落する)、「下りて極ま」り「反って貴」し(下落がきわまって反騰する)であり、そうなる原理はごく簡単なのである。

それでも経済人が見通しをあやまるのは、「上極」「下極」の転換点を見定めるのがきわめて困難なためである。まだ極点まで来ていないのに、来たと思い込む者もいれば、すでに極点を過ぎているのに、まだ来ていないとみなす者もいる。うまく時勢の変化を見抜かなくては、たちまち混乱を生じてしまう。

かつて康熙五十六《ママ》年(一七一七年)ごろ、イギリスの太平洋《ママ》の通商は殷賑をきわめ、株価はにわかに数倍にはねあがった[5]。当時、物理学者ニュートンが友人にその株式を購入するよう書簡を送り、株式を買って入手したとたんに、かの商社が倒産した。西洋人たちはこうした現象を泡沫《バブル》にたとえる。最も膨らんだ時がはじける瞬間になるからである。

これは世の中のどんな取引でも起こりうることで、ニュートンのような見識ある碩学でさえ誤られた。そのため現在にいたるまでイギリス人は、取引投資に従事する人を戒めるため、かれの友人あて書簡を大英図書館に所蔵し国宝としているのである。

西洋の経済書につぶさにこのことを記してあるのは、もし国中の人々がみなこの原理を知っておけば、いかに風潮に追随しても、国を挙げて狂奔するようなことにはならないし、膨らんではすぐはじける泡沫をくりかえすようなことにもならないだろう。また国内の多くの商人たちも、その影響を受けなくなろう。これが為政者の商人保護の方法である。

わが国の商人たちをこぞって外国商人と競争させるには、まさしく「出だすこと糞土が如くし」、「取ること珠玉が如くす」る(高価な時に惜しげもなく放出し、廉価な時に宝石と思って買い込む)方法を用いるのが適切である。いま西欧諸国もこのやり方でわれわれの膏血を搾ってきたのである。いまわが中国で、この方法を実施できる商人がいないわけではない。しかし国内の財のみをめぐって争ってきたから、あたかも鷸蚌《いつぼう》の争いが漁夫に利を与えたようなことになっていて、外国人と競争するため、団結して商業会議所をつくることも知らなかったのである。中国が弱体なのも無理はない。

財幣は其の行くこと流水が如くならんと欲す。

コメント。〔『礼記』〕「礼運」に「貨はその地に棄つるを悪《にく》むも、必ずしも己に蔵《かく》さず」という。だから貨幣を「泉布」と呼ぶのは、「泉」が「流れる」の意味で、「布」が「布《し》く〔ゆきわたる〕」の意味だからである。

財の動きで憂慮されるのは、財貨の独占であり、たとえ持っている人が複数でも、一カ所にとどまって流れないと、全体が被害を受ける。それなら、古人はなぜ「保富〔富民を保《まも》る〕」といったのだろうか。というのも、富民ならその財産を拠出して工業商業を興すのがベストな選択だからである。経営さえうまくいけば、大きな利益をあげることができるし、また従業員も、技術者・労働者もそれに頼って生活するのである。たとえば一つの機械制織布工場を建てるには、二十万の資本がなくてはならない。その資本が機械の製造業者・綿花の生産者・建築業者・労働者・販売人に分配される。

それればかりではない。機械を購入する段になれば、製鉄業者も鉱山採掘者もそこに加わるし、綿花の購入では、小作人や肥料・農具の生産者も加わる。建物の修築では、木材や窯業の工場も加わる。かくて採鉱製鉄から窯業にまで波及する。しかもそうした物資には、もともとの原資が存在するし、その原資にもさらに、もとになった物があるから、このように互いに相連なって、利益が果てしなく行き渡ってゆくのである。

また労働者や販売人が多くなれば、その暮らしの面倒をみる必要があり、それなら衣食・住居・移動手段がなくてはならない。そこで米穀蔬菜を商う者、布帛服飾を扱う者、住宅・車馬の賃貸業者にも頼ることになる。こうした人々がそこで得た所得で、ほかの業種と取引をするし、今度はまたその他業種の人が得た利益で、さらに他業種の人々と仕事をする。こうして互いに相連なって、利益が果てしなく行き渡ってゆく。これを「行くこと流水が如」し、というのである。

とはいえ、他人がわが利益でこのように潤う以上、こちらは大いに消耗するはずで、それでも得る利益がはかりしれないとすれば、それはつまるところ、誰の財を得ていることになるのだろうか。それはつまり、昔はみないわゆる「地に棄つる」者だったのが、いまは富民の財産と貧民の労働を合わせ用いるので、地から無限の財を取ることになっているのである。そのために自他とも利益がありながら、財も損失をあらわすことはない。

それなら富民でも、豪奢荒淫にふけっている人々ならどうか、といえば、それも問題ではない。山のような食事のため酒肉を購《あがな》う者も、無数の側妾のため綺羅宝飾を買う者も、豪邸をかまえたくて木材・瓦を購入する者も、高級な乗物に乗りたくて車馬を買い求める者も、人々を養うことができている。ほかのことでもかわらない。その購入した代金で、さらに買うことができるから、それが連なっていって果てしなく行き渡るのは、前述と同じである。だからたとえ一人が贅沢して大損しても、全体でみれば「流水が行く」ので、最終的には何の問題もない。

最も厭うべきは、他人の所有物を搾取兼併して、私腹を肥やし、これを貯め込んで、自分の子孫に残そうとする守銭奴・吝嗇家である。自分の食事でさえ肉は単品、側妾には絹を着せない。それで倹約の美名を売り込み、国中の財物を渋滞させ、市場の取引を沈滞させるとは、まことに世界をむしばむ害虫、天下の罪人である。

にもかかわらず、善政を称える後人たちは、「大官の銭巨万を累《かさ》ね、貫朽ちて校すべからず〔政府が巨万の収入を集め、銭を蔵したまま朽ち果てさせる〕」〔『史記』平準書〕のを美談としている。そもそも〔「流水」という〕計然の発言からして、何と誤ってしまったことか。だから西洋人こそ、善政なのである。中央銀行を設けて、国債を起こし、政府に財産を貸す国民がいて、官はこれを用いて事業を興し、経済を発展させ、民に還元している。かくて国の富強が比類なきものとなったのである。

〔孔子の弟子・子貢は〕著を廃し財を曹・魯の間に鬻《ひさ》ぐ。〔『史記』の注釈家〕徐広によれば「子貢の伝記に「居を廃す」とあるから、「著」は「居」と同じ」という。

コメント。『尚書』〔酒誥〕に「肇《はじめて》車牛を牽き、遠く賈に服す〔はじめて牛・車を引いて遠くに出かけて交易した〕」という。およそ通商とは各地を飛び回って取引し、いわゆる「死せるも徙《うつ》るも郷を出づる無し〔何があっても故郷を離れない〕」〔『孟子』滕文公上〕という者はありえないものだから、「著〔家〕を廃」さなくては「財を鬻ぐ」ことができないのである。西洋人はことあるごとに、一地・一港を通商に開放しようと、商業会議所を世界中に設け、国じゅうの力をふりしぼってきた。それに対して、中国四万万〔四億〕の人々は安住ばかり考えて移住を厭い、集まって会社を建て、汽船を通じて他国の人と競い合おうとする者は、誰もいなかった。まことに悲しい。

　魏の文侯の時に当たり、李克は地力を尽くすに務む。而るに白圭は時変を観るを楽しむ。

コメント。「地力を尽くす」とは、農業・鉱業・工業をいう。「時変を観る」とは、商業を指す。両者そろってはじめて完全なのであって、どちらか一方だけではダメである。

とはいえ、「地力を尽くす」者は、労多くして所得は少なく、（一定の労働から出る利益が、「時変を観る」者より少ないという意味である）「時変を観る」者は楽をしながら、所得は多い。どんな国でも、下層の肉体労働者が多ければ「地力を尽くす」のを講究すべきで、上層の知識人が多ければ、「時変を観る」のを講究すべきであろう。

いまわが中国は西洋人と争うため「時変を観る」学を身につけようとしているが、まだとても勝てない。もし「地力を尽くす」ほうに努めれば、勝負はわからない。中国は数千年間、今日まで手つかずの地利が開発をまっている。しかも地球の五大陸は、未開地がなおその半ばを占める。将来アジア・アフリカ・南アメリカの各大陸は、わが四万〔四億〕人の〔労働〕力を用いなくては、開発はかなわないだろう。

時に趨《はし》るは、猛獣・摯鳥《はやぶさ》の発するが若くす。故に曰く「吾〔白圭〕生産《とりひき》を治するに、猶お伊尹・呂尚の謀《はかりごと》がごとく、孫・呉の兵を用いる、商鞅《しょうおう》の法を行うは是なり。是の故に其の智ともに権変するに足らず、勇以て決断するに足らず、仁以て取予する能わず、強きこと守る所有る能わざれば、吾が術を学ばんと欲すると雖も、終に之を告げず矣」と。

コメント。西洋の経済学は専門の学術に数えられ、国内屈指の人材が競い合って研究に従事している。中国では古来、学派を言い立ててもここに及ぶことはなかった。しかし計然・白圭の所説をみると、わが中国にも秦より以前には、この学問が実在していたことがわかる。白圭の言などは、これほどに経済を尊重したから、その原理理論にかなう論点がきわめて多いにちがいなく、この学問をうけついで発展させれば、西洋人にひけをとらなかっただろうと知られるのに、中絶してしまったことが惜しまれる。

いまこちらで商業を営む西洋人たちは、おおむね学校で日夜研鑽を重ね、卒業してからやって来た者たちである。それに対し、こちらは学問ができなかった連中が、そろばんをもって、かれらと相対しているのである。これでは、交戦しないうちから敗北を喫していても不思議ではない。

コメント。「時変を観る」に努めるのは、「撥乱」から「升平」の世までのことである。「太平」の世になれば必要ない。なぜか。いわゆる「時変」なるものは、市場の物価がそろっていないから生じる。物価のふぞろいは〔上に述べた〕「不平〔不均衡〕」「不斉〔不安定〕」から生じる。「不平」「不斉」は商業が通じないことによる。輸送できないような道路があったり、関税がまちまちだったりすることで、有り余るところがあるかと思えば、他所に欠乏する物産が出てくるのである。そのためたとえ一日・二日の時間、数十家の取引にでも、変調をきたしたら、はかりしれない数量にのぼる。その時間は一度で終わらず、一カ所ではすまないことを考え合わせると、その急激な変動は、とらえようもないから、ますます不可思議なことになるのである。

変調の由来を観察しない愚者は、それが起こったら喫驚し、過ぎ去ると忘却する。だから損害を被って、他人に支配されるのが常であって、これでは「拙き」商人としかいいようがない。

用心深い人物なら、どうして相場がそんな変調をきたしたのかを追究し、その終わりをみきわめて、前後の推移も観察しつつ、各地の異同もすべて比較する。深く穿ち、しかも網羅的に調べ上げ、相互に参照して、見極めがついたら、相場の動きの法則性がわかる。そこで時々にふさわしい数字で予測し、操作するために、その活動は必ず的中して、ほかの商人たちはみなその支配を受けることになる。これこそ「巧みな」商人である。商学のエッセンスはここにすべて具備する。

しかしかれの所得は、すべてほかの商人の財産である。商人たちの暗愚惰弱につけこむだけではなく、「其の臂《うで》を紾《ねじ》りて以て之を奪う」(『孟子』告子下)ような非道な行為であって、これでは強者が力に任せて兼併する行為と何らかわらない。それでも幸いなことに、地球上には智者は少なく愚者が多いので、こうしたやり口が通用するのである。

しかしもし「太平」の世なら、教育学問は公明正大、みなにゆきとどいて、天下のすべての人々の知識は均等となり、かのいわゆる「時変」なるものも、日食や彗星のように、あらゆる人がその由来と一定不易の原理を知るようになって、驚愕もしなければ翻弄もされなくなるだろう。ましてや「太平」の世なら、自ずと物資の「平」「斉」(均衡安定)をもたらす方法が存在する。いわゆる時と場所によって、たちまち変調をきたし、とらえられないような事態は、いっさい消滅するはずである。だから「時変を観る」のは「太平」の所業ではあり得ない。

いまわたしが以上を今日「抛乱」の世の人々に語るのは、きっと信じてもらえないとわかっているからである。いま試みに問いたい。ここに国があって、国内の商人が争奪相剋して、知らず知らずのうち、利益が一人ないし数人だけの壟断に帰することになっては、その国の経済がどうなるか。必ず衰えて収拾がつかなくなるといえよう。時勢を識る者はまた必ずいうだろう。「なぜ全国の力を合わせて、連合共同して他国と対抗しないのか。どうして自国の経済をボロボロにするに任せているのか」と。

そもそもわたしには、経済利益を一人で独占するのと、一国で独占するのとのちがいがどこにあるのか、わからない。人と人が争えば、全国の経済が疲弊する。国と国が争えば、天下全体の通商が疲弊する。その天下も一つの大国なのであって、みだりに分け隔てするのは、自ら損害を与えることになる。だから国と国の境界を打破しなくては、財の動きも最終的に整えられないし、天下も最終的に平らかにすることはできない。『孟子』〔公孫丑下〕は「賤しき丈夫《おとこ》がい〔れば商利を壟断す〕る」といった。「太平」の世の決まりで統治するなら、白圭のような輩は、その部類に入ってしまう。しかもかれは商業で天下に抜きん出たのだから、やはり「賤しき丈夫」の親玉でしかない。しかし今日の中国を治め、目前の塗炭の苦しみを救おうとするなら、白圭・計然こそ救世主といえるのではないか。

（1）「土司」は、ローカルなリーダーというくらいの字義である。中国の歴代王朝政権は、とくに辺境の言語習俗を異にする集団に、一定の自治を認めており、その首長をいう。

（2）『佐治芻言』江南製造局翻訳館、光緒十一年（一八八五年）。原著はJohn Hill Burton, *Political Economy for Use in Schools, and for Private Instruction*[Chambers's Educational Cource], edited by W. and R. Chambers, 1852で、福沢諭吉も『西洋事情外編』（慶應義塾出版局、一八六八年）で翻訳紹介した書物である。ここで梁啓超が訳出するのは、原著の第二八章 "Foreign Commerce" の冒頭である。

（3）いわゆる中国本土《チャイナ・プロパー》の省数は、清代一八世紀半ばに十八で安定して現在に至っている。以後「十八省」で中国を指す総称となり、本書にも散見する。清末に入ると、これに東三省を加えて「二十一省」、さらに新疆を加えて「二十二省」とする表現も通行し、やはり本書にも言及されている。

(4)　陶澍(一七七八〜一八三九)、文毅は諡号。湖南省安化県の人。清朝後期に江南で行政改革を進めた地方大官。一八二〇年代に手がけた塩専売の改革は、「票法」といい、最も有名である。専売に民間業者の参入をみとめて、塩の価格を大幅に引き下げ、密売を減らして税収を回復させた。胡林翼(一八一二〜六一)、文忠は諡号。湖南省益陽県の人。陶澍の女婿でもある。内乱平定に功績をあげた地方大官。そのさなかの一八五〇年代後半、所轄の湖北省で、北京送付用の穀物・物資の徴収を、現物から銀両に改めてコストを削減する改革を成功させた。

(5)　南海泡沫事件のこと。南海会社の株式投資でおこった空前の投機事件である。一七二〇年のわずか数カ月の間に株価が十倍に急騰したが、たちまち急落、原価にもどってバブルがはじけた。「太平洋」はおそらく大西洋の誤り、またやや時期がずれているのは、梁啓超の勘違いだろうか。当時、造幣局長官だったアイザック・ニュートンは、株式投資で一時、大儲けしたものの、その後の暴落で倍以上の損害を被っている。

5 保国会での演説

【初出】「保国会演説」『国聞報』第二〇九号、光緒二十四年四月十二日(一八九八年五月三一日)。

【解題】保国会は戊戌変法の年(一八九八年)の三月に、変法を指向する有志によって起こされた結社で、「国」「種」「教」を保つことを掲げた。二度ほど集会、演説会をもよおし、北京の士人の気風を一変させたと言われる。梁啓超のこの演説は、閏三月初一日(四月二一日)に嵩雲草堂(河南会館)で開催された第二回の集会でなされたものである。多くの聴衆を前に意見を述べる「演説」は、宣教師たちが民衆への布教のさいにおこなった説法のようなものを除けば、当時の中国では珍しいものだった。梁啓超は日本亡命後に書いた「自由書／伝播文明三利器」(『専集』二、所収)の中で、学校・新聞と並んで演説の重要性を指摘したうえで、保国会でおこなわれた演説は、西洋でいう演説だったとして、その意義を説明していた。

ただし、この演説の辞の冒頭に見えるように、梁啓超は聴衆(少なくとも百人弱は集まった模様)を前に、口頭で演説をおこなったのではなく、書いた原稿を誰かに代読してもらい、それを演説と呼んだ可能性がある。病み上がりだったということも考えられるが、ほかにかれの当時の口語(官話)が充分なものではなかったこともその理由かもしれない。なお、保国会はこの演説会の十日ほどのちに弾劾され、活動を停止した。

「中国の士大夫」の覚醒・奮起をうながすこの演説において、梁啓超が中国をフランケンシュタインの怪物に喩えるイギリスの軍人の言を引いていることが注目されるが、その情報は天津で刊行されていた変法派の日刊紙『国聞報』の論説「如後患何」(一八九八年三月二二日)とそれへの厳復の按語を借用したものである。「フランケンシュタインの怪物」のイメージは、その原作(イギリスの女流作家シェリーの著)を読んだことのない梁啓超にさまざまなインスピレーションを与えたようで、日本に亡命した翌一八九九年には、この怪物は獅子の形をした機械仕掛けの「傀儡」で、「眠れる獅子(睡獅)」と呼ばれることもあるという解説をつけるようになる。

清末の中国を「眠れる獅子」と呼ぶことは、実は梁啓超のこの演説に始まる一連の宣伝活動から生まれたものであった。「中国＝睡獅」言説はその後、梁啓超の影響力とともに、清末の中国知識人に広まり、やがて日本や西洋にも伝播していくのである。

本日は皆さまにご来聴いただき、わたしが演説をするよう仰せつかっております。もとより、わたしは学識も浅薄で、弁舌も覚束なく、そのうえ病み上がりで体調も充分ではありません。ですので、〔演説も〕お引き受けしかねるのですが、かといって欠席して会の通例を破るわけにもいきませんので、ここに謹んで会の趣旨を略述し、文章をもって発言に代えたいと存じます。どうかよろしくご高覧ください。

嗚呼《ああ》、今日、中国の士大夫は、その心力、その議論ともに、三年前とは大きく異なっています。甲午・乙未〔一八九四～九五年〕の間、わたしは北京に滞在しましたが、折しも日本との戦争が勃発し、継いで和議が成立しました。わたしは身の程もわきまえず、日々切歯《せっし》扼腕《やくわん》して、士大夫たちに、命旦夕に迫る中国の危機を訴えましたが、信じてくれる者は十人に一人、疑う者は十人に九人という有様でした。退いても憂え悲しみ、目をそばめては悩み、わが国のすべての人々が滅亡の危機を自覚すれば、その中からきっとこれを奮い立たせて救おうとする者が現れるはずなのに、と思ったことでした。

ところが今年に入ると、膠州湾・旅順・大連・威海衛の各地は、相次いで割譲の憂き目に遭い、脅迫に屈して国権を失う事態がひと月に二十回に及びました。わたしは再び北京に滞在して士大夫と交わっておりますが、今回は瓜分《こくどぶんかつ》を憂え奴隷化を恐れる言論がわが耳に溢れんばかりです。しかし、わが国を奮い立たせて救う道はいかに、と問えば、天心〔天の御心次第〕だ、国運〔国の命運次第〕だ、という答えが返って来るだけ。時局に言及すれば、「一も言うべきものなし」、なすべきことに言及すれば、「緩は急を済《すく》わず」と言うばかりで、千篇一律・異口同音、国を挙げて安閑としたまま八つ裂きになるのを待っている有様です。

嗟乎《ああ》、かつて曾恵敏（曾紀沢）は「中国先睡後醒論」を著し[1]、イギリス人のウルズリ（イギリスの子爵、現陸軍総司令官）は、「中国はフランケンシュタインの怪物のごときものであって、大の字で寝ている時は安逸無為だが、いったん目を覚ますと牙をむき爪をとぐ」と言っています[2]。どちらの場合も、わが中国にはまだ充分望みがあると見ているのです。今や、瓜分を憂え滅亡を恐れる者は天下に遍《あまね》く、中国はほとんど目覚めていると言ってもよいのに、その議論たるやあのザマ、その心力たるやこのザマではありませんか。それゆえ、わたしは思うのです。わが中国が亡びるとすれば、貧に滅びるのではない、弱に滅びるのではない、外患に滅びるのではない、内訌に滅びるのではない、じつにこれら士大夫の議論のゆえ、心力のゆえに亡びるのだ、と。

いまここに病人がいるとしましょう。家族や親戚の誰もが不治の病であると考え、みなが見捨てて立ち去るならば、もともと大した病気でなくても、遠からずきっと死んでしまいます。いま中国の病は、風邪や喉のつかえといった程度にすぎません。良薬があれば、たちどころに治すことができるのです。それなのに、国の上下を挙げて、漫然と

「不治」の一語で済ませてしまうとすれば、その病気を悪化させてその死を待つに等しいでしょう。昔はその病気のことが分からなかったわけですから、まだ言い訳の余地がありります。しかし、今ではその病気のことが分かっているのです。それなのに、うちそろってその死を待つとしたら、その死を招いた原因が病気そのものにあるのではなく、そうした連中にあることは明々白々ではありませんか。さらに、必ず治せる病のことはさておき、たとえ薬石などの効き目もなく、死に至った場合でも、死装束や棺のこと、あるいは遺児の後事を誰に託すかといったことがあり、うち捨てて立ち去ろうとしても、そうはできないはずです。

一人の身ですらかくの如し、いわんや国の存亡となれば、その関係するところ、これに百倍するものがあるのではないでしょうか。それゆえ、瓜分の事態がすでに明らかになり、奴隷化の局面がすでに醸成されたとしても、今後なおなすべき事がひかえているはずなのです。豚ですら小屋に繋がれてもなお暴れまわり、キイキイと叫び声を上げます。目下、数万里の沃土はむろんまだ分割されておらず、数億人の貴種はむろんまだくびきに繋がれていません。ところが、もうすでに首を俯《うつむ》け耳を垂れ、気をおとして声を呑み、意気はひとえに消沈し、手をつかねて亡ぶのを待っている有様です。これこそまさに、『孟子』〔公孫丑上〕にいう「これ自ら禍を求むるなり」ではありませんか。

『論語』〔憲問〕には孔子のことを述べて、「知其不可為而為之〔其の為す可からざることを知りて而も之を為す〕」といいます。いったい天下の事は、「可為」、「不可為」があらかじめ決まっているものでしょうか。誰もがその「不可」を知って「不為」であれば、それは本当に「不可為」でありましょう。けれども、誰もがその「不可」を知りつつ「為」であれば、それは「可為」なのです。

わが四万万〔四億〕の人々がみな、わが国が必亡の趨勢にあると知って、これを何としても不亡の域に置きたいと熱望し、めいめいがその聡明、才力の及ぶ限りを尽くし、その分の範囲内でおこなえることをおこない、一人一人が皆そうしても、それでもなお国の滅亡を救うことができないとは、そんな話をわたしは聞いたことがありません。

その分の範囲内でおこなえることをおこなうとは、どういうことか。現在、変法や事をなすことを話題にすると、高い地位にいる人は決まって、下に人材がいない、任せられる人間がいないとおっしゃいます。逆に下にいる者は、上にいる者が変法をやらないのだから、どうしようもないと言います。

かくて、地方官は政府のせいにし、政府は政府で地方官のせいにしています。また、州や県は総督や巡撫《じゅんぶ》のせいにし、総督や巡撫は州や県に罪をなすりつけています。士や民は官吏をとがめ、当局者は当局者で士や民に責任を負わせています。結局は、みながみな押し黙ったまま、何もやらないということなのです。そうして嘆息痛哭し、文句ばかり言っているというのは、まさに責任をのがれて、道連れにしてしまえということであって、実際には毛ほどの真心もないのに、天下国家を憂えているふりをしているだけなのです。

もしも、本当に憂えているのなら、誰かがやってくれるのを期待するのではなく、自分でやるしかないでしょう。誰もやってくれないと人を責めるのではなく、自分をこそ責めるべきでしょう。われわれには一人一人、誰のせいにもできない責任と何かをできる権限とがあるはずです。われわれ士大夫が、他の人をあてにする気持ちを捨てて、自分でやり自分で責任をとる。そうすれば、天下にはできることが無限にあるのです。

孔子はこう言っています。「飽食終日、心を用うる所無きは、難いかな〔食べてばかりで、何も考えない人間ほど、困ったものはない〕」〔『論語』陽貨〕、「群居終日、言義に及ばず、好んで小慧を行うは難いかな〔大勢集まって議論しながら、誰も義について語らず、小ざかしいことばかり言い合っているのは、困ったものだ〕」〔『論語』衛霊公〕、「説《よろ》こびて繹《たず》ねず、従いて改めずんば、吾これを如何ともするなきのみ〔親切な忠告を理解せず、筋の通った忠告でも改めないならば、もうどうしようもない〕」〔『論語』子罕〕と。この世のどんな人間であれ、教え導いてやり、用いてやることができるものです。ただし、固陋頑迷《ころうがんめい》ですべてをほったらかしにし、できないと思ったらやらないという輩に対しては、聖賢の人であっても、手の施しようがありません。

さらにその手の人間というのは、何もやらないならまだましな方で、ほかの人が本気で天下のことを憂えているのを見るや、互いに目配せをしては鼻であざ笑い、ちょっとした振る舞いや言葉尻をとらえては、つまらぬ理屈で誹《そし》ったり、邪魔立てしたりするのです。そうして、かの飽食群居し、小賢しい議論をするさいのネタにして楽しむのです。なんと痛ましいことでしょう。わが中国人にはこの手合いの連中がなんと多いことでしょう。孔子は一再ならず「難いかな」と言い、さらに「これを如何ともするなきのみ」と言っていますが、まさにその通り、「難いかな」、「これを如何ともするなきのみ」なのです。

かつてあるイギリス人が朝鮮からもどって書いた本で、こう言ったそうです。「朝鮮は間違いなく滅ぶ。かの国に行って、かの人々を見たところ、終日まったく何もしない。茶碗を手に三々五々木陰に集まり、夜も昼も清談三昧、皆が皆、来る日も来る日もそんな有様で、いったいどうして国が立ち行くだろうか」。

嗚呼《ああ》、わが京師《みやこ》の士大夫を見るにつけ、その言葉を思い起こさずにはいられません。朝廷に籍を置くものは何千人といるのに、要路にある数人の顕官が休むことなく懸命に仕事に励んでいるのを除けば、ほかは全て飽食しつつ昇任や栄転を待っている者ばかり、終日何もせず、本も読むでもなく、また何かをなすということもありません。頭にあるのは、あたら流れ去る閑な歳月をどうやってつぶそうかということのみ、結局は連れだって、花見・宴会・詩歌の会・当て物・楽器や囲碁・賭け事、踊り等々で時間をつぶす毎日です。今年の会試〔科挙の中央試験〕の受験者で都に集まれる者八千人、試験から合格発表までの二十日間、無為に日を送るその様たるや、朝廷に仕える者よりもひどいものです。この連中は、口では瓜分を恐れ、奴隷とされるのを怖れるとは言いますが、その話を段々に聞いてみれば、「今日は特にすべきこともないので、ご一緒に女をはべらせてうまい酒でもいかがでしょう」と言い出すのです。

嗚呼《ああ》、「行《みち》に死人有らば　尚或いは之を墐《うず》む〔道に死人があると穴を掘って埋める人もいる〕」、「君子の心を秉《と》ること、維《こ》れそれ忍べり〔なのに君子たるべき者の心は冷淡で無関心そのもの〕」〔ともに『詩経』小弁〕というではありませんか。わが士大夫たちは、もっと楽しいことがあるとでも言うのでしょうか。

国を守るというこの大事は、誰か一人の手によって成し遂げられることもなければ、念じるだけで救亡の道理が得られるということもありません。あるいは、この事態を救いたいと思いはしても、その実践方法が見つけられず、誰も助けてくれないと一人悩む中で次第に気持ちが萎《な》え、もうどうにでもなれと思ってしまう人もいるでしょう。

何か一つの方法でやろうと言う場合は、皆が力を合わせて議論していけば、容易に方針を定めることができます。何か一つの学で行こうという場合でも、皆が知恵を合わせてそれを追い求めていけば、容易に成就できるものです。何か一つのことをやる場合も、皆が分担しながら力を合わせてやっていけば、容易に実現できましょう。ということは、わが士大夫たちがどうでもよいことに身を委ねたり、どうやって閑をつぶそうかということばかり考えたりし、遊民たるに甘んじ、朝鮮の二の舞となろうとしているのに、何とも思わぬようになってしまったのは、もっぱら学会〔結社〕というものがなかったからです。

思いを貫けば、鬼神もこれを通すのです。粘り強くやっていけば、金や石にも刻むことができるのです。皆が集まって学び研鑽しあい、ぶつかり合って鞭撻していこうではありませんか。かのフランケンシュタインの怪物だって、きっと目を覚ます時がやって来る、そして曾紀沢やウルズリの言葉が正しかったといつかは証明されることでしょう。そんな時が来たら、わたしは伏し拝んでそれを祝いたいと思っています。

(1)　曾紀沢(一八三九～九〇)、恵敏は諡号。曾国藩の長子にして、近代中国の初期外交家として知られる。欧州在任後の一八八七年一月に、「中国先睡後醒論」(原題 China, the Sleep and the Awakening)をロンドンの『アジアティック・クォータリー・レビュー』(*Asiatic Quarterly Review*)に英文で発表、中国の現役外交官の政論として広く注目された。

(2) ウルズリ(Garnet Joseph Wolseley 一八三三〜一九一三)はイギリスの軍人。一八五七年に軍務のため、はじめて来華、第二次アヘン戦争に従軍、戦争後は清朝を援助して太平天国軍を鎮圧するよう主張した。その後、英領アフリカ植民地で軍政の要職を歴任した後、一八九四年には陸軍元帥に昇任、翌年にはイギリス陸軍総司令に就任した。

第二章　日本にて　〜一九〇一年

ボストンにおける梁啓超

1　支那の宗教改革について

【初出】『清議報』第一九、二〇冊、光緒二十五年五月二十一日、六月一日（一八九九年六月二八日、七月八日）。

【解題】梁啓超が日本亡命中の一八九九年五月一三日、東京麴町の富士見軒で開催された哲学会の春期例会でおこなった「支那宗教改革論の朗読」という講演を記録したものである。

この例会に出席した面々は、加藤弘之会長・重野安繹・井上哲次郎・三宅雪嶺ら二十余名だった。『哲学雑誌』第一四巻第六号（明治三二年六月一〇日）「雑報」に記事がある。

本文は梁啓超自身の師・康有為の「哲学」を紹介したものであり、康有為がとなえた孔教の簡明な解説にもなっている。訳文の「哲学」は原文どおりで、「支那」と同じく日本漢語の借用であろう。当時の中国語では、本書二―3にも言及するように「智学」であった。

康有為が自らの公羊学をつきつめ、その「三世」説を『礼記』礼運の「大同」説と結びつけ、創始したのがいわゆる「孔教」であって、半ば儒教をキリスト教に附会したものでもあった。梁啓超がこれをあらためて西洋の「宗教改革」という翻訳概念で説明しようとしたところ、注目すべきである。また文中、至るところに仏教への言及およびそれとの比較があるのは、日本人向け・宗教学者向けの講演だったからかもしれないが、かれ自身の仏学の造詣も垣間見られて、興味深い。

表題は「宗教改革」であるが、文中の原文では、一貫して「宗教革命」と称しており、これは訳文でも残しておいた。当時のかれなりの「改革」「革命」の概念・弁別も注目されるからである。その問題については、本書三―2「変革釈義」を参照されたい。

梁啓超には、本文の論旨をいっそう詳しくした「南海康先生伝」(『清議報』第一〇〇冊、一九〇〇年一二月、『文集』六、所収)があって、あわせ参照すべきものである。後年この孔教の立場をすて、師の康有為とも袂を分かった。そのいきさつについては、本書三―3を参照されたい。

本日、姉崎正治[(1)]さんのご紹介によりまして、この哲学会のお集まりの末席を汚し、東洋文明国の諸賢にお目にかかることができまして、十年来の宿願が一朝にしてかなった心地に存じます。これほどの幸いはございません。

みなさまのお招きにあずかりました以上、ご交誼をいただくきっかけとして、一言でも申し上げねばなりません。はなはだ浅学菲才ではございますが、わが師の南海康有為先生のとなえる哲学を少しは聞いてきた身でございますので、できましたらその一斑を申し上げ、みなさまのご批正をいただきたいと思います。どうかご清聴くだされば幸いです。

南海先生の説く哲学には、二つのポイントがございます。ひとつは支那に関するもの、いまひとつは世界に関わるものです。大きく申しますと、支那に関わるものは、宗教革命が先決、世界に関するものは、宗教統合が先決ということです。ここではまず、支那に宗教革命が必要だという問題をお話ししたいと思います。

みなさま、およそ一国の強弱興亡とは、すべて国民の知識と能力にかかっております。そして知識・能力が増すか減るか、進歩するか退歩するかは、すべて国民の思想にかかっております。思想が高尚かどうか、ひろまりやすいかどうかは、すべて国民の習慣と信仰にかかっております。それなら国家の独立を望むなら、国民の知識・能力の増進をはからなくてはなりませんし、そのためには、国民の思想の転換をはからなくてはなりません。そしてそのためには、国民の習慣・信仰において、旧きを去り新しきをひろめなくてはなりません。以上は天下の公論でございましょう。

西洋が今日のような文明を有するにいたりましたのは、宗教革命により古学が復興したことにございます。けだし宗教なるもの、国民の頭脳を鋳造する触媒のようなものです。わが支那も周・秦の時代には、思想が勃興し、才智が雲のわくように輩出すること、西洋の古代ギリシアに劣らないほどでした。ところが漢代以後の二千年あまり、どんどん下降してゆくばかり、今日に至ってひどく衰微し、西洋にははるか及ばないものになってしまいました。

これは経典の精髄を誤って伝え、儒教の本来の趣旨を失ってしまったからです。愚かな儒者たちは曲学阿世につとめ、君主・大臣は儒教の宗旨にかこつけて愚民化をすすめました。かくて二千年来、孔子の真面目は湮滅してあらわれなかったのです。これはまことに東洋の災厄でした。いま東洋を振興しようとするなら、孔子の真の教義を明らかにせねばなりません。

そして南海先生の解明したところでは、孔子の教義とは、

保守主義ではなく進化主義
専制主義ではなく平等主義
独善主義ではなく兼善主義

文弱主義ではなく強立主義
単狭主義ではなく博包主義（相容無碍《むげ》主義ともいいます）
愛身主義ではなく重魂主義

の六つとなります。この六大主義がなぜ成り立つのか、それに反する六主義がなぜ誤って伝わったのかを明らかにするには、孔子の学術がどのように構成されているのか、もともとどのように伝授され転変していったのか、を先に明らかにしておかねばなりません。ですので、まずそこを申し上げます。

孔子門下には、特別な教義と普通の教義の二種があります。特別とは「中人《ひとなみ》以上に語れる上級」、普通とは「上級が語れない中人以下」（『論語』雍也）向きのものであります。普通の教義は『詩』『書』『礼』『楽』で、およそ門下の弟子は誰もが学ぶものでして、『論語』（述而）はこれを「雅言」といっています。「雅」とは通常という意味です。

特別なものは『易』と『春秋』でして、これはハイレベルな才人でなければ受けられないものです。『春秋』を伝えられたのは孟子、『易』を伝えられたのは荘子でした。

普通の教えは「小康」といい、特別の教えは「大同」といいます。しかし天下には人並みの才能が多く、ハイレベルな才人は多くありません。ですから「小康」を伝える人は多く、「大同」を伝える人は少ないのです。

「大同」と「小康」とは、仏教の大乗と小乗のようなものです。説法のやり方に「権《ほうべん》」と「実《まこと》」の区別があるために、議論も往々にして正反対になります。小乗に耽っている人は、大乗の説を聞くと逃げ去ってしまうばかりか、自分の偏見に固執して相手を非難し、大乗が仏説ではないとまで疑います。そのため仏陀が華厳経を説いたさい、目前にいた五百の「声聞《でし》」の、誰一人として聞こえた者がいなかったというのです。

孔子の教えも同じです。「大同」の教えは「小康」の弟子には聞くことのできないものです。聞くことができないものですから、これを攻撃非難しようとします。ですので荀卿は「およそ学問は『詩』を暗誦するに始まり、『礼』を読むに終わる」(『荀子』勧学)といっておりまして、『春秋』のあるのを知らないわけです。『孟子』の全編を通じて、『易』のことをいっておらず、孟子はあたかも『易』の存在を知らないかのようですが、これは資質も違えば、授かったものも異なるので、どうしようもありません。こうして秦漢以来、今日にいたるまで、儒者の伝えてきたのは、「小康」学派しかないのです。これでは孔子の真面目があらわれないのも、無理はありません。

いま孔子門下の二大学派を図示しますと、以下のような系譜になります。

「大同」学派──有子──子游
　　　　　　　　　　　子夏──田子方──荘子
　　　　　　　　　　　子張
　　　　　　　曾子──子思──子思門人──孟子
「小康」学派──仲弓──荀子

ここからみますと「大同」学派の祖師は、荘子と孟子になります。「小康」学派の祖師は荀子です。ところが秦漢以後、政治・学術はすべて荀子から出ましたので、二千年ずっと「小康」学派がおこなわれてきました。「大同」学派がその学統を絶ったも同然なゆえんです。

　では、まず『荀子』全編を通じて、その綱領をみてみましょう。おおむね以下の四つのポイントがあります。

　第一に、君権を尊ぶということです。荀子一門の李斯がその宗旨を伝えて、秦で実行して、法制を定めました。漢以後になり、君主・大臣がそれに手を加えながら踏襲したのです。ですから二千年おこなわれてきたのは、実は秦の制度でありまして、これが荀子の政治上の流れをくむものとなります。

第二に、異説の排斥です。『荀子』には「非十二子」篇という文章がありまして、異説を排斥することばかりをとなえております。漢初に経典を伝えた学者は、みな荀子から出ていますので、そのやり方を踏襲しまして、日々派閥争いを事とするようになりました。

第三に、礼儀に厳しいことです。荀子の学問は、大義をいわずに、ただ礼儀を重んじます。身を慎んで過失の少ないように、小事にばかりこだわります。宋代以降、儒者はみなこれを踏襲しました。

第四は、考証の重視です。荀子の学問は事物・制度の訓詁ばかり重んじます。漢王朝が興って、あらゆる経典が荀子の伝えたものになりましたので、あらそって考証につとめまして、次第に馬融・鄭玄の学派を形成しました。本朝(清)に至ってその害毒を大いに受けています。(2) 以上の第二から第四までが、荀子の学問上の流れをくんだものとなります。

以上によりますと、中国二千年の政治はすべて荀子から出たものですし、いわゆる学術というのも、漢学・宋学の二大流派にほかなりませんが、いずれも実は荀子に出ております。それなら二千年来このかた、荀学の世界としかいうことはできず、孔学の世界とはいえないのであります。

　そもそも「小康」の教えは『詩』『書』『礼』『楽』にありますが、「大同」の教えは『易』と『春秋』にあります。『詩』『書』『礼』『楽』は孔子が編纂した書物ですが、実際は古くからの教えをまとめたものにすぎず、孔子の意を記したものではありません。それはすべて『易』と『春秋』にあるのです。

　『易』は〔仏教でいえば〕「出世間《しゅっせけん》」の道を記した書物ですから、いわずともよいでしょう。『春秋』というものに、孔子の経世の大法・立教の微言がそなわっています。そのため孟子は孔子が『春秋』を作ったことを最大の功績と称えて、それを禹の治水、周公の夷狄併合・猛獣駆逐と並ぶ事業だと称したのです。また太史公〔司馬遷〕も孔子を称賛するにあたり、『春秋』を作ったことを一大事業とみなしました。だとすれば、『春秋』という書物が当時はもっとも重視されていたことが明らかです。

　ところが二千年来のいわゆる『春秋』はといえば、事実を記した史書にすぎず、「断爛《ボロボロ》の朝報《かんぽう》」〔『宋史』王安石伝〕とちがいない、とされてきまして、特別な書物とするにおよばなかったのであります。しかしそれなら、どうして孟子があれほど『春秋』を尊重したのでしょうか。これも支那哲学家の一大問題といえましょう。

　これは『春秋』が「記号」〔数学の代数のようなもの〕の書にすぎなかったことをまっ

たくわからなかったことによります。『春秋』の精髄はまったく口伝にありまして、授受したその口伝が『公羊伝』に残っています。前漢以前には、まだ「大同」の学派が断絶しておらず、この口伝を誦することのできる儒者たちも多かったのですが、後漢以後、『公羊伝』はあってもないのと同然で、『春秋』も理解できる人がいなくなって(朱子も「『春秋』はわからない」と告白しています(『朱子語類』八三))、もはや孔子の真面目もあらわれなくなってしまいました。嘆かわしいことではありませんか。

その理由を考えてみますと、ひとえに歴代の君主・大臣が「小康」の教えが自らに有利、「大同」の教えが不利だとみて、前者をもちあげ後者を抑えたからにほかなりません。しかも曲学阿世の徒が、君主に媚びるため自らの学問を改めたのです。そのため漢代以降、『春秋』を「非常異義、怪しむべき論」(何休「『公羊伝』序」)であるといって、誰も口にしようとしなくなりました。以上が「大同」学派に明るい人がおらず、伝わらなくなった根源です。ですから今日は、『春秋』という書物が、孔子教派の中核であることを知らねばなりません。そうしてはじめて宗教革命を語ることができるのです。

これで流派の説明はおおむね終わりましたので、先に挙げた六大主義を一つずつ論じていきたいと思います。

第一、孔子の教えは進化主義で、保守主義ではないことにつきまして。『春秋』が立てた法則に、「三世」というものがあります。一は「拠乱」の世、二は「升平」の世、三に「太平」の世でありまして、意味するところは、世界のはじまりは必ず「拠乱」から起こり、進んで「升平」となり、さらに進んで「太平」となる、というものです。

今が昔に勝り、未来が現在に勝るというのは、西洋のダーウィン氏・スペンサー氏らがとなえた進化論ですが、支那の従来の旧説はすべて、文明世界は古代にあって、過去の現象だったといいます。しかし『春秋』「三世」の説は、文明世界は今後にあって、未来の現象だとするのです。文明が過ぎ去ったものだとすると、保守の心性が生まれますが、文明が未来にあると考えれば、進歩の心性が生じます。ですから、『春秋』をマスターした漢代の学者は、この「三世」理論を『春秋』全体のキー概念だとしたのです。ほんとうにそのとおりでして、「三世」がどんどん進化していくので、いっさいの典章制度は時代に応じて異なり、日々変化します。「拠乱」の世にはそれに適した政治を、「升平」の世にはやはりそれに応じた政治を、「太平」の世もそれにふさわしい政治をおこなわなくてはなりません。古法を一定不変のまま墨守するなど、絶対できないのです。ですから「三世」理論を明らかにすれば、国政の革新が主義になるのは必定、頑迷保守の習性もきっと一変いたします。

第二、孔子の教えは平等主義で、専制主義ではないことにつきまして。「大同」と

「小康」のちがいは、先に述べたとおりです。「小康」派は君権の尊重を主義とします。「大同」派は民権の尊重を主義とします。「大同」「小康」という名称は、『礼記』礼運に見えていまして、

大道の行わるるや、天下を公と為す。賢を選び能に与し、信を講じ睦を修む。人々独り其の親を親とせず、独り其の子を子とせず。老、終わるところあり、壮、用うるところあり、幼、長ずるところあり、〔……〕是れを大同と謂う、〔……〕天下を家と為す。〔……〕大人世及《せきゅう》し以て礼と為し、〔……〕以て君臣を正し、以て父子を篤くし、以て上下を睦じくし、以て夫婦を和し、〔……〕是れを小康と謂う。

とありますから、「小康」は専制政治、「大同」は平等政治となります。孟子は「大同」の学問を伝えましたから、その書物でも一切、民権を主義としています。たとえば「民を貴しとし、社稷はこれに次ぎ、君を軽きとなす」(『孟子』尽心下)というのがそれです(全編を通じて民権を述べておりまして、この数語にとどまりません)。

また『春秋』の法制も、みな君主の専横を抑制するためのもので、配慮は周到、措置は綿密です。いまは講演で時間も限られていますので、あまり引用はできませんが、南

海先生も『孔教民権義』という書物をものされたことがございます。(3) ほか田土を均分する「井田」の制は、貧富の格差を平等にしようとしたものですし、新郎が自ら新婦を家まで迎えに行く「親迎」の制は、男女の権利を平等にしようとしたもので、こうした事例はいくらでもあります。これで孔子が平等を尊重したことは明らかでしょう。ところが後世の「民賊」というべき民を苦しめる統治者たちが、孔子の名を借りて専制政治をおこなったのは、荀子が害悪を流したからにほかなりません。

第三、孔子の教えは「兼善」主義で、「独善」主義ではない〔『孟子』尽心上〕ことにつきまして。仏陀は「一大事〔の因縁《いんねん》〕」のためにこの世にお生まれになり〔『法華経』方便品〕、四十九年もの間、説法を続けられたのは、すべて衆生《しゅじょう》を済度《さいど》するためでした。衆生のためでなければ、菩提樹の下〔悟りをひらいて後〕から起たれて、すぐ涅槃《ねはん》に入られてもよかったのです。孔子が教えを立て道をおこなわれたのも、やはり民を救わんがためでした。ですから「天下に道があれば、丘《わたし》がそれを変えることはないだろう」とおっしゃいました〔『論語』微子〕。これは仏陀が「わたしが地獄に入らねば、誰が地獄に入るだろう」〔『地蔵菩薩本願経』〕とおっしゃったのとまったく同じ意味です。ですから仏法は慈悲を第一義とし、孔子の教えは仁慈を第一義とするのです。

孔子は「もし仁を志せば、悪事はありえない」〔『論語』里仁〕とおっしゃいました。そこで孔子は民を救うためには、日々身を屈してでも、当時の諸侯卿相に会い、その手を借りて弊政を変革し、庶民を文明・幸福に進ませようとしたのです。ところが当時、厭世主義の一派がとても盛んで、楚狂・長沮・桀溺・荷蕢丈人・晨門・微生畝ら隠者の徒が、こぞって孔子を攻撃非難しました。これらはすべて仏教でいう「声聞《しょうもん》（自分だけ済度）」・「外道《げどう》（異端）」のやり方でして、孔子はいわゆる「菩薩行《ぼさつぎょう》（衆生の済度）」をおこなったわけです。それなら孔子を学ぶ者なら、その身を捨てて名を棄てて天下を救わねばならないのは明らかです。

　ところが宋代以降、儒者はわが身を謹んで小過を犯さぬことを旨とするばかり、ついに「郷愿《ぎぜんしゃ》（『論語』陽貨）」一派となりはて、国家の存亡・人民の困苦を坐視して、まったく心を動かされなくなってしまったのです。憂国の士がいれば、有事を望む者だとか、処士横議だとかと排斥します。以上が支那千年来最悪の陋習です。こうした料簡が人々の頭脳に染みついていまして、無感覚無関心な世界をつくりあげてしまいました。これが支那滅亡を導く原因になります。もし孔子が当時にあっては、有事を望み、処士横議に挑む人であって、小過を犯さぬため小心翼々とした、自縄自縛の人ではなかったことが知られるなら、全国の気運もきっと一変することでしょう。

第四、孔子の教えは強立主義で、文弱主義ではないことにつきまして。孔子は『易』

を作られたさい「天の運行が力強いのにならって、君子も自強の努力をつづけねばならぬ」〔『易』乾〕、「君子は孤立しても怖れない」〔『易』大過〕とおっしゃり、『論語』〔公冶長〕では「わたしはまだ剛なる者を見たことがない」といい、『中庸』〔第十章〕でも「中立して偏らない。なんと強いことだ。国に道理がなく乱れていても、死ぬまで節操を曲げない。なんと強いことだ」と述べられました。また『尚書』洪範の末尾でも、六つの「極《こまったこと》」を述べ、「弱」を最も下だとして、「凶」「短」「折」「疾」「貧」と併称しております。

してみますと、孔子の経典が強立を重んじ、文弱を憎んでいるのは、相当なものなのです。ところが六朝・唐以降、儒者はみな惰弱となって気概を失いまして、孔子のめざすところとはまったく逆です。ただ明代の王陽明の学派だけが、少し本来あるべき真面目を回復しました。しかし本朝(清)では、考証学が興り、いよいよ柔弱になってゆき、聖教が地を払ってなくなり、国もそれに従って亡ぼうとしているのです。みな圧制服従の諦念が多く、平等自立の気概が失われたことによるのです。ですから平等主義を啓発していけば、強立主義も自ずと、それにともなってくるでしょう。

第五に、孔子の教えが博包主義(つまり相容無碍主義)で、単狭主義ではないことにつきまして。仏教の大乗の法は、一切を包容します。そのため華厳宗の「法界《ほっかい》」には、「事事無碍《じじむげ》」と「事理無碍《じりむげ》」があります。孔子の大同教も、やはり一切を包容します。

そのため『中庸』〔第三十章〕に「万物は並存して生育しながら、互いに妨害しあったりしない。道も並んで行われながら、互いに矛盾しない」といいます。矛盾しないからこそ、並び行うことが妨げられないわけです。

たとえば「三世」理論では、「撥乱」の世と「升平」の世、また「升平」の世と「太平」の世とでは、それぞれの法制が背反することが多いのですが、しかし『春秋』はすべてを包容しています。背馳しているのが問題とはならないのです。世はさまざまに移り変わる以上、法制もそれぞれに応じて違ってくるのは当然です。仏陀が法を説かれるにあたっては、衆生の「根器《こんき》〔うけいれ〕」にそれぞれ違いがありましたので、説かれる法も種々異なっていましたが、その法の実体はみな同じでした。もしこうしたありように通じておけば、党派が水火のように相容れない争いも、相手を貶め自分を尊ぶような弊も、きっとなくなりましょう。これこそ大同教の規模《スケール》が博大なゆえんであります。

当時の諸子百家にしても、その祖師は孔子門下の弟子が多かったのです。孔子の教えを受容しておいてから、そこから離れて別に一家を立てました。呉起は〔孔子の弟子の〕子夏に学んで兵家の祖となりましたし、禽滑釐は子夏に学んで墨家の「巨子《リーダー》」となりました。鄒衍は斉魯〔現在の山東省。孔子の故郷で「礼義の邦」といわれた〕の学生だったが、陰陽家の祖となりました。そのほかこうした事例は、とても多いのです。

けだし思想の自由は、文明発達の根源です。いろんな学説が並び起こって、互いに競争できるようになれば、世界は自ずと進歩していくのです。『中庸』の「道は並んで行われながら互いに矛盾しない」という理論は、とりもなおさず「三世」が並び立つ『春秋』の説にもとづいておりまして、孔子の真面目でもあります。

ところが漢代以降、儒教が独尊的な地位をしめ、諸子を斥けました。表面的に孔子を尊重したかに見えて、実際には孔子の意思にひどく反しているのです。かくて二千年来、人々の思想は自由になりませんでした。少しでも珍奇な議論をする者がいると、寄ってたかって「聖人を誹謗し法紀を無視した」とみなしたのです。これでは知識が発達すべくもありません。

これからは「並んで行われながら互いに矛盾しない」理論を広め、諸子百家の学は孔子の学にほかならず、諸子を尊重することがとりもなおさず、孔子を尊ぶことになることを知らせて、天下の人々が派閥の念を打破し、保守のくびきを脱するようになれば、先秦時代の古学が復興し、人智が発達するようになるでしょう。

以上、一条ごとに梗概をざっとお話ししました。まだ述べていない第六、孔子の教えが重魂主義であることと、世界の宗教統合の思想につきましては、他日を期したいと思います。もしみなさまがお見捨てなければ、いつかまたこの会に参加させていただき、あらためて発表しますので、ご教示をいただければ幸いです。

(1)　姉崎正治(一八七三〜一九四九)。宗教学者でのち東京帝大教授。同大学に宗教学講座を開設するなど、日本の宗教学研究の基礎を築いた人物である。

(2)　いわゆる「学派」とは古文経学、つまり馬融(七九〜一六六)と門弟の鄭玄(一二七〜二〇〇)が大成した後漢時代の訓詁学のことを指す。清代の考証学は、朱子学・宋学の普及で顧みられなくなったそうした著述の研究が主流だったので、「漢学」と呼ばれた。しかし考証学がいっそう進展すると、いっそうオリジナルな儒教にアプローチしようと、馬融・鄭玄からさらに時代をさかのぼった前漢時代の今文経学・公羊学の研究がはじまる。康有為もそれにもとづいて、独自の学説をとなえた。清朝の漢学を「荀学」とみなし、中国の全儒学史を孟子学派と荀子学派の対立という図式でみるのも、その典型である。

(3)　この著作はどうやら現存していないようで、未見である。「民権」については、梁啓超自身も日本亡命以前より、康有為の学説に則ってさかんに鼓吹していた。とりわけ一八九七年、湖南時務学堂で教鞭をとっていた時期が有名で、地元の保守派から激しい指弾も受けている。

2　国民十大元気論　序論

【初出】『清議報』第三三冊、光緒二十五年十一月二十一日（一八九九年一二月二三日）。

【解題】日本に亡命して後、梁啓超は各種日本書籍を通じて、西洋思想を貪欲に吸収し、それを新文体に載せ、雑誌『清議報』に次々に発表していった。多くの日本人の中でも亡命初期に大きな影響を受けたのが、福沢諭吉であり、この「国民十大元気論」を執筆するうえで、大きな啓示を与えたと見られるのが、福沢の名著『文明論之概略』（一八七五年）である。文明に関する梁啓超の主張、たとえば目指すべくは「形質（外形）の文明」ではなく、「精神の文明」であるとする主張も、「文明の精神」を「国民の元気」とする解釈も、すべて福沢のそれ（『文明論之概略』第二章）に倣ったものであった。

たとえば、本文の冒頭に対応するくだりは、福沢の本ではこうである。「その物たるやこれを形容すること甚だ難し。これを養えば成長して地球万物を包羅し、これを圧抑すれば萎縮して遂にその形影をも見るべからず。進退あり栄枯ありて片時も動かざることなし。……今仮に名を下だして、これを一国人民の気風と云うと雖ども、時に就て云うときはこれを時勢と名《なづ》け、人に就ては人心と名け、国に就ては国俗又は国論と名く。所謂文明の精神とは即ちこの物なり。……或は日本の都府にて石室鉄橋を摸製し、或は支那人が俄《にわか》に兵制を改革せんとして西洋の風に倣《なら》い、巨艦を造り大砲を買い、国内の始末を顧みずして漫《みだり》に財用を費すが如きは、余輩の常に悦ばざる所なり」。

梁啓超は、題目に見えるように、中国の国民が備えるべき精神十項目をあげて、それを解説していく精神啓蒙論として本作を構想したらしいが、『清議報』第三三冊にこの「序論」とそれに続き「独立論第一」が掲載されただけで、その後の項目は発表されなかった。梁啓超にあっては、宣言した連載が中断することは決して珍しくはなかったが、この年の暮れにかれがアメリカにおける保皇会支持者獲得のために、日本を離れてアメリカに向かったことも連載中断の一つの原因と考えられる。

付言すれば、本文は中国近代の文章において、「国民」という概念を提起した初期の文章としても重要である。

ここに大いなるものがある。聞けども声はせず、見れども形はない。貸したり借りたりはできず、無理に奪い取ることもできない。生長して大きく生い茂れば、地球をも包み込み、万物を生み出すが、逆に壊したり抑えつけたりすると、たちまち縮こまってその影も形も見えなくなってしまう。そしてそれは、進む時もあれば、戻る時もあり、繁る時もあれば、枯れてしまう時もあり、また沈下することもあれば、隆起することもある。天のしわざなのか、人のしわざなのかはわからぬが、人にそれがあれば生まれ、それがないと死んでしまう。同様に、国にそれがあれば存立できるが、ないと滅んでしまう。そればかりか、それがあると瀕死であっても必ず生き延びられるし、たとえ滅んでもまた生き返られる。逆にそれがないと、生きてはいても死んでいるようなもので、名はあっても実はないというものである。それを何と呼ぶかは難しいが、名付けて元気と呼ぼう。

当今、時務を知ると称する英傑たちは、みな口をそろえて泰西《せいよう》は文明の国であるという。それゆえ、わが国を泰西の国々に匹敵するように進歩させるには、まずわが国の文明を泰西並みに進歩させる必要があると主張する。その言、まことにその通りである。ただし、文明には形質というものと、精神というものとがある。形質の文明を求めるのは容易だが、精神の文明を求めるのは難しい。精神が具われば、形質は自ずから生ずるが、精神がなければ形質は拠るべきものがないからである。ならば、真の文明とはただ精神あるのみである。したがって、先知先覚をもって自ら任ずる者は、この二つの後先と緩急について、よくよく注意しなければならない。

上海や香港のあたりに行くと、金ブチのメガネで葉巻をくゆらせ、昼は四輪の馬車に乗り、夜は長テーブルで豪華な宴席というような御仁がいるが、このような者を文明と呼ぶのだろうか。むろんそうではない。地上には石造りの建物、川には鉄橋、海には汽船を浮かべ、国力をふりしぼって軍艦を購《あがな》い、民の膏血《こうけつ》を絞りあげて洋式の調練をするというようなことがあるが、ではこれが文明ということだろうか。大まちがいである。なんとなれば、それらはいずれも形質のことであって、精神が伴っていないからである。文明を求めるに、形質から入るのは、ちょうど行き止まりの水路を行くようなものであって、どっちへ向いても出口はない。向きを変えようにも別の道などありはしない。結局はその目的とするところへ達することなど、絶対にできない相談である。それまで積み上げてきたものをあたら無駄にして、終わりというわけだ。文明を求めるならば、その精神より入らねばならない。ちょうど大きな川を導く場合に、その源流を清くすれば、水は一瀉千里と流れ下るように、そのほとばしりを止めることはできない。では、いわゆる精神とは何か。すなわち国民の元気がそれである。

衣服・飲食・器械、建物から政治・法律にいたるまで、それらはみな耳目で見たり、聞いたりできるものである。ゆえにそれらはみな形質のものではあるが、その形質のなかには虚実のおもむきを異にするものがある。たとえば、政治や法律は耳目で見聞きはするが、手に取ったり、金で買ったりはできない。それゆえに、それを求めることはいささか難しい。したがって、衣食や器械などは形質の形質であって、他方政治や法律は形質の精神であるといえるであろう。

これに対して、国民の元気となると、一朝一夕になるものではないし、一人一家で成し遂げられるものでもない。政府の力で強制できるものでもなければ、宗門の力で教導できるものでもない。孟子は〔「浩然の気」について〕、「直をもって養うて害なければ、則ち天地の間に塞がる〔正しい心を養って害《そこ》なわなければ、それは天と地の間に満ちている気として感じるもの〕」と言っている〔『孟子』公孫丑上〕が、これは精神の精神について述べているのである。精神の精神を求めるには、かならず精神によって感化するものでなければならない。逆に枝葉末節のようなことでその形質を模倣しようとするなら、結局はものにはならぬであろう。俗に「天地の間に国を立てるものとは、必ず立つゆえんがある」〔『左伝』昭公元年〕というが、その国を立てるには、いったい何かといえば、民である。その民を立てるものは何かといえば、気である。

ゆえにわたしは、ここに国民の十大元気というものを、一つずつ論じていこうと思う。願わくば、わが同胞諸氏の高覧をたまわり、みずから興起せんことを。

3　日本文を学ぶ利益

【初出】『清議報』第一〇冊、光緒二十五年三月一日(一八九九年四月一〇日)。

【解題】本文は短文ながら、当時の梁啓超の対日観を最も鮮明に示し、かつまたかれの文筆活動の意義を語る文章である。まず同時代的には、この趣旨を具体的に展開して、当時に読むべき日本語書籍を分類して紹介した「東籍月旦」(『新民叢報』第九、一一号、一九〇二年六月六日、七月五日。『文集』四、所収)と合わせ読むべきである。

さらにタイムスパンをひろくとれば、本書三―5「三十自述」でもいうように、かれは「日本語が読めるようになったことで、思想が一変した」。この短文はその意味内容と、それにもとづく文筆活動のありようを、自身で説明したものでもある。

なお本文は初出よりまもなく、返り点付きで『東邦協会会報』第五八号、一八九九年五月二八日に転載された。『東邦協会会報』は一八九四年創刊の東邦協会の機関誌。一八九一年に設立された東邦協会は、副島種臣を会長、近衛篤麿を副会長とする、いわゆるアジア主義的な研究団体で、大隈重信・伊藤博文ら当時の朝野の著名人が名を連ね、梁啓超ら日本に亡命してきた中国の変法派の人々も入会した。その趣旨と会員からして、この文章を収録したのもうなずける。

梁啓超は日本でできた多くの新しい漢語を駆使して、言論活動をおこなうかたわら、従来の中国文の文体を作りかえていった。のち「新民体」とも呼ばれたその新文体は、かれがとなえた史界革命・詩界革命・小説界革命とともに一世を風靡し、文言文から口語体の「白話」への過渡期を代表する文体となったのであり、中国の言論・思想ばかりか、言語すら変化させた契機をなしている。

「自由」「共和」「革命」「進化」「公理」など、政治・体制に関わる中国語の基本語彙は、「近代漢語」とでもいうべき西洋語を翻訳した和製漢語を経由してできたものだった。一九世紀最末期から一九二〇年代にかけて形成のはじまる「現代漢語」の基礎も、そこからできあがる。

その原動力としてはたらいたのが、梁啓超の日本文の習得と活用であった。あえて自国を「支那」と称した本文の末尾で言うように、そこには日本人の「漢文訓読」を逆転させた「和文漢読」が大きな寄与をなす。安直な日本語習得法をはびこらせた譏《そし》りは免れないものの、それが当時に果たした歴史的な役割の重大さも、また看過できない。

哀時客《わたし》(1)は日本に亡命滞在して数カ月、日本語の文章を学び、日本語の書籍を読んだおかげで、いままでみたことのない書物が、次々眼前にあらわれ、いままでつきつめたことのなかった学理が、頭脳に躍動した。真っ暗な部屋に日光がさしこんだような、空腹渇望していたところにお酒を飲んだような、満たされた喜びに包まれたのである。しかし自分だけよければいいわけはないので、同志たちに声を大にしていいたい。「新しい学術に志すわが国の人々よ。ぜひ日本文を学んでほしい」と。

日本は維新以来三十年、世界にひろく知識を求めて、翻訳・著述した有用の書物は数千種を下らない。そしてとりわけ政治学・「資生学」(理財学のこと。日本では経済学という)・「智学」(日本では哲学という)・「群学」(日本では社会学という)などに詳しい。いずれも国民の智能を開き、国家の基盤を強める急務である。

わが中国では、西洋の学問を修めた人はもとよりごく少ない。翻訳書も軍事・技術の書物に偏っていて、政治・資生《けいざい》などの根本的な学問については、ほとんど皆無である。いったい軍事・技術などの専門を学ぶには、ほかの学問をすべて棄てて習熟するのでなければ、一流にはなれないし、たとえその学問を完成したにしても、国民全体にあまり大きな利益はない。だから学習する者が稀だし、開化に導くのも難しいのである。

もし政治学などの書物が多くなって、誰でも読むことができるようになれば、中国人の聡明・才力をもってすれば、その成果ははかりしれない。いまわたしはあくせくとそうした書物を翻訳し、同志たちに供給しようとはしている。けれども翻訳を待ってから読むのでは、時間はかかるし数も少なくなる。文を学んで読めば、速くて多くなるので、そのほうがよい。だから日本文を学ぶよう、わが国の人々に広く勧めるのである。

「日本の学問はヨーロッパから来たものにすぎない。ヨーロッパの学問の最新最高のものは、多くはまだ日本に入って来ようもない。それに重訳では、間違いも多くなろう。日本文を学ぶよりは、英文を学ぶほうがよい」と訝しむ者もいよう。

それには、こう答えたい。「もちろんそれはわかっている。しかし英文は、学んでも五、六年しないと、ものにならない。初学者がすぐ成果をあげるには、困難が多いのであって、政治学・資生学《けいざい》・智学《てつがく》・群学《しゃかい》などの書物を読めるようにはならない。これに対し、日本文を学べば、数日にして手応えがあり、数カ月たてば大きな成果があって、日本の学術がすっかり自分のものになるのである。これほど手っ取り早い方法はない。確かに最新最高の学説では、日本に遺漏がないわけではない。しかし学問のあらかたは十分備わっている。中国の人々がもしそれを獲得すれば、知識はにわかに増進し、人材もすみやかに輩出できる。ながく粗食に甘んじていた人なら、鶏肉豚肉でも供せられれば十分満足するようなもので、最上の美食でなければ、もてなすことにならないわけでもあるまい。それに遠方に行くには近くから、高きに昇るには低いところから出発しなくてはならぬ。まず日本文に通じて日本にある本を読んでから、さらに英文を学んでヨーロッパの書物を読むようにしても、不都合はあるまい。英文を学ばなくともよい、といっているのではなくて、英文を学ぶ前に日本語に通じておかねばならないといっているだけである」。

また「そんなに日本文を学ぶのが容易だというけれど、数年学んでもできない者を見たことがある。ずいぶんデタラメをいうものだ」と疑う者もいるかもしれない。

それには、こう答えよう。「学ぶといっても、そのやり方は日本語の会話もあれば、日本文の作文もあり、また日本文の読解もある。この三者は分けて考えるべきだ。会話はマスターまで一年かかる。作文は半年でできるようになる。読解は数日で成果があがり、数カ月もあれば大成する。ここでいっているのは、日本書を読むために日本文を読解することである。日本文は漢字が七、八割を占める。漢字を使わないでもっぱらカナを用いるのは、接続詞と助詞などにすぎない。その文法は、実字を必ずフレーズの冒頭に、虚字を末尾にもってくる。こうした決まりに沿ってひっくり返して読み、普通に使うカナの接続詞・助詞を書き出しておき、よく見て覚えるようにしておけば、日本語の書物をすらすら読むことができるようになる。わたしは『和文漢読法』という本をまとめた(2)。学習に志す者がこれを読めば、あまり頭を使わずとも、はかりしれない成果を上げることができる。これはデタラメではなく、わが同人に経験した者が少なくない。ただしこれは、すでに漢文に通じた人にあてはまることであって、漢文に通じずに和文を学んでも、ゴチャゴチャ混乱してしまうのは必至で、両方ともモノにはなるまい。いま「数年学んでもできない者」とおっしゃっているのは、おそらく海外に出て漢文に通じていない学生を指しているのだろう」。

「それなら日本語の会話は学ばなくてもよいのか」。

「そんなことはない。日本とわれわれは唇歯兄弟の国であって、互いに分け隔てる境界をなくし、手を携えて協力しなくては、黄色人種の独立を保持し、ヨーロッパ勢力の東漸を防ぐことはかなわない。他日、支那と日本の二国はおそらく合邦をなしとげるだろう。そして言語が互いに通じ合うことは、聯合するにあたって最も大切である。だから日本の志士は漢文・漢語を学ぶこと、支那の志士は和文・和語を学ぶことが、第一に重大なのである」。

（1）「哀時客」は当時の梁啓超の筆名《ペンネーム》。典拠は杜甫「詠懐古跡」其一の一句「詞客哀時且未還（詞客　時を哀しみて且つ未だ還らず）」、異郷に暮らし時勢を憂えた六朝の庾信・唐の杜甫に、亡命中の自身を擬《なぞら》えたもので、『清議報』に寄稿したさい、この筆名を用いた。その使用をやめ、筆名を改めたいきさつは、本書二―4「少年中国説」の末尾を参照。

(2)『和文漢読法』は多くの版本がある。その発表・刊行の精確な経緯は、なお断定しがたいものの、この記述から一八九九年の春には、ひとまずの完成をみていたと思われる。その『和文漢読法』第一節に、「およそ日本文を学ぶ方法で、最も初歩的かつ最も重要なポイントは、その文法が中国とはまったく逆で、必ず実字が上に、虚字が下に来るのを理解することにある。たとえば漢文の「読書」は、日本文では「書ヲ読ム」といい、漢文の「遊日本」を日本文では「日本ニ遊ブ」という。その他の句法も、すべてこの例に従っている」とある。

4　少年中国説

【初出】『清議報』第三五冊、光緒二十六年正月十一日(一九〇〇年二月一〇日)。

【解題】この文章を一言で形容するなら、若者賛歌である。冒頭で「わが中国は果たして老大《おいぼれ》なのか」「それはあるまい」と自問自答し、いまの中国は「少年中国」だと主張する。比喩をたたみかけて老大と少年の違いを印象づけたうえで、老大に見える中国がじつは国としてはまだ少年にすぎないことを説明する。この大胆な読み替えを可能にしたのが、中国にはまだ「国」がないという論理である。中国では国がこれからつくられるのであり、それを担うのが中国の少年である。そして梁啓超自身も、これまで使っていた「哀時客」という悲観を帯びたペンネームを、「少年中国之少年」という希望に満ちたペンネームに改めると宣言して文章を終える(ただし、このペンネームはあまり使われなかった)。

従来の中国は年功がものをいう社会であり、若者をその若さゆえに賛美することはなかった。「少年中国説」の意義と影響を考えるさい、この点はきわめて重要である。若者は、科挙に合格し、官位を得るのを待たずとも、時代の主人公になる資格を持つのだ。亡国の焦燥感に駆られた『清議報』の読者(その多くは若い知識人だったであろう)にとって、この呼びかけは新鮮で魅力的だったにちがいない。「少年中国」という言葉が、その後もさまざまな立場の人々によって使われたことがそれを例証する。

文章そのものにも注目してほしい。とりわけ、老大と少年の比喩は、読者に選択肢がその二つしかないように思わせ、うむをいわせず少年の礼賛へと導く。老大の比喩を通じて危機感をあおり、少年の比喩を通じて読者を立ち上がらせる。見事というほかない。梁啓超の「少年」観が明治日本の「青年」観の影響を受けていることも付言しておこう。

日本人はわが中国を称して、一にも「老大帝国」といい、二にも「老大帝国」という。この言葉は欧米人の言葉を翻訳踏襲したものである。嗚呼《ああ》、わが中国は果たして老大《おいぼれ》なのか。任公《わたし》にいわせれば、悪《ああ》、それはあるまい、それはあるまい。わが心の中には一つの少年中国があるだけである。

国の老少をいうのであれば、まず人の老少をいわせていただきたい。老人はつねに過去を思い、少年はつねに将来を思う。ただ過去を思うゆえに未練の心が生じ、ただ将来を思うゆえに希望の心が生じる。ただ未練を持つゆえに保守となり、ただ希望を持つゆえに進取となる。ただ保守であるゆえにずっと古いままで、ただ進取であるゆえに日々新たになる。ただ過去を思い、あらゆる事がみなすでに経験済みであるゆえに、慣例通りにすることしか知らない。ただ将来を思い、あらゆる事がみな未経験であるゆえに、つねに前例を破ろうとする。老人はつねに憂慮が多く、少年はつねに楽しみをなすことを好む。ただ憂いが多いゆえに気落ちし、ただ楽しみをなすゆえに気が盛んである。ただ気落ちしているゆえに臆病であり、ただ気が盛んであるゆえに勇ましい。ただ臆病であるゆえにその場しのぎであり、ただ勇ましいゆえに危険を冒す。ただその場しのぎであるゆえに世界を滅ぼすことができ、ただ危険を冒すゆえに世界を造ることができる。老人はつねに事をなすのを嫌い、少年はつねに事をなすのを喜ぶ。ただ事をなすのを嫌うゆえにつねになすべき事は一つもないと感じ、ただ事をなすのを喜ぶゆえになすべきでない事は一つもないと感じる。

老人は夕日のようで、少年は朝日のようである。老人は痩せた牛のようで、少年は幼い虎のようである。老人は僧侶のようで、少年は俠客のようである。老人は字典のようで、少年は戯曲のようである。老人はアヘンのようで、少年はブランデーのようである。老人は惑星の隕石のようで、少年は大洋の珊瑚島のようである。老人はエジプトの砂漠のピラミッドのようで、少年はシベリアの鉄道のようである。老人は晩秋の柳のようで、少年は早春の草のようである。老人は死海が水を集めて湖となったようで、少年は長江がはじめて流れ出るようである。

以上が老人と少年の性格の違いの大略である。任公《わたし》は、もとより人に違いがあるのなら、国にも当然違いがあるはずである、といいたい。

任公《わたし》にいわせれば、老大とは悲しいことよ。潯陽江のほとりの琵琶婦は、月明かりに船を繞《めぐ》らす。楓の葉がそよそよとなびき、布団は鉄のように冷たい。夢うつつの時、繁華な洛陽《みやこ》の春花秋月の美しい風情を追想する(1)。西宮や南内(2)で白髪の宮女が、穂のような灯火のもと、三々五々向き合って座り、開元・天宝時代〔七一三〜七五六年〕の昔話を語り、霓裳羽衣《げいしょううい》の曲の楽譜を書いている(3)。青門〔長安の青城門〕で瓜を植える人が、妻と向きあい子供と戯れながら、海のように大きな王侯貴族の門、〔その内側で〕珠の靴が散乱していた賑やかな時代の事を思い出す(4)。ナポレオンがエルバ島に流され、ウラービー(5)がセイロン島に幽閉され、二、三の看守や来訪した物好きと、かつて短刀を帯びて馬に乗り、中原を駆け回ってヨーロッパを席巻し、カイロで血戦し、一声叱咤すれば、万国が恐れおののいたという偉大な功績を語り、初めは机をたたき、次いで腿を撫で、最後に鏡を手に取る。

嗚呼《ああ》、顔は皺だらけで歯はすっかりなくなり、白髪は手にあふれるばかり。やつれて老いたものだ。こうした者は、憂鬱のほかに考えることはなく、悲惨よりほかの心境になく、意気消沈する以外の時間はなく、嘆息する以外の声はなく、死を待つ以外の事がないのである。

美人や豪傑でさえこのようであるから、平凡な人であればなおさらである。平生の親戚や友人はみな墓のなか、起居飲食は人頼みで、今日はひとまず過ごせても、他日を考える暇はなく、今年はひとまず過ごせても、来年を憂える暇はない。この世で落胆させられることは老大より甚だしいものはない。このような人に対して、雲をもつかむ手段、衰勢を盛り返す功績、山を挟み海を超える〔『孟子』梁恵王上〕意気を望んでも、どうしてできようか。

嗚呼《ああ》、わが中国は果たして老大なるか。今日から過去を数えれば、唐虞三代〔堯・舜・夏・殷・周〕はなんと大いに治まっていたことか。秦の始皇帝や漢の武帝はなんと抜きん出た才能を持っていたことか。漢唐以来の文学はなんと盛んだったことか。康熙・乾隆時代の武功はなんと輝かしかったことか。歴史家が叙述し、文章家が謳歌してきたものは、いずれもわが国民の少年時代のよき日の美しい光景、心楽しませる愉快な出来事の名残である。

しかるに、いまや衰えて老いてしまった。昨日に五つの都市を割譲すれば、明日には十の都市を割譲する。いたるところで雀や鼠が食べ尽くされ、夜ごとに鶏や犬が騒ぐ。十八省〔中国本土〕の土地財産はすでに他人の懐のなかの肉となり、四百兆〔四億〕の父兄子弟はすでに他人のところに登録された奴隷となっている。いわゆる「老大となり嫁いで商人の婦《つま》となる」〔白居易「長恨歌」〕ではないか。嗚呼《ああ》、お願いだから当時のことはいわないでおくれ。うるわしい光景とともにやつれていくのは見るに堪えない〔李璟「攤破浣渓沙」〕。楚の俘虜は相対して、危機に瀕した自身の影を見る〔『世説新語』言語〕。人命は危うく、朝に夕べを慮ることもできない〔李密「陳情表」〕。国は死を待つ国となり、一国の民は死を待つ民となった。万事をこれに託してもどうすることもできず、一切を人に馬鹿にされる。どうして怪しむに足ろうか。

任公《わたし》にいわせれば、わが中国は果たして老大なるか、これが今日の全世界の一大問題である。もし老大であれば、中国は過去の国である。かつて地球上にこの国が存在したが、いまや次第に消滅しつつあり、将来の命運はほとんど尽きている。もし老大でなければ、中国は未来の国である。これまで地球上にこの国は存在したことがなく、いま次第に発達しつつあり、前途はまさに広がっている。

今日の中国が老大か少年かを判断しようとすれば、まず「国」という言葉の意味を明確にしなければならない。

国とはなにか。土地を持ち、人民を持つ。その土地に住む人民が、その住む土地のことを治める。自ら法律を制定し、自らこれを守る。主権があり、服従がある。人々はみな主権者で、人々はみな服従者である。このようであれば、これを完成した国という。地球上に完成した国ができたのは、百年以来のことである。完成するのは、壮年のことである。いまだ完成せず、次第に完成しつつあるのは、少年のことである。したがって、一言でこれを断ずれば、「今日のヨーロッパ諸国は壮年の国であり、今日の中国は少年の国である」。

いにしえの中国には国の名はあったが、国の形を成していなかった。あるいは、家族の国であり、酋長の国であり、諸侯の国であり、一人の王による専制の国であった。種類はいろいろだが、要するに国家の体制に関して、その一部はあったが、一部を欠いていた。ちょうど嬰児が胎児から成童〔十五歳以上の少年〕になるまで、身体の一、二の器官が先に成長し、それ以外はほぼ具わっているもののいまだ用を為さないようなものである。

したがって唐虞以前は、胚胎の時代であり、殷周の時期は、赤ん坊の時代であり、孔子から今に至るまでは、児童の時代であり、しだいに発達したものの、いまようやく成童以後の少年の世界に入ったばかりである。その成長がこれほど遅かったのは、歴代の民賊〔人民の裏切り者〕がその生気を塞いできたからである。それはちょうど、子供のときに病気がちだと、かえって老人のように見え、あるいは死期が目前にあるかに思われさえするが、いずれも〔成長が〕未完成であることによるもので、過去の現れではなく未来の現れであることを知らないようなものである。

わが中国のいにしえには国家があっただろうか。朝廷があったにすぎない。わが黄帝の子孫がこの地球に存在し、同族が集まって暮らしてから数千年になるが、その国の名が何であるかと問えば、「ない」とするほかない。いわゆる唐・虞・夏・商〔殷〕・周・秦・漢・魏・晋・宋・斉・梁・陳・隋・唐・宋・元・明・清というのは、みな朝廷の名にほかならない。朝廷は一家の私産である。国は人民の公産である。朝廷には朝廷の老少があり、国には国の老少がある。朝廷と国は異なるものであるから、朝廷の老少によって国の老少とすることができないのは明らかである。文王・武王・成王・康王は周朝の少年時代である。幽王・厲王・桓王・赧王《たんおう》はその老年時代である。高祖・文帝・景帝・武帝は漢朝の少年時代である。元帝・平帝・桓帝・霊帝はその老年時代である。その他の歴代の朝廷もみなそうである。こうしたものを、一つの朝廷が老いたということはできるが、一つの国が老いたということはできない。一つの朝廷が老いて死にかけているのは、ちょうど一人の人間が老いて死にかけているようなものである。いわゆるわが中国とは何の関係もない。

そうであれば、わが中国はいまだ世界に出現しておらず、いまようやくその芽を出したばかりである。天地は大きく、前途は遥かである。うるわしきかな、わが少年中国よ。マッツィーニはイタリアの三傑の筆頭である。国事のために罪に問われ、異国に逃れて「少年イタリア」という組織を創立した。挙国の志士が、雲が湧き霧が集まるがごとく現れ、これに呼応した。ついにかつての国土を回復し、イタリアをヨーロッパの一雄国にした。イタリアはヨーロッパで第一の老大なる国である。ローマが滅亡してから、その土地は教皇に隷属し、政権はオーストリアに帰し、ほとんど老いて瀕死の状態であったが、一人のマッツィーニを得て、しかも全国を少年にすることができた。いわんやわが中国は実際に少年時代にある。堂々たる四百州あまりの国土、凜々しい四百兆〔四億〕あまりの国民がありながら、マッツィーニのような人がついに一人も現れないということがあろうか。

龔自珍《きょうじちん》氏の文集〔『定盦文集』[6]〕に、「能く公をして少年ならしむる行《うた》」と題する詩がある。わたしはかつてこれを愛読し、そこに含まれる意味を理解した。わが国民が自らその国が老大であるといえば、その国は果たして老大なのであり、わが国民が自らその国が少年であることを知れば、その国は少年なのである。西洋のことわざにも、「三歳の翁、百歳の童」というのがある。そうであれば、国の老少にも定まった形があるわけではなく、実際には国民の精神の力に従って消長するのである。わたしは、マッツィーニがよく国を少年にしたのを見た。またわたしは、わが国の官吏士民がよく国を老大にしたのを見た。恐ろしいことではないか。

このように壮麗盛んにして文雅世に並ぶものなき少年中国が、西洋人や日本人に老大だといわれる。それはなぜかといえば、国権を握るものがみな老いぼれだからだ。

何十年も八股文《はっこ》〔科挙受験用の形式的な文章〕を口ずさみ、何十年も上奏文を書き綴り、何十年も公務に当たり、何十年も在任を積み上げ、何十年も名刺を交換し、何十年も社交を重ね、何十年も叩頭をおこない、何十年も伺候をしなければ、官を得て昇進することもできない。中央省庁で次官クラス・地方各省で省長に次ぐ地位以上に任じられて、五官に欠陥がある者は、百人中九十六、七人にのぼる。眼が見えないのでなければ耳が聞こえず、手が震えるのでなければ足が不自由である。そうでない者は半身不随である。かれらは飲食・歩行・見聞・会話すら、自分ですることができず、三、四人が側で手助けしてやらねば生活することができない。それでいてかれらに国事を任せようとするのは、無数の木偶《でく》を据えて天下を治めさせるのと異ならない。そのうえ、あの連中は若く元気なころ、すでにアジアやヨーロッパがどこにあるか、漢の高祖や唐の太宗がどの王朝の皇帝かを知らなかったが、なおその愚鈍腐敗は頂点には達していなかった。その後さらに錬磨陶冶され、その脳髄が枯れ、血管が塞がり、気息奄々として幽霊にならんとする時を待って、わが二万里の山河と四万万〔四億〕の人命をすべてその手に委ねるのである。

嗚呼《ああ》、老大の帝国はまことに老大である。あの連中は数十年もの間、八股文・上奏文を作り、公務・在任を続け、名刺をやりとりして社交につとめ、叩頭・伺候を積み重ね、千辛万苦・千苦万辛してようやくこの紅頂や花翎《かれい》(7)の出で立ちと「中堂大人《さいしょうかっか》」の称号を得て、そのすべての精神を注ぎ、畢生の力を尽くして、これを維持している。あたかも金一錠を拾った乞食が、頭上で雷がゴロゴロ鳴っているにもかかわらず、その〔金の入った〕袋を両手でしっかり握りしめ、他のことは何も顧みようとせず、何も知ろうとせず、何も聞こうとしないようなものである。それでいてかれらに亡国や瓜分《こくどぶんかつ》を語っても、どうして聞き入れようか、どうして信じようか。たとえ本当に国が亡び分割されたところで、いま自分はすでに七十歳、八十歳である。あと一、二年西洋人が来ず、強盗が起こらなければ、一生を楽しく過ごせるのである。もしやむを得なければ、数省の土地を割譲して〔列強の〕機嫌をとり、それと引き替えにいくつかの銜門《ポスト》を手に入れ、数百万の人民を売って召使いや奴隷とし、それによってわが余命を贖う。それのどこが悪い、たやすいことではないか〔とかれらは言うだろう〕。

嗚呼《ああ》、いまのいわゆる老后・老臣・老将・老吏が「身を修め家を斉え国を治め天下を平らげる」〔『大学』〕手段は、みなここに具わっている。秋風は一夜にして人を老け込ませ、紅顔は衰え頭は真っ白、走無常〔地獄の役人〕に病気を診てもらい、催命符〔人の命を縮めるお札〕で長寿を祝うとは、あまりに痛ましいではないか。国がこのようでは、老いて瀕死とならないほうが不思議だ。それどころか、一年も経たずに夭折しないかとわたしは恐れている。

任公《わたし》にいわせれば、今日の老大なる中国を作り上げたのは、中国の老いぼれの悪業である。将来の少年中国を作り出すのは、中国の少年の責任である。かの老いぼれはどうして語るに足ろうか。かれらがこの世界とおさらばする日は遠くないが、わが少年は新たにやってきて世界と関係を取り結ぼうとしている。ちょうど家を借りるようなもので、かれらは明日よそへ引っ越そうとしているのであり、われらは今日はじめてこの部屋に入ってきたのだ。引っ越そうとするものが、窓を大事にせず、家の庭や周囲の廊下をきれいにしないのは、俗人の情であり、どうして怪しむに足ろうか。

わが少年のごときは、前途は広々として、将来は果てしない。もし中国が牛馬となり奴隷となるのであれば、煮て切り刻まれ、鞭で打たれるごとき残忍な仕打ちを受けるのは、当のわれわれ少年である。もし中国が世界に覇を唱え地球の中心となるのであれば、采配をとり四囲を睥睨するという光栄を担うのも、当のわれわれ少年である。かの気息奄々として幽霊になろうとしているものは、どうしてあずかることができようか。かれらが無関心にこれを放置するならまだよいが、われらが無関心にこれを放置するなら申し開きが立たない。挙国の少年が本当に少年となるならば、わが中国は未来の国で、その進歩は計り知れない。挙国の少年が老大となるならば、わが中国は過去の国で、その滅亡はごく間近である。したがって、今日の責任は他人にあるのではなく、すべてわが少年にある。

少年が賢ならば国も賢となり、少年が豊かならば国も豊かとなり、少年が強ければ国も強くなり、少年が独立すれば国も独立し、少年が自由ならば国も自由となり、少年が進歩すれば国も進歩し、少年がヨーロッパに勝れば国もヨーロッパに勝り、少年が世界に秀でれば国も世界に秀でる。太陽が昇り始めれば、道は大いに輝き、黄河が伏流を出れば、勢いよく流れ下り、潜んでいた龍が淵から飛び上がれば、その鱗と爪は舞い上がり、幼い虎が谷で吠えれば、百獣は恐れおののき、鷹と隼が羽ばたこうとすれば、風と塵は舞い上がり、珍しい花がつぼみをつければ、明るく盛んとなり、干将〔の剣〕を砥石で磨けば、光芒が放たれる。天には青い空を戴き、地には黄色い土を踏み、縦には長い歴史、横には広い領域、前途は海のごとく、将来は果てしない。
うるわしきかな、わが少年中国よ。天とともに永久なれ。
盛んなるかな、わが中国の少年よ。国とともに永遠なれ。

三十年来の功名は塵と土〔のように価値がなく〕、八千里の道は雲と月〔のように遠い〕。無駄に時を過ごしてはならない。少年の髪は白くなり、徒《いたずら》に悲しみは深い。これは岳武穆〔岳飛〕の「満江紅」の詞である。(8) 作者は六歳の時に口伝てで記憶し、いまに至ってもなおこれを暗唱してやまない。これより「哀時客」の名を捨てて、「少年中国の少年」という名に改める。作者付記。

（1）白居易「琵琶行」を踏まえ、年をとった琵琶弾きが若いころ都で過ごした華やかな時代を思い出している。
（2）長安の太極宮と興慶宮。安史の乱後、上皇となった玄宗が幽閉されていた。
（3）白居易「長恨歌」を踏まえ、安史の乱後に実権を失った玄宗の宮女らが玄宗の輝かしい治世を回顧している。
（4）秦の東陵侯で漢では布衣として瓜を植えたという邵平の故事（『三輔黄図』）を踏まえ、かつての栄華を偲んでいる。

（5）アフマド・ウラービー（一八四一〜一九一一）はエジプトの政治家。一八八一年に政権を握るが、イギリスの武力介入を招き、テル・エル・ケビールの戦いに敗れ、セイロン島に流された。

（6）龔自珍（一七九二〜一八四一）、号は定盦。魏源と並んで清末の公羊学の草分け的存在で、また天才的な詩人でもあった。当時の急進的な知識人サークルで絶大な人気のあった文人で、梁啓超も「はじめて『定盦文集』を読んだ時は、まるで電気に打たれたように感じた」と述べている（『清代学術概論』『専集』三四、所収）。

（7）紅頂は赤い珠、花翎はクジャクの羽で、いずれも帽子の飾り。紅頂は一品・二品、花翎は五品以上の高官を示す。

（8）宋の岳飛が金に奪われた故地を取り戻す決意を歌った詞。

5 中国史序論

【初出】『清議報』第九〇、九一冊、光緒二十七年七月二十一日、八月一日(一九〇一年九月三、一三日)。

【解題】梁啓超による新たな歴史学の提言書ともいうべき著作である。いうまでもなく、「史」は中国を中心とする東アジアの「学」の重要な構成要素であって、西洋との接触よりはるか以前に、充分な発達をみた。これに対して梁啓超は、そうした従来の「史」とは、少数の権力者や皇族の興亡・交替を記述したものであって、一人一家の家譜にすぎないと喝破し、それに代わるものとして西洋流の史学、すなわち国民の歴史、人間全体の運動・進歩の跡を記すものにしなければならないと訴える。

その前提として梁啓超は、従来の中国には自国に対する明確な呼称がなかったことを指摘し、自称としての「中国」や「中華」には自尊自大のニュアンスはあるが、王朝や漢族といったものを越える呼称として、「中国」の名を取るとする。本文は、王朝ごとの「史」を越えるものとして、「中国史(ナショナル・ヒストリー)」の概念をはじめて中国で定義づけた本格的論説で、その後の中国の歴史学の発展にきわめて大きな影響を与えた。

なお、さまざまな西洋の歴史学者の言葉や新たな歴史分析モデルの紹介に関して、梁啓超は同時代日本の歴史学に関する著作を積極的に参照しているようである。たとえば、東京専門学校(早稲田大学の前身)の歴史学の教科書として使われていた浮田《うきた》和民《かずたみ》『西洋上古史』や『史学原論』などが参照されていることが判明している。

本文を「序論」とする「中国史」は書かれなかったが、こののち梁啓超は、一九〇二年にも「新史学」を、その後にも「中国歴史研究法」(一九二二年)を発表する。如何に中国史を執筆すべきかは、終始かれの課題であり続けた。未完に終わったが、最晩年に構想した畢生の著作も「中国文化史」であった。

第一節　史の定義

史とは、人間の過去の事実を記述したものである。とはいえ、世界の学術は日に日に進歩するので、近ごろの史家と以前の史家との本分は、いささか異なる。以前の史家は、事実を記載するのみであったが、近ごろの史家はその事実の関係とその原因や結果を説明せねばならない。また、以前の史家は、この世のごく少数の権力者の栄枯盛衰を記述するにすぎなかった。いわば、名こそ史ではあったが、実は一人一家の系図にすぎなかったのである。これに対して、近ごろの史家は人の世の全体の動きや進歩、すなわち国民全体の経歴やそれら相互の関係を探索しなければならない。この点からいうならば、中国にはこれまで史などなかった、といっても過言ではない。

フランスの名士ボリュー氏〔Anatole Leroy-Beaulieu〕は、かつて『俄国《ロシア》通志』〔*L'empire des tsars et les Russes*, 林毅陸訳『露西亜帝国』東京専門学校出版部、一九〇一年〕を著したさいに、こう述べている。ロシアに歴史はない、歴史がないということではない。つまりその歴史なるものは、国民がみずから作り上げた歴史ではなく、他より受けたものなのである。自動的なものではなく、他動的なものであり、その主たる動力は外、あるいは上から発せられる。異国であっても本国であっても、要するに、みな外部より支配されたのであって、内部から盛り上がってきたのではない。ちょうどきれいな光雲が人々の頭上にかかっているようなものであって、つまりは王公たちの年代記があるにすぎず、国民の発達史があるわけではない。これがロシアと西欧諸国の違いなのだ、と(1)。わが中国のこれまでの歴史とは、まさにそんなありさまではなかったか。わたしがここで史について講じようとする時に、慚愧に堪えないのはこの点であり、そこには限りない困難が横たわっている。

ドイツの哲学者ロッツェ〔Hermann Lotze〕によれば、人間の発達には五種の相があるという。一に智力（理性や知識の進歩はここに含まれる）、二に産業、三に美術（およそ高等な技術の進歩はここに含まれる）、四に宗教、五に政治である。(2)歴史を執筆したり学んだりする者は、この五つのうちどれを欠いてもならない。今、中国のかつての史を見渡してみた場合、一書にしてこの五徳を兼ね備えているものは、ほとんど見当たらない。また、どれか一つのことを詳しく論じたものも、ほとんどなく、古来踏襲されてきたものとしては、第五項の政治があるのみである。ただし、いわゆる政治史も実のところは、特定の姓〔皇室の姓〕の勢力圏を記したものにすぎず、政治の真相にはほど遠い。それゆえ、いま中国史を執筆してみようかと思っても、踏襲できるようなお手本もないし、古い書籍の中に材料を求めようとしても断片ばかりで、難しいということに変わりはない。

第二節　中国史の範囲

（甲）中国史と世界史

現在、世界史を著す場合には、必ずと言って良いほど泰西〔西洋〕各国を中心にし、日本やロシアの史家（世界史を書く者は、みな日本やロシアのことなど記述しない）といえども、それに異議を唱えることはしない。つまりは、過去と現在の間において、文明の力を押し広め、世界を左右してきたのは、実に泰西の民族だけであり、ほかに太刀打ちできる民族はいなかったわけである。むろん、世界の文明の発祥の地を論ずるときには、西洋人も次の五つ、すなわち一、小アジアの文明、二、エジプトの文明、三、中国の文明、四、インドの文明、五、中部アメリカの文明をあげる。二つの文明の地が出会うとその文明の力はより大きくあらわれることになる。目下、世界を左右している泰西文明とは、まさに小アジアとエジプトの文明とが融合してできあがったものである。さらに言えば、今後は泰西文明と泰東〔東洋〕文明（つまりは中国文明）とが出会い、結びついていく時代になるのであって、現在はつまりはその出会いの始まりにあるわけである。それゆえ、中国の文明の力が世界を左右する、つまりは中国史が世界史の中に一つの有力な地位を占めるということも、あり得ないとは言えない。とはいえ、これは将来は必ずそうなるとは言っても、過去はそのようなものではなかったわけだから、今の中国史の範囲は世界史の外にあるとせざるを得ない。

(乙)中国史と泰東史〔東洋史〕

泰東史とは日本人の言うところの東洋史のことである。泰東の主たる動力はすべて中国にある。したがって、泰東史における中国民族の地位は、ちょうど世界史におけるアーリア民族のごときものである。日本では近ごろ東洋史を著す者がとみに増えているが、それは実は中国史の異名にほかならない。いまここで述べようとするものを泰東史と呼ばないのは、茫漠とした題目となるのを避けるためである。さもなくば、とりとめもなく遺漏が多くなるのを免れず、簡要にして充実した研究にならないからである。二千年来のアジア諸民族と中国の交渉は、非常に豊富な事例があるが、おのずから中国史の範囲に入るということは改めていうまでもない。

第三節　中国史の命名

わたしが最も慚愧に堪えないのは、わが国に国名がないことである。普通は、たとえば諸夏とか、漢人、唐人とか通称でいうが、それらはみな王朝の名である。外国人がいう時には、震旦、あるいは支那と呼ぶが、それらはどれもわれわれ自身で命名したものではない。夏、漢、唐などの名で自らの歴史を呼べば、国民を尊重するという主旨に悖《もと》ることになるし、震旦や支那などの名で自らの歴史を呼べば、名は主人に従うという公理を失うことになる。中国や中華とも呼べるが、それはそれでやや自尊自大で、傍から見る者の誹《そし》りを免れまい。とは言いながら、ある特定の姓の王朝の名を使うことで、わが国民を汚すことはできないし、また外国人がかりに定めたものを使って、わが国民を侮蔑することは、なおさらできない。この三つの選択肢がいずれも不十分である中で、わたしは万やむを得ず、口頭でよく使っているものに従って、これを「中国史」と呼ぶことにする。やや傲慢の気味はあるが、各民族が自らの国を各々自尊するのは当今の世界の通例である。わが同胞が、〔わが国の〕名称と実質を深く了察するのであれば、その精神を喚起するための一つの方法とならないわけでもあるまい。

第四節　地　勢

中国史がカバーする領域は、おおよそ以下の五つに分けることができる(3)。一、中国本土、二、新疆、三、青海・チベット、四、蒙古、五、満洲。東半球の脊梁はパミール高原であり、葱嶺《パミール》とも称すが、これが諸々の大山脈の根幹をなしている。葱嶺から東へ三つの山脈が伸びている。その真ん中が崑崙山脈で、これが新疆とチベットを分けている。

崑崙山脈はさらに二つに分かれ、それぞれ東と東南の方角へ伸びている。東南へ伸びるものをバヤンカラ山脈と呼び、青海とチベットの境界をなしているが、これはさらに中国内地にのび、四川省の西部から雲南・両広〔広東・広西〕の北の縁にいたる。いわゆる「南嶺」というのがこれである。一方、東へ向かう山脈は、祁連《きれん》山と呼ばれ、青海の北の縁を走り、さらに二つに分かれる。一つは真東へ向かい、渭水の上流を経て、陝西・河南へとつながっていく。いわゆる「北嶺」である。もう一つは東北に向かうもので、黄河に沿ってのび、〔万里の〕長城の内外にまで達するものが賀蘭山である。そこからさらに北に行けば陰山、さらに北に行けば興安嶺となり、モンゴル東部を縦断し、シベリアへと連なっている。中国全体の山嶺の脈絡の中で、そのおおもとにあたるのが実に崑崙山である。

わが中国をして、明確なるアジアの一大国たらしめているのは、二つの大きな境界の存在だが、そのいずれもがパミール高原に発するものである。その南に位置するのがヒマラヤ山脈であり、東に延びてチベットとインドの境界を形成している。他方、その北に位置するのがアルタイ山脈で、実に中露両国の天然の境界ともなっている。崑崙山脈とアルタイ山脈の間にあって、崑崙山脈と平行をなしているのが天山であり、新疆全土を横断している。これが分かれて天山南路・北路となり、最終的にはモンゴルの西の境まで続いているのである。

中国の大河としては、ひろく言ってその中に河源のあるものが二つあり、その内の一つが中国本土にその水源のあるもので、黄河・揚子江・西江・金沙江などは、みな新疆とチベットの境のあたりに源を発している。一方、もう一つは中国東北部を流れるもので、黒龍江の上流の斡難《オノン》河と克魯倫《ヘルレン》河、その支流の嫩江、色楞格《セレンガ》河、鄂爾坤《オルホン》河などは、みなモンゴルの北部に源を発している。これら諸々の大河川の中で、歴史ともっとも関係が深いのが揚子江、次いで黄河、さらにその次が西江と黒龍江であろう。モンゴルと新疆はこれら大河川の水源地だが、内陸に砂漠が広がっている。戈壁《ゴビ》瀚海、ジュンガルなどの砂漠が、それら地域の大半を占めているため、河水は多くが砂漠に吸収されてしまうか、あるいは塩湖に注ぐかである。

地理と歴史とは関係が至極密接だということを、歴史を学ぶ者は最もよく注意せねばならない[4]。高原は牧畜に適し、平原は農業に適し、海浜や河川は商業に適する。寒帯の民は戦争に長け、温帯の民はよく文明を生み出す。こういったことは、みな地理歴史の公例〔法則〕である。わが中国の版図には、温帯・寒帯・熱帯の三つが含まれており、非常に高い山・非常に長い川・非常に広い平原・非常に多くの海岸・非常に大きな砂漠がある。農耕にもよし、牧畜にもよし、鉱業にもよし、漁撈にもよし、工にも商にもよしというわけで、およそ地理上の要件と特質については、わが中国にはすべてが備わっているのである。それゆえ、中国の地理をおさえながらその歴史上の変化を追っていくのは、実に何にも増して興味深い。

中国がなぜ世界文明の五祖の一つとなれたのか。それは、黄河、揚子江の二大河川が温帯を横に流れ、平原を潤したおかげである。中国文明はなぜ小アジアの文明やインドの文明と結びついて、さらに豊かな文明となることができなかったのか。それは、西北のアルタイ山脈と西南のヒマラヤ山脈が大きな障害となったからである。数千年来、なぜしばしば南北対峙の形勢が生まれたのか。長江が天然の要害となり、黄河沿岸と揚子江沿岸に民族がそれぞれに生じたからである。

明以前にあって、なぜ北方に起こった者たちがその勢力をどんどんと伸ばしたのに対して、なぜ南に起こった者たちは振るわなかったのかと言えば、寒帯の民が生まれつき剽悍《ひょうかん》であるのに対して、温帯の民はおおむね文弱だったからである。東北のもろもろの胡族は、どうして二千年の間にしばしば中国に君臨したのかと言えば、かれらは狩猟・遊牧の地に生まれ育ったからである。生きんがために常に天候や野獣と戦ってきたから、かれらは自然と好戦的で凶暴になり、また遊牧に慣れ、水や草を求めて居を移すのだから、土地に根づこうとはせず、侵略を好む。

これに対して、中国民族の性質はこれとは正反対である。かの〔遊牧〕民族がひとたび中国に入ると、なぜたちまちにそうした本性を失ってしまい、漢人に同化されてしまうのかということも、その地質〔地理的な本質〕がそうさせているわけである。また、各省の地方自治の制度がなぜ非常に早くに発達したのかといえば、土地が広すぎて中央政府の力が常にすみずみまで行き届かないから、それぞれが団体を結成して、自分たちで整えていこうとしたからである。同様に、数千年ものあいだ、どうして君主専制政治の下にひれ伏し、民間でみずから憲法を発布しようという動きがなかったのかも、国土が広すぎて組織が散漫になり、交通の不便ゆえに連携するのが難しかったからである。かくて、ごく少数の凶暴専横な民賊どもが、しばしば中国を支配することができたのである。

さらに、どうして勢力を国外に伸張させることができなかったのかと言えば、平原は肥沃で、充分に自給ができたから、逆に言えば、古代のギリシアやフェニキア、あるいは近代のイギリスのように、国外の交通にたよって生活しなければならないということがなかったからである。こうして〔中国には〕冒険や遠征をおこなおうという気風はうまれなかった。近年、こうした状況は昔と様変わりしてしまったが、それは往時の主要な動力は常に平原に盤踞する民族にあったが、このごろはその主な動力なるものが常に海岸の近くの民族にあるからである。

世界の大勢はそのようになってきたわけだが、これらのどれもこれも、地理と密接な関係のないものは一つもない。それゆえ、地理と人民の両者が常にあいまってこそ、文明が興起し、歴史が作られるのである。その両者が離れてしまうならば、文明もなく、歴史も生まれない。その相関関係は、ちょうど肉体と霊魂とがあい備わってはじめて人ができあがるようなものである。

第五節　人　種

種の違いということは、今日万国がこれをめぐって争っているところのものである。西洋人は世界の人種を五種、あるいは三種、あるいは七種に分けているが、通称としてわれわれ黄色人種は蒙古種《モンゴロイド》と呼ばれる。ただし、これは西洋人が東洋の事情をよくわかっていないための誤った議論である。いま、中国史の範囲の中で人種を考えるならば、その数は数十を下らないが、最も明確に関係するのは以下の六種類であろう。(5)

その一、苗種　中国にもともといた土着の種族であり、ちょうど今のアメリカのインディアン（紅人）、オーストラリアの黒人にあたる。この人々（苗族）は有史以前には重要な地位を占めていたが、漢族がその後日に日に台頭してくると、苗種も日に日に窮迫するようになり、北から南へ移動して、今現在では、湖南、貴州、雲南、広西などになんとか暮らしている。ベトナムやミャンマーにも分布している。

その二、漢種　すなわち現在、国中に広く暮らしているわれわれで、いわゆる文明の末裔にして、黄帝の子孫がこれである。黄帝は崑崙の故地、すなわちパミール高原より起こり、東行して中国へ入った。黄河の沿岸に住み、次第に四方へと繁殖していったのである。数千年来、世界に名を馳せたいわゆるアジアの文明なるものは、みなわが種の人がみずからそのタネをまき、みずから収穫したものである。

その三、チベット種　現在、西蔵《チベット》およびミャンマーなどに暮らしている。殷周時代の氐《てい》や羌《きょう》・秦漢の際の月氏・唐の時代の吐蕃・宋では西夏など、みなこの族に属する。

その四、蒙古種　はじめバイカル湖の東部一帯に起こり、次第に南下して、今日では内外モンゴル、および天山北路の一帯などに広く居住している。元朝はこの族より興ったもので、中国を合併しさらには〔地球〕全土を震撼させた。インドのムガール帝国もまたこの族の打ちたてたものである。

その五、匈奴種　はじめ内外モンゴルの地に繁殖したが、次第に西に移動した。現在、天山南路から中央アジア一帯にまたがる地は、多くがこの族の占拠するところとなっている。周以前の玁狁《けんいん》・漢代の匈奴・南北朝の柔然・隋の突厥《テュルク》・唐の回紇《ウイグル》などは、いずれもこの種族に属するものである。現在の欧州のトルコ国もこの種族の建てたものである。

その六、ツングース族　朝鮮の北部より満洲を経て黒龍江付近にいたる地に広く分布するのがこの族である。秦漢時代の東胡・漢代以降の鮮卑・隋および唐のはじめの靺《まっ》鞨《かつ》・晩唐から五代にかけての契丹《キタイ》・宋の時代の女真《ジュルチン》などは、いずれもこの種族に属す。今の清朝もここから興ったものである。

西洋のキリスト教徒の言うところでは、全世界の人類はみな最初の一対の男女から生まれたものだそうだが、今日世界が開けて人種学があきらかになり、この説は荒唐無稽で論外だということになっている。だとすると、各種各様の民族がそれぞれに発生したとして、その数がこんなに多いのは不思議である。さらに長らく雑居し、互いに通婚して血も混じっているから、いま種族の境界線をはっきりさせようとしても、それは決して容易なことではない。いわんや遊牧民族はあちらこちらへ移り住むのだから、数千年後の時点で、以前に歴史に現れた民族を一つ一つ今の民族にあてはめていくのは、愚かなことか、もしくは誤りである。それゆえ、ここで六つの種族で中国史に含まれる人々を包括しようというのは、実に武断にして、遺漏あるを免れないわけである。しかしながら、民族は歴史の主役であり、いきおいそれが難しいからといって、そのままさておいて論じないというわけにもいかない。そこで、その歴史において最も関係を有するものを、概略して述べてみよう。

今、他の族はさておくとして、わが漢族ははたして同じ祖先から出たものだろうか、それともおのおの別々に発生したのだろうか。これまたまだ断定できない問題であるが、広くさまざまな姓の族譜などを見渡しても、黄帝を祖先とするものばかりである。しかしながら江南の民族は周の時代の初めから戦国にかけての時期に、とりわけ発展しつづけたが、その性質や習俗などは黄河以北の民族とかなり異なっている。こういったことから、黄河沿岸と揚子江沿岸では、その文明は別々に発達してきたのであって、継承関係はないと見られる。これに対して、浙江南部から福建・広東・広西にかけての地域は、秦漢の時代にはすでに相当に栄えており、独立していたかのようにも見える。かりにそれがみな黄河以北から移ってきたのだとしたら、その移住の歳月やその事跡などは、もはやつきとめるすべはないであろう。

種の違いや境界はもともとが定めがたいものであるが、その難しい中で強いて定めるならば、白〔色〕・褐色・紅〔色〕・黒〔色〕の諸種に対して、われわれははっきりと黄種である。他方、苗・チベット・モンゴル・匈奴・満洲の諸種に対して、われわれは大なる漢種であるということになろう。したがって、四万万〔四億〕の同胞と称しても、それに異議を唱えるものはおるまい。

第六節　紀　年

紀年というのは、歴史の記号にして、記録や考証において欠かすことのできないツールである。空間の位置を決めるのが地理であるとすれば、時間の位置を定めるのが紀年である。この両者はいずれも歴史の最も重要な事物である。ある記号が優れているかどうかには、一つの法則がある。すなわち、その記号が統一的で、人があれこれ考えなくても済むようにしてくれるなら、それは優れたものであるといえるし、そうでなければ劣っている、つまりはそういうことである。それゆえ、野蛮時代の記号というのは大概みな煩雑だし、文明時代の記号はみなシンプルである。万事みなそうであり、紀年にもその一端をうかがうことができる。

古代バビロニア人は、ナポナッサル王〔の時期〕を紀元とした（今の西暦で紀元前七四七年）。ギリシア人は、はじめは執政官、もしくは大祭司の任期をもとに年を数えたが、後に改めてオリンピア大祭を紀元とするようになった（紀元前七六七年[6]）。また、ローマ人はローマ府の創建の年をもって紀元とした（紀元前七五三年にあたる[7]）。回教国民は教祖たるムハンマドの〔メディナへの〕避難の年を紀元とし（紀元前六二二年）、ユダヤ人は創世記にいうところの世界の開闢を紀元とする(紀元前三七六一年)。イエスが教えを立ててよりは、教会はイエスが血を流した年を紀元としたが、六世紀になってローマのある教士(ディオニュシウス・エクシグウス)がイエスの生誕の年を紀元とするよう改めた。以後、今に至るまで、世界の各国でこれを採用するものは過半を占める。これが、泰西の紀年の記号が次第に改良され、煩雑なものから簡便なものへと改良されていった大略である。

わが中国では、これまで帝王の称号を紀とし、帝王の死ぬごとにその記号を替えてきた。これはもっとも野蛮なやり方で(秦漢以前には、それぞれの国のその君主ごとに紀が分かれていた。野蛮の中の野蛮である)、歴史を扱う者には不便極まりない。いま仮に、数千年来の君主の年号のどれかを取り上げて学者に質すならば、最も博識な者でも具体的には答えられないだろう。だから、こんなやり方を止めなければならぬのは、いまさら議論するまでもないように見える。ただ、それを止めた後、それの代わりにどういうやり方を採用すべきであろうか。これぞ今日中国史を執筆しようとする場合のもっとも肝要な問題なのである。

たとえば、甲はこう言うかもしれない。世界で通用している記号、すなわちイエス生誕紀元を採用すべきだ、これは最もわかりやすくて公平であるのみならず、多数の人に従うものでもあり、泰西と行き来するうえでも便利な法だ、と。さりながら、イエス紀元は地球の面積の多くを占めるものではあるが、それでもそれを使っている民族はまだまだ全世界の人の数の三分の一に届かない。われわれが不用意にこれを使うのは、大勢に迎合するということになってしまう。これが困る点の第一である。

また、イエスは教主であって、わたしは崇敬するとはいっても、その教えが全世界をおおうものかどうかといえば、恐らく天下の後世の人々の同意は得られまいし、軽率にそれを使っても、公義の受け入れるところとはなるまい。これが困る点の第二である。

さらに東洋史とキリスト教の関係は弱いので、それを採用しても色々と不具合が出てくるだろうし、かつまた中国民族の国粋固守の性質から考えれば、無理にイエス紀元に改めようとすれば、結局は絵空事に終わってしまうだろう。これが困る点の第三である。こんな三つも難点があるのだから、この提言は捨て置いてよさそうである。

〔そんな甲に対して〕乙はこう言うかもしれない。わが国民の始祖黄帝を紀元とすべきだ。これは国民同胞の思想を喚起し、団結力を増強せしめる一良法である、と。ただし、黄帝以後、夏や殷を経て春秋の初めまでは、その歴史は実際は非常に茫洋としたものであり、拠るべき確かな年代がないとあっては、結局は特定の書物の個人的な意見で、武断的に押し切ってしまうわけにもいかない。これまた「玉にキズ」〔『左伝』襄公二十九年〕。

このほかでは、近ごろの識者に、堯を紀元としたり、夏の禹を紀元としたり、はたまた秦の統一を紀元にしてはどうかと提唱するものもいるが、いずれもそれを支持するだけの大きな道理も公の利益もなく、議論には及ばない。

十全のものがない中、唯一孔子紀年のみは最も中国に合致するということができる。孔子は泰東の教主にして、中国第一の人物であること、これは全国の均しく認めるところである。また、中国史の記述すべき中身が豊富になるのは、みな孔子以後である。したがって、キリスト教や回教の例にならって、孔子を基準とすることは、至当にして不変の道理といってもよかろう。かつて司馬遷が『史記』を著したときも、しきりに孔子卒後何年という言い方をしていた。これはイエスの教会が当初イエスの卒年を基準にしたのと期せずして合致している。今その生年を基準とすることとし、没年を基準としないということで、ここは孔子の生年を紀元とすることとする。これはわが党の微意である。

ただし、本書においては孔子紀元を本則とするが、照合の便を考え、あわせて歴代皇帝の年号、および現在広く使われている西暦をそれぞれその下に分けて注記することとする。

第七節　有史以前の時代

史とは、人間の過去の事実を記述したものである。とはいえ、人類の起源は遥か遠い記録以前のことであるから、それをつまびらかにすることはできない。「春秋緯に開闢より獲麟に至るまで凡そ三百二十七万六千歳、分かちて十紀となす」[8]というが、これは荒唐無稽なもので、もとより論ずるに足りない。要するに、遥かに遠い時代であることは疑うべくもない。洪水時代なるものは、全世界にたしかに広く同じような痕跡が見られ、それゆえに洪水以前を無史時代、洪水以後を有史時代と記すものもある。それも誤りではあるまい。ただし、洪水の起源とそれの年代については、現在の地質学者がどんなに広く詳しく調べても、なお諸説紛々で定説は得られていない。それゆえ、洪水の終熄以後が真の意味での有史時代だとしておこう。

　中国は、古くより諸夏、あるいは華夏と称してきたが、その「夏」とは夏禹の王朝から付けられた名である。中国民族がまとまって一つの社会《ママ》を形成し、一つの国家を形成したのは、実に禹王以後のことである。それ以前となると、たしかに列子のいわゆる「三皇」の事蹟があるものの、いたかどうか怪しいし、「五帝」のこととなると夢物語のようなものであり、それがたしかかどうか、信じがたい。(9) ゆえに、中国史は夏禹あたりから書き起こすのが妥当であろう。

そうはいっても、中国は世界の文明の五つの源の一つである。積み来れるその厚みはきわめて深遠で、かの黄帝こそがわが四万万〔四億〕の同胞の始祖であり、唐〔堯〕・虞〔舜〕・夏・商・周・秦の君統がいずれもその裔《すえ》に連なっていることにはたしかな証拠がある。計算してみると、黄帝から夏禹までの間も数百年にすぎない。ということは、黄帝の時代というのは洪水の年代からさほど離れていないということになる。司馬遷が『史記』を書くにあたって、その始まりを黄帝にもとめたのは卓見だというべきだろう。そこで、ここではこれにならって、黄帝以後を有史時代と定めることにする。

一八四七年以降、欧州考古学会は専門員を地下の遺跡発掘に派遣するようになり、ここに有史以前の古物学がようやく一つの学問分野となった。近年に改訂、公認されるに至ったことの中には、いわゆる有史以前の三つの時期区分がある。すなわち、石器時代・青銅器時代・鉄器時代の三つで、石器時代はさらに新旧二つに分かれるが、これが進化の決まった段階を示すものである。それぞれの時代の長さは地域によって異なるが、その順番はどこでも同じである。この分野の学者の推測によれば、地球と生物の起源は一億年以前にさかのぼり、人類の遺跡も一万年前あるいは十万年前にさかのぼるという。

中国ではこうした研究が進んでいないため、地下の地層は見つかっていないが、物質的な法則はどこであっても例外のないものだから、こうした学説に照らして中国の有史以前の歴史を考察するのは、誤ったことではない。この分野の学者によれば、新旧の両石器時代は非常に長いが、その時代には家畜や陶器、農業はまだない。中国は黄帝以前にあって、神農〔中国神話の神〕がすでに農具をこしらえ、蚩尤《しゆう》〔同じく神話の神〕が武器を使っていたというから、その頃にはすでに石器時代を経て、銅器時代に入っていた証拠はかなり多いといえよう。しからば、人類の起源が遥か遠く、洪水時代以前にさかのぼることは間違いない。

またさらに、人群《しゃかい》学の法則によれば、人群はすべて三つの決まった時期を経て、まとまった大きな集団を形成するにいたるのだという。第一の段階は、各々がバラバラで何かことが起こった時に指導者を立てる時期、第二は豪族がまつりごとを執りおこない、上に君主を選んで据え、下に対しては人民に指図する時期、第三は中央集権が次第にかたまり、君主一人がもっぱら庶政をさばく時期である。

スペンサーはかの『群学』[10]の中でこう述べている。「たとえば、今ここにまだ決まった規律のない人の群れがあるとしよう。いったん国の移動や危機などにより、ある公共《ママ》の問題が持ち上がれば、どのように話し合って対応するだろうか。間違いなくその民衆たちを大きな広場なりに集めることになるだろうが、会場では自然と意見は二派に分かれるに違いない。一派は年長者たちや力の強い者、あるいは経験や知識の豊富な者たちが一つの指導集団をつくり、事実の調査や問題の検討などのことにあたろうとするだろう。他方でもう一派、つまり若者や年寄りや弱者、あるいは並の知勇の者たちは、それに従属する団体を作るだろう。〔後者は〕全種族の大部分を占めるとは言え、その権利や義務などは、前者の議論を傍聴するにすぎず、それに付き従っていくかどうかを決めるだけとなろう。さらに指導集団の内部においても、群を抜く威徳を持つ者が一人二人、たとえば老練の狩人や狡猾な妖術使いなどがその会場でもっぱら決定や執行をおこなっていくことになろう。つまりは事に当たって首領に推されるわけである」と。

とするならば、ある群《しゃかい》はおのずとはっきりと、三種類の人たちに分かれていくことになる。すなわちまず大多数の従属グループで、そうした人々は将来の人民となっていくタネにあたる。次いで、少数の指導者グループで、かれらはやがて豪族へと発展していくタネである。そして最後が事を執りおこなうごく少数の委員で、やがて君主になっていくタネである。

これら三種の人々は、太古の野蛮時代にあっては、日々あい接しているから互いの懸隔もさほどない。今日の文明の時代では、互いに結ばれ懸隔もさほどないわけだが、その間には、三者が常に次第に分岐し、その政権も多数から少数へと移り、さらにごく少数の者に帰する、という趨勢をたどってきたのである。

つまり、当初だれもが自分の群れの中にあって自由に競争して暮らしている場合には、外敵がいなければ、指導集団もほぼ無用なのである。だが、そののち外敵がしばしば現れるようになると、臨時の指導者がしだいに常任の指導者へと変わっていくことになる。そして、指導集団の権力も日増しに大きくなり、そのさらに後にはその指導集団の中の有力者がおのおの権力の範囲を分割し、封建割拠の形勢となっていくだろう。かくて、併合したり攻め取ったりということがどんどんと盛んになり、ついには中央集権の君主政体へと変じていく。これがどの国でも代々起こってきた法則である。

わが中国でいえば、黄帝や堯舜の時代が純然たる豪族執政の時期ではあるが、中央集権による君主独裁の仕組みはすでに発達の兆しを見せていたのであって、わが中国では有史以前に、すでに遥かに長い時代をへており、文明の発達も早かったことがわかる。これは実に世界に誇れることである。

第八節　時代の区分

数千年の歩みを叙述する場合、往々にしてとりとめもなく広がっていくから、全体を貫くようなある種の綱領がなければならない。これは著者にとっても、読者にとっても、苦労する点であり、かくて時代の区分というものが生まれてきた。

中国の『二十四史』は一つの王朝を一つの歴史としている。『資治通鑑』は通史と称してはいるが、その時代区分なるものは、周紀・秦紀・漢紀などの名称である。これは、われわれ中国の先達の頭の中に、君主がいるだけで、国民がいなかったせいである。

西洋人の書く世界史は、たいがい上世史・中世史・近世史等の名称に分かれている。それぞれの時代と時代はつながっており、歴史は間断なきものだとはいえ、人間社会《ママ》の事件には間違いなく前後で因果関係がある。したがって、その間を二つの国が国境を決めるように、ばっさりと断ち切ろうとしたりしても、結局は無理な相談ということになる。かくて、便宜的に事柄のうち、大きなことや社会《ママ》に影響したことについて、史家は読者のために自らの考えで説明し、区切りをつけなければならない。それは武断だといわれるかもしれないが、やむを得ないことであろう。

第一に上世史。黄帝の時代から秦による統一まで、この時代は中国が中国の中国となった、つまりは中国民族が自ら発達し、自ら競争し、そして自らまとまりを作っていった時代である。その時代の主たる出来事は、土着の蛮族を打ち破り、有力者やその功臣・子弟が各々の要地に割拠し、バラバラの酋長から統属のある封建へと変わっていき、その後次第に兼併、もしくはどこまでも力で征服するということだった。こうして夏禹の時代の塗山の〔会盟に存在した〕万国が、たちまち周の初めの孟津の〔会盟の〕さいには八百諸侯へと減じ[11]、さらにその後の春秋の初年には五十余国へ、戦国時代には七雄へ、そしてついには〔秦による〕一統へと行き着いたわけである。これは実に漢族が自らその内部のことにあたったということであって、当時それにかかわったものとしては、苗種の諸族があるのみだった。

第二に中世史。秦による統一から清朝の乾隆帝の末年まで、この時代はアジアの中国、すなわち中国民族とアジアの諸民族が盛んに交わり、非常に激しく競争しあった時代である。さらには、中央集権の制度が日増しに整備された結果、君主専制の政体が全盛を極めた時代でもある。その内部における主たるできごとは、豪族の帝政が崛起せる帝政に変わったことであり、その外部における主たるできごとは、匈奴種やチベット種・蒙古種・ツングース種が次々と入り乱れ、漢種と競争を繰り広げたということであり、形の上から見れば、漢種は常に敗北したものの、精神の面を見れば、漢種は常に勝利を収めた。この時代の終わりにいたり、アジアの各種族は次第に統合の方向へと向かい、全体一致の動きで外部の大きく異なる種族に相対するようになった。

この中世史の時代が二千年にもわたることについて、あるいは余りにも長いのではないかという声が上がるかもしれない。それに対しては、中国は余りにも広大で民族も多いがゆえに、その運動の歩みも常に甚だ遅いのだ、あるいはかつてアジア以外の大きく異なる種族からの刺激を受けることがなかったので、歴史は長いが大きな変動はなかったのだと説明することができるだろう。とはいえ、この時代が余りにも長いと読者には不便であろうから、それをさらに三つの時代に細分することにしよう。これは本篇で詳述するので、今はこれ以上触れない。

第三の近世史。これは乾隆の末年から今日までで、世界の中国の時代、つまり中国民族が全アジアの民族と合同で西洋人と交渉・競争する時代である。またそれは同時に、君主専制政体が次第に姿を消していき、他方で数千年来発達を見ることのなかった国民の立憲政体がそれに取って代わって興起していく時代である。この時代は今ようやく芽生えたばかりで、時期は短いものの、その内外における変動は、実にこの二千年来なかったものであり、それゆえ別に一つの時代として立てなければならない。してみれば、近世史とは、将来の歴史への序幕にすぎないのである。

（1）林毅陸訳『露西亜帝国』八五頁の要約である。

(2) 坪内逍遥述『上古史・中古史』(東京専門学校、一八九四年)に、ロッツェのこの言い回しが見える(四頁)。

(3) 以下の中国の山脈に関する記述は、桑原隲蔵『中等東洋史』(大日本図書、一八九八年)に拠っている。

(4) 地理と歴史(文明)の関係についてのこの部分は、浮田和民『史学原論』や『西洋上古史』(東京専門学校出版部、一八九八年)を参照している。梁啓超は一九〇二年の『新民叢報』創刊に合わせて「地理と文明の関係」を執筆したが、その文章も浮田の著作に大きく依拠したものであった。

(5) 以下の中国の民族(種族)に関する記述は、桑原隲蔵『中等東洋史』に拠っている。

(6) 紀年に関するこの段落は、浮田和民『西洋上古史』三〇〜三一頁に拠っているが、浮田著では最初のオリンピア大祭を紀元前七七六年とする。梁啓超が書き間違えたのであろう。

(7) 同じく、正しくは紀元後六二二年であり、浮田著もそのように記す。

(8) 唐の司馬貞の「三皇本紀」に見える言葉、春秋緯は孔子の書いたとされる『春秋』に関する緯書のこと。古典自体を「経」(たて糸)と呼ぶのに対応して、それについての解説(往々にして神秘的な解釈)を「緯」(よこ糸)と呼ぶ。開闢は天地の始まり、その『春秋』で孔子が「西狩獲麟」と書いて筆を絶ち、世を去ったことから、ここの「獲麟」は孔子の没年を指す。

(9) 列子は春秋戦国の思想家、この世の起源について三皇五帝という神・伝説上の始祖をあげる。

(10) H. Spencer, *The Study of Sociology*, 1873 のこと。中国語訳としては厳復の訳著『群学肄言』(一九〇三年刊)があるが、厳復はそれより早く一八九七年ごろからスペンサーの同書を部分訳して『国聞報』などに引用していたから、梁啓超はそれを読んでいたと推測することも可能である。

(11) 塗山・孟津は、それぞれ現在の安徽省・河南省にある地名で、そこで夏王朝・周王朝の権威を承認する儀礼(会盟)がおこなわれたとされる。

6 『清議報』第百冊の祝辞、並びに報館の責任と本館の経歴

【初出】『清議報』第一〇〇冊、光緒二十七年十一月十一日(一九〇一年一二月二一日)。

【解題】『清議報』は梁啓超が日本亡命後の一八九八年一二月二三日(光緒二十四年十一月十一日)に横浜で創刊した報《ジャーナル》である。清議とは時政に対する議論批評を意味する。梁啓超は戊戌政変で失われた政治議論の場を亡命の地日本に求めたのである。『清議報』は陰暦でちょうど三年目に第一〇〇冊を刊行した。それを記念して祝典が開かれたが、翌日に『清議報』社の建物が焼失し、『清議報』は廃刊となった。

本文は三年にわたる『清議報』の活動の総決算として執筆されたものである。全体は六つのパートに分かれる。第一部分で祝典について説明をする。第二、三部分は報館の役割と重要性、良い報の基準、中国における報の刊行の歴史とその問題点を論じる。第四部分は『清議報』の宗旨(創刊時の宗旨とはかなり異なるものである)を掲げ、これまで掲載された文章のうち重要なものを紹介する。第五部分は『清議報』の時代を「中国と世界が最も関係した時代」ととらえ、国内外の重大事件を列挙し、二〇世紀の世界の

課題を提示する。結論では『清議報』を「一党の報と一国の報の間」に位置づける。

同じ報に関する文章でも、本書一―2「報館が国事に有益であること」とはずいぶん印象が異なる。この間、梁啓超自身がジャーナリストとして経験を積んだことはもちろんだが、本文でも引かれる日本の新聞学の理論的影響も見逃せない。『清議報』は部数こそ『時務報』に及ばなかったが、「一党の報」にすぎなかった『時務報』よりも一段階進んで「一党の報と一国の報の間」に達したものだった。かれはさらに進んで「一国の報」を目指すべく、『新民叢報』を創刊するのである。

第一　祝典の通例とその作用

祝典はなぜ始まったのか。古い事業を記念し、新しい事業を奨励するためである。およそ天下で一事を成すのはたやすいことではなく、幾多の曲折を経て、多大な苦労をし、多くの金銭を費やして、ようやく得られるのである。したがって、時が経ってもその苦労を忘れないために、これを祝うのである。あるいは毎年、あるいは十年ごと、あるいは五十年ごと、あるいは百年ごとに祝う。要するに、かつての気持ちに借りて、新たな元気を奮い起こすのである。その意図はきわめて深く立派である。

たとえば、アメリカの七月四日、フランスの七月一四日は建国が成就した日であり、毎年必ずこれを祝う。一八八七年にアメリカは独立百周年の祝典を挙行し、一八八九年にフランスは共和百周年の祝典を挙行した。一八九三年にシカゴで万国博覧会が開かれ、コロンブスの西半球発見四百年の祝典を挙行した。去年パリで一九世紀博覧会が開かれ、キリスト生誕一千九百年の祝典を挙行した。またアダム・スミス氏が『国富論』を出版してから百年後に世界の理財《けいざい》学者がともに祝典を挙げ、ワット氏が蒸気機関を発明してから五十年後に世界の工学者がともに祝典を挙げ、ダーウィン氏が『種の起源』を刊行してから三十年後に世界の物理《ママ》学者がともに祝典を挙げた。

一つの市・郷、学校・病院・艦船・商店にもまた往々にして祝典がある。およそ富強の国であればあるほど祝典が多く、文明の事業であればあるほど祝典は盛んである。どうして喜んで贅沢や浪費をしてまで浅薄な人々の耳目を驚かせようとするのか。過去を記憶し、現在に奮起し、将来を奨励するためである。いわゆる歴史の思想、精神の教育であって、その関係するところはきわめて重大である。

中国にはこれまで祝典なるものが存在しなかった。中国は保守主義で有名である。しかしながら、先人の事業に対して賛嘆することはあっても継承することはなく、墨守することはあっても拡充することはなく、考証することはあっても記念することはなかった。そのため歴史の思想ははなはだ薄弱で、国を愛し団体を愛し事業を愛する気持ちが生じることはない。西洋人は事をなすのを喜ぶゆえに強く、中国人は無関心ゆえに弱い。これは小事にすぎないが、大事に喩えることもできる。

『清議報』はきわめて小さな事業である。その責任は文字にとどまり、その目的はただ一国に注がれ、その所在地は遠く海外にあり、加えて組織は完備せず、体裁は綿密周到ではなく、その言論思想は国民に大いに役立つことはできない。いわんや、現在天子は都を離れ[1]、祖国が危ういというのに、祝えることなどあろうか、どうして祝うことなどできようか。

しかしながら、「葑菲《かぶら》〔の根〕も捨てず」〔『詩経』邶風・谷風〕、「敝帚《こわれたほうき》も自分には大事で」〔『東観漢記』光武帝紀〕、口舌を尽くすことすでに三年、これまでの苦労を思えば、忘却されるのを望まない。そのうえ、中国にはこれまで祝典の習慣がないので、これを教え導きたい。どうかわたしに口火を切らせていただきたい。ゆえにいま第一〇〇冊を刊行するにあたって、各国の大報館の通例にならい、ページ数を増やし、精髄を集めてこれを祝えば、過去を記念し、将来を奨励することになろう。これが同人《わたし》の区々たる微意である。

第二　報館の勢力とその責任

『清議報』の事業は小さいけれども、報館の事業は小さくない。イギリスの元大臣《ママ》バーク〔Edmund Burke〕はかつて下院で報館記事席〔各国の議会は議事のさい、各報館〔の記者〕が傍聴、記録できるよう別に席を設ける〕を指さし、「かれらは貴族・聖職者・平民の三大種族に属さず、さらに絶大な勢力を有する第四の種族である」〔イギリスの議会は貴族・聖職者・平民の三階級によって組織される。けだし、イギリスの全国民はこの三大種族の範囲を出ない〕と嘆じた。日本の松本君平氏の著書『新聞学』は、報館の功績を賞賛して「彼は予言者の如く国民の運命を謳い、彼は裁判官の如く国民の疑獄を断じ、彼は大立法家の如く律令を制定し、彼は大哲学者の如く国民を教育し、彼は大聖人の如く国民の罪悪を弾劾し、彼は救世主の如く国民の無告の苦痛に聴き、救済の途を与えんとす」と述べている。[2] 明解ではないか、この言葉は。

近世西洋各国の文明は日進月歩で、これまでの数千年と比べて、ほとんど別に新天地を切り開いたかのようである。その原因はどこにあるだろうか。ある人はフランス革命の産物だという。ではフランス革命を生んだのは誰か。ある人は中世の神権専制政体の反動力だという。ではこの反動力を喚起したのは誰か。ある人は新しい学問や技術が勃興した結果だという。ではこの新しい学問や技術を勃興したのは誰か。思想の自由・言論の自由・出版の自由にほかならない。この三大自由はじつに一切の文明の母であり、近世の世界の種々の現象はみなその子孫である。報館はじつに全国の人々の思想言論を集め、大なるものも小なるものも、精密なるものも粗雑なるものも、荘厳なるものも諧謔なるものも、過激なるものも従順なるものも、一つ一つ国民に紹介する。したがって、報館は一切を取り込み、一切を吐き出し、一切を生み、一切を滅ぼすことができる。西洋の格言に「報館は国家の耳目であり喉舌であり、社会の鏡であり、文壇の王であり、将来の灯であり、現在の糧である」という。偉大ではないか、報館の勢力は。重大ではないか、報館の責任は。

欧米各国の大報館は、その言論の一つ一つが、ややもすれば全世界の人々の注目し、傾聴するところとなっている。それはなぜか。政府はその議論を採用して政策とし、国民はその言論を奉じて指針とするからである。したがって、往々にして今日の大宰相や大統領が明日には主筆となり、また往々にして今日の主筆が明日には大宰相や大統領となることがある。

アメリカの奴隷廃止の大事業は何から成し遂げられたか。リンカンが主筆を務める報館がこれを成し遂げたのである。イギリスのアイルランド自治案はなにゆえ〔議会を〕通過したのか(3)。グラッドストンが主筆を務める報館がこれを成し遂げたのである。近日、ロシア皇帝〔ニコライ二世〕はなにゆえ万国平和会議を開いたのか。トルストイが主筆を務める報館がこれを成し遂げたのである。

報館は政治の根本の根本であり、教師の教師である。そうであるがゆえに、人民がこれを嗜むこと、飲食や男女のように片時も離れることのできないものがある。聞くところでは、イギリス人は老若男女・貧富貴賤にかかわらず、本を読まないものはいても、報を読まないものはいない。その他の文明諸国の国民もみな同様である。このため、報館の事業に従事するものは、ますます刻苦奮励し、日々進歩を求める。したがって、報の文章が多ければ多いほど、形式は完備し、議論は詳しく、記載は豊富になる。ただ数種の報紙を読むだけで、古今天下の政治・学問・風俗・事跡をことごとく知り、全世界の新しい空気を頭のなかに吸い込むことができる。それゆえ、国家の強弱を覗おうとすれば、報の文章の多寡と良否を見るのが一番である。

報の文章の良否を判断する基準は何か。第一に宗旨が定まり高いこと。第二に思想が新しく正しいこと。第三に材料が豊富で適切であること。第四に報道が確かで迅速なこと。このようであれば良であり、これに反すれば劣である。

「宗旨が定まり高い」とは何か。およそ一つの事をなし、一冊の書を著すにも、宗旨がなければならない。報も同じである。宗旨がひとたび定まれば、「項荘が剣舞を舞うのは沛公〔劉邦〕を殺すのが目的である」〔『史記』項羽本紀〕のように〔直接宗旨を伝えずとも伝わるのであり〕、日々これをしゃべり、月々これを染みこませ、大声でこれを叫び、遠回しに諫めてこれを気づかせる。一つの報の力を以て、一つの宗旨を明らかにすれば、いかに堅いものでも打ち砕かれないものはなく、いかに困難なことでも成し遂げられないものはない。宗旨はもとより選択するものである。金儲けもまた宗旨であり、権力者に媚びるのもまた宗旨であり、市井の人を喜ばせるのも宗旨である。したがって、報館を運営するものは、熱誠と慧眼を以て、最高の宗旨を設定し、これを遵守しなければならない。政治学者の言に、「政治は国民の最多数の公益を目的とする」とある。もし報をつくるものが国民の最多数の公益を目的とすることができれば、真に優れた宗旨というべきである。

「思想が新しく正しい」とは何か。報館の著述が重要なのは、それが言語文字によって将来の世界を切り開くからである。もし人々がすでに知っているものを引き延ばすだけなら、報を読むより座禅するほうがましである。もし先人がすでに言ったことを受け売りするだけなら、報を読むより劇を見るほうがましである。したがって、思想は新しくなくてはならない。一種の新国民を作り上げようとすれば、その国の古い誤った理想を取り除き、その脳みそを変えねばならない。

この目的を達しようとすれば、あたかも南北極の寒流が赤道の暖流と混じり合って新しい海流となり、万年雪地帯の冷気が地平の熱気と触れあって新しい空気となるように、必ず他の社会の事物理論を輸入し、これと調和させねばならない。したがって、知識の交換はじつに人生の第一要件である。報館の天職は、万国の新思想をその同胞に捧げることである。それだけではない。およそ新しい理論が世に出れば、必ず古い道理と相容れず、そのため国を挙げてこれを敵視し、世を挙げてこれを唾棄するやもしれない。〔報に携わるものは〕もとより自信の程を見極めたうえで、これを堅く信じ、これを強く持す。これまた先にいうところの「宗旨が定まる」である。

さまざまな事物が一斉に現れている今日の世界では、それぞれの新思想は入り交じって一つの流派をなしていない。自国の歴史と比較し、国民の性質を考察し、今後の時勢を観察し、どのような思想が最も有利で害がないかを知り、全力でこれを鼓吹する。これを「正しい」という。

「材料が豊富で適切である」とは何か。およそ真に優れた報は、それを読むことで、全世界の知識を余すところなく具えることができる。こうしたものに日報〔日刊紙〕と叢報（叢報とは旬報・月報・週報などを指す。日本でいう「雑誌」である）がある。いずれも力を尽くすべきであるが、叢報がとりわけ重要である。各国の大叢報は、収集する範囲がきわめて広く、分類もきわめて複雑で、政治・経済・法律・哲学・教育・宗教・科学・農工商・軍事・各国のニュース・小説・文苑・図画・評論などがあり、各報は一つとして掲載しないものがなく、選択もまたきわめて厳格である。聞くところでは、欧米の有力な叢報が毎年収集記載する論説記事は一万篇以上にのぼるが、刊行されるものは二百篇内外にすぎない。けだしその目的は、読者に無駄な労力を使わせず、一字を読めば一字の利益を得られるようにし、また遺漏や欠陥がないようにすることにある。誠ではないか、その進歩は。誠ではないか、その得がたく貴いことは。

「報道が確かで迅速である」とは何か。報の利益はさまざまあるが、今を知るというのが最も重要である。したがって、各国の報館は主筆を重視するだけでなく、さらに時事、インタビュー、通信、電報を重視し、大枚をはたいて新しいニュースを求めることをいとわない。このことの重要性は、これを職業とするものはよく知っていることなので、ここでつぶさに論ずることはしない。これら四点を具えれば、完全で非の打ち所のない報となるが、思うにそれは困難なことである。だから、報の文章は大変多いが、良いものは大変少ないのである。欧米ですらそうであり、中国はなおさらである。

第三　中国の報館の沿革とその価値

西洋の諺に「ローマは一日にして成らず」という。およそ天下の大事業は絶対に一挙にして成しうるものではなく、必ず徐々に発達し、円満の域に達するのである。これは事物の法則であり、逃れることはできない。しかしながら、中国の報館ほどその発達が緩慢で無力なものはない。中国の邸報〔唐代に始まる官報〕が万国の報紙に先んじていたことはさておき、通商を開始して以降、西洋の報の形式がはじめて中国に紹介され、香港に『循環日報』〔一八七四年創刊〕、上海に『申報』〔一八七二年創刊〕が誕生して、いまや三十年あまりになる。この間、それに続いて創刊されたものは少なくなかったが、完全良好で西洋人〔の報〕の百分の一に及びうるものはついに一つもなかった。首都でさえ、八カ国連合軍が占拠する以前は、報館が一つもなかった。これはまさに天下万国に見られないことである。十八省〔中国本土〕の各省の面積と戸口はみなヨーロッパの一国に匹敵するが、広東と福建を除いて、省都に報館があるものは一つもなかった。これまた世界の怪現象である。

近年来、陳腐なものが次から次へと出され、上海・香港・広州の三カ所は〔報の刊行が〕最も盛んなことで知られている。しかし、その形式は一つとして取るに足らず、広げて読むごとに、「上海の官吏〔の動向〕」「〔官吏の〕ご家族が南来す」「火災が猛威を振るう」「盗みを企てるも未遂に終わる」「男女のゴタゴタ」「甘んじて情死する」などの言葉が紙面を埋め、千篇一律である。果ては、台湾の戦争で劉永福の娘子軍のことを記し、義和団事件で李秉衡の黄河陣を詳言する始末だ。[4] なに憚ることなく、デタラメをふりまいている。その論説を見れば、「西洋の学問がもともと中国に由来することについて」や「中国が速やかに富強を図るべきことについて」のようなものばかりで、剽窃を繰り返し、読んでいて寝てしまわないかと心配するほどだ。

このため、報館ができて数十年になるが、全国社会《ママ》にいささかの影響もないのである。資本不足のために数カ月や一年も経たないうちに閉鎖するものが七、八割で、残りの一、二割もまた同じである。ただ、以前の天津の『国聞報』と最近の上海の『中外日報』『同文滬報』『蘇報』は、体裁もやや具わっている。しかしながら、これらを日本の辺鄙な県の報と比べても、なお肩を並べることは望めない。東京の大規模な報や西洋のものはいうまでもない。叢報については、なおさらいうに足りない。

かつての『格致彙編』だけがやや完全であったが、西洋人の手になるもので、かつ上海江南製造局の政府刊行物という力に頼っており、また三カ月に一冊にすぎず、わずかに一つの道理〔科学〕を明らかにしただけで他のことに及ばなかった。しかるに、二十八冊を出しただけで、突然中断してしまった。その次は『万国公報』だが、これも西洋人の手になり、教会の力に依っており、その宗旨は多く宗教に偏っており、政治や学問の世界とはあまり関係がない。

日清戦争に破れた後、『時務報』が起こり、一時は国内を風靡し、数カ月の間に一万部あまりも売れた。中国で報が誕生して以来いまだなかったことである。国を挙げてこれを追いかけること、まるで狂ったかのようであった。

筆者は当時、この職務に当たっていたが、現在その当時の議論を読み直してみると、たちまち吐き気を催し、その形式を見直してみると、冷汗三斗である。筆者の今日の学識思想の経歴を以てしても、それが固陋浅薄で、東西の事理に通じた人の爪の垢にも値しないことは、明らかである。とすれば、数年前のものがありきたりで内容がなく、愚かでデタラメだったことは、いまさらいうまでもなかろう。それなのに国じゅうの士大夫はこれを見て、しきりに「これは新説だ」「これは名著だ」といっていたのだ。嗚呼《ああ》、悲しいことではないか。わが中国人の文明のレベルがこれほどまでに低下したとは。

『時務報』の後、マカオの『知新報』がこれを継いだ。爾後一年間、沿海の各都市で次から次へと十数の報館がたちまちにして誕生した。多くは見た目や形式を悉く『時務報』にならい、あたかも似ていないことを恐れるかのようであった。そのなかで天津の『国聞彙編』だけが碩学の手に成り、学識が広く深く完全で、はるかに抜きん出ていた。しかしながら、わずか五冊を出しただけで、突然停刊してしまった。(5) そのほかは論ずるに値しない。戊戌政変に及び、『時務報』が途絶え、いわゆるこの十数の報館もまた西山の夕陽のごとく、たちどころに姿を消し、風に吹かれて葉が落ちるように、一つも残らなかった。これより見れば、当初に報を設けた精神が一体どこにあったのか、聞き糾すまでもない。『知新報』は、遠く貧しい島にありながら、ひとり輝きを放つこと四年あまり、刊行は一三〇号あまりまで重ね、旬報のうち最も長く持ちこたえた。しかしながら、その文章と形式はなお『時務報』に及ばず、社会《ママ》との関係もはなはだ浅かった。

己亥・庚子の間(一八九九〜一九〇〇年)、上海でいわゆる『亜東時報』『五洲時事彙報』『中外大事報』が出された。みな頗る新しい理論を明らかにし、『時務報』に比べて勝りこそすれ決して劣ることはなかった。しかしながら、中国の暗黒閉塞は極点に達していたので、学界の歓迎するところとならず、創刊したと思ったらすぐに廃刊となり、ほとんど論ずるに足りない。昨冬・今春来、日本の留学生は『訳書彙編』『国民報』『開智録』などを作った。『訳書彙編』はいまでもなお存在し、よく文明思想を輸入し、わが国に一大光明を放ち、まことに大事に読むべきものだが、実際には叢書の形式にほかならず、報ということはできない。『国民報』『開智録』も錚々たるものであったが、経費が続かず、いずれも一〇号に達することなく、消えてしまった。じつにこれが中国数十年来の報界《ジャーナリズム》の状況である。

これより見れば、その発達の緩慢無力はなんと甚だしいことか。わたしはさきに「国家の強弱を覗おうとすれば、報の文章の多寡と良否を見るのが一番である」と述べた。この言葉に根拠がないならそれまでだが、もしこの言葉に少しでも信ずるに足るものがあるとすれば、どうしてぞっとせずにいられようか。

こうなった原因を追究すれば、いくつかあるだろう。第一に、報館を創設したものが予めしかるべき資金を準備しなかったため、拡充する力がなく、少しやってみただけでたちまち失敗するのである。第二に、主筆や記者などの地位が世間で重んじられず、高い才能の持ち主が引き受けようとしないことによる。第三に、風気が開けないので報を読む人が少なく、交通が発達していないので流布するのが難しかったことによる。第四に、この職業に従事する人の思想が浅薄で、学識に疎く、才能も力量も薄弱で、天下を改めようと考える心もなく、自ら陣営を広げる力もないことによる。四つのうち、とりわけ四番目のものが病の根本の根本である。

嗚呼《ああ》、過去を案じて現在を考えれば、いわゆるこの「第四の種族」が、わが中国でいつになったら成立するかわからない。筆をおいて熟考するとき、感慨はいや増すのである。

第四　『清議報』の性質

『清議報』は「良き報か」と問われれば、とてもそうとは言えまい。『清議報』と他の報はなお五十歩百歩である。しかしながら、それには宗旨があり精神がある。幼児に喩えれば、その皮膚はまだ柔らかく、その身体も手足もまだ完成していないが、霊魂《せいしん》はキラキラと澄みわたっている。これまた進化の一原動力ではないか。

『清議報』の特色はいろいろある。第一に、民権を唱えた。終始この道理を堅持して、唯一無二の宗旨とした。さまざまな方法を説き、さまざまな糸口を開きはしたが、形式は異なれども本質は変わらず、どんなことがあっても、この道理をわが国に普及するまで、われわれは止めなかった。

第二に、哲理を詳論した。東西の諸碩学の書を読み、その学説を詳論し、中国に輸入することに努めた。得るところがあったと敢えて自らいうことはできないが、一寸を得れば一寸分貢献し、一尺を得れば一尺分貢献したのである。『華厳経』に「自分が度《わた》るより先に人を度《わた》す、これが菩薩の発心《ほっしん》である」という。こうして、少しでも国民の責任を果たしたのだ。

第三に、朝廷の情勢を明らかにした。戊戌の政変・己亥の立嗣(6)・庚子の義和団事件、その中の陰謀や残酷な仕打ち、国と民に与えた危害について、本誌はその隠密を暴き、その真相を得て、奸悪な権力者を非難し、決して容赦しなかった。

第四に、国恥を奮い立たせた。わが国民が、世界におけるわが国の位置を知り、東西列強のわが国を扱う政策を知り、過去を観察し、現在を熟考し、それによって将来を図るよう努めた。国の内と外の区別を明確にし〔国家意識を植えつけ〕、もっぱら天演《しんか》学、自然淘汰・優勝劣敗の法則を疾呼大喝し、同胞が目覚めんことを願った。この四者は、じつにわが『清議報』をつらぬく神髄である。一言でいえば、民智を広げ、民気を振るわせることにほかならない。

内容が重要なものとして、譚嗣同の「仁学」がある。宗教の魂と哲学の髄を以て、公理を明らかにした。天人の間を出入りし、何重もの桎梏を突き破り、永年の思索をなした。その思想はわたしが達することのできるものではなく、その言論はわたしが敢えて言えるものではない。じつに、中国にいまだなかった書物であり、値段のつけようもない衆生《しゅじょう》の宝である。この文章がこの世に出たのは本誌が最初である。「飲冰室自由書」

もある。断片的で全体像は見えないが、形質ではなく精神に願力《がんりき》が注がれたのであり、優れた文章によって精微深奥な道理を説き、言葉は婉曲ながら急所を突き、聞くものは興味を持つに足る。〔ブルンチュリ著〕「国家論」・「政治学案」(7)もある。近代の政治学の根本を述べ、われわれの国家思想を養った。章〔炳麟〕氏の「儒術真論」もある。儒教の趣旨を解明し、精微で独特である。「瓜分危言」「亡羊録」「滅国新論」などもある。世界の大勢を述べ、東方〔中国〕の頑なな夢を呼び覚ました。「少年中国説」「傍観者を呵《しか》る文」「過渡時代論」などもある。文章の新しいスタイルを切り開き、民気の底流を刺激した。〔柴四朗著〕「エジプト近世史」・〔林安繁著〕「揚子江」・「中国財政一斑」・〔有賀長雄著〕「社会進化論」・〔フランス人の著〕「支那現勢論」などもある。いずれも東西の名著大作で、参考とすることができる。政治小説に〔柴四朗著〕「佳人奇遇」・〔矢野文雄著〕「経国美談」などもある。小説家の異才によって政界の大勢を描いたもので、かの美人や芳草のように別に意図するところがある(8)。血気盛んな論壇、あまたの豪傑は、一読して賞賛し、そのたびにわが情が移入される。この素晴らしい国に同好の士がいないはずはない。文章を飾る技巧や余暇につくる詩は、巻末に掲載した諸篇がいずれも詩界革命の精神によって、この世界に新たな境地を切り開いた。

これらはみなわが『清議報』が他の報に比べてとくに際立っているものである。しかしながら、良しとするには、まだ前途ははるか遠く、あえて言うこともできなければ、あえて望むこともできない。飾りのない車があって、はじめて天子の車があり、ひこばえがあって、はじめて森林がある。これを以て、わが国の報界《ジャーナリズム》の進化の徴と考える。祝おう、祝おう。飾りのない車を祝うのではなく、天子の車を祝うのだ。ひこばえを祝うのではなく、森林を祝うのだ。

第五　『清議報』時代の国内外の歴史

『清議報』は中国にあって、「滄海の一粟」（蘇軾「前赤壁賦」）なのか。『清議報』は世界にあって、大千世界《だいせんせかい》の一塵なのか。しかしながら、その生涯はすでに新旧両世紀をまたぎ、舌がないのに広く知られ、その足跡は五大洲の隅々に行き渡り、足がないのに速やかに伝わった。いま読者諸君にすこし戯れ言をいわせてもらえば、『清議報』は文章界でとりわけよい条件に恵まれたということができるのではないか。いまは詳しく論じないが、要するに、『清議報』の時代は、じつに中国と世界が最も関係した時代である。読者がもしよくこの時代の歴史を研究して、会得し感奮するものがあれば、天下のことについても、思い当たるふしが多いだろう。

まず中国のことを言わせてもらいたい。『清議報』は戊戌年十月〔正しくは十一月十一日、つまり一八九八年一二月二三日〕に創刊された。それはまさに戊戌政変の後で、今上皇帝の百日維新の抱負はたちまちにして挫折してしまった。国じゅうが失望し、大衆の感情は沸き立った。これ以後、中国はついに深い妖霧のなかに閉ざされ、その反動力は一再ならず起き、いまだやんでいない。

翌己亥〔一八九九年〕の春から秋にかけ、〔西太后の寵臣〕剛毅が〔税務監督のため〕江南・嶺南に行って膏血を搾り取り、民は苦しみに耐えなかった。その冬十二月、皇帝を廃して跡継ぎを立てることが議された。

本朝二百年来、国内事件の惨禍がこの時ほどひどかったことはない。臣民は諫言を恐れず、外国は怒りを示したため、〔朝廷の〕企みは思い通りにならず、ついに恥が高じて怒りとなり、大々的に反対派を逮捕し、怒りが高じて気が狂い、自ら軍隊を玩び、盗賊を奨励して義民とみなし、外国の使節〔日本公使館書記杉山彬・ドイツ公使ケーテラー〕を首都で殺害した。

庚子年八月〔一九〇〇年七月から八月〕、八カ国連合軍は群虎が一羊と戦うごとく、五十日もせずして天子は輿に乗ってさすらい、首都は陥落した。天壇は馬に草を食ませる場所となり、官署は軍の幕舎に充てられた。中国数千年来、外侮の辱めがこの時ほどひどかったことはない。反動の潮はここに至って極まり、これ以後は反動力の反動力が起こった。

一九世紀と二〇世紀の交わる刹那は、じつに中国で二つの異なる性格の大動力が格闘しあい、つばぜり合いをし、新陳代謝する瞬間であった。今年以来、偽の維新の詔書が[9]しばしば下され、ついに科挙が廃され、売位売官が停止された。動力が微かに上からうごめいたのである。ロシア人の密約〔第二次露清密約〕にさいしては、士民が集まって議論し、日本への留学では、「笠をにないわらじを履いて」〔『史記』虞卿伝〕次々とやってきた。動力が下から芽生えたのである。

したがって、二〇世紀の中国は、長い眠りのまま終わることは断じてない。少しでも学識のあるものはこの間の変化を理解することができよう。『清議報』はその主導者となることはできなかったが、密かに加勢者と足並みを揃えることに努め、人後に落ちることはなかった。

さらに世界のことを言わせていただきたい。『清議報』時代の世界の大事で、北京の連合軍以外に、最大のものが三つあった。アメリカとフィリピンの戦争・イギリスとボーアの戦争・ロシア皇帝による万国平和会議の開催である。それに次いで大きなものが[10]五つあった。日本の政党内閣の二度にわたる失敗・イタリア政府の更迭・ロシアの学生[11]

運動・アメリカ大統領〔ウィリアム・マッキンリー〕の暗殺・南アメリカの争乱である。

アメリカがフィリピンを植民地としたのは、その権力を東方に拡大させる第一段階であり、二〇世紀に雄飛するための根拠地となった。イギリスがボーアに迫ったのは、植民政略の結果である。その種は数十年前にまかれ、実を収穫したのは数十年後である。およそイギリスの勢力範囲下にあるものは、教訓としなければならない。ロシア皇帝が万国平和会議を提唱したのは、ヨーロッパの平和を保つためである。ヨーロッパが平和であってこそ、ヨーロッパの外で力を合わせて思うままに振る舞うことができるのである。

イタリア政府の更迭は、〔浙江省の〕三門湾を〔清朝に〕要求して得られなかったためである。要求して得られず、政府はついにその位に安んじることができなかったが、イタリア人の野心はまだ消えてはいない。日本の政党内閣が何度も失敗したのは、東方の民政〔民主政治〕思想がなお幼稚であることの証である。完全な教育をなし、民族の公徳を養成しなければ、文明の果実は容易に望めない。日本ですらそうであり、わが中国はなおさら刻苦勉励せずにはいられない。ロシアの学生運動は革命の前兆である。専制政体は今日の世界に存立することはできない。中国の君主と人民は自ら選択しなければならない。アメリカ大統領の暗殺と南アメリカの騒乱は、貧富の両極が隔絶し、社会党(12)の人がこれに乗じたことによる。このことは二〇世紀の一大事となるであろう。わが中国の人もその影響を大きく受けることになるだろう。現在、北アメリカの華僑が労働者党(13)に排斥され、南アメリカの華僑が反乱者に略奪されているが、これはなお小さなことである。

要するに、二〇世紀の世界の大問題は三つある。第一に中国の処分の問題、第二に民権の拡張の問題、第三に経済革命(貧富の不均衡によって生じる革命なので、日本人は経済革命と訳す)の調和の問題である。第一の問題は、各国が中国と直接関わるものである。第二の問題は、中国が自ら従事すべきものである。第三の問題は各国が中国と間接に関わり、また中国が自ら従事すべきものである。

今日の世界は昔とは違う。汽船・鉄道・電線が大いに通じ、異なる大陸の国が接近して存在し、異なる国の人が肩を並べて立っている。したがって、一国に事件が起これば、その影響は必ず他国に波及する。それゆえ今日の志を有する士は国事を家事のごとくみなすべきであるのみならず、世界の事を国事のごとくみなすべきである。ここにおいて、報館の責任はますます重い。『清議報』などは、志があれども、いまだ及ばないのである。

第六　結　論

一人の報があり、一党の報があり、一国の報があり、世界の報がある。一人や一社の利益を目的とするのが一人の報であり、一党の利益を目的とするのが一党の報であり、国民の利益を目的とするのが一国の報であり、全世界人類の利益を目的とするのが世界の報である。中国にはかつて一人の報はあったが、一党の報・一国の報・世界の報はなかった。日本はいま一人の報・一党の報・一国の報があるが、世界の報はない。以前の『時務報』『知新報』などは、ようやく一人の報の範囲を抜け出て一党の報の範囲に入った。

敢えて問う、「『清議報』はこの四者のいずれに位置するか」。曰く、「一党の報と一国の報の間にある」。

「いま何をもって祝うのか」。曰く、「完全に一党の報の範囲を抜け出て一国の報の範囲に入り、そのうえさらに世界の報の範囲に達するべく努力漸進するのを祝うのだ」。

そこで祝って曰く、「報よ、報よ、君の生涯は二つの世紀に亘り、君の声塵《めいせい》は五洲に遍《あまね》し。君の責任は重くかつ強固なり。君それ自愛せよ、恥をかかせてはならぬ。祝おう、君が長生きし、国民とともに福を享受せんことを」。

かさねて祝って曰く、「『清議報』万歳、中国の各報館万歳、中国万歳」。

(1) 義和団事件にともない、八カ国連合軍が北京に迫ったため、西太后は光緒帝を連れ西安に逃れた。北京に戻るのは一九〇二年一月八日のことである。

(2) 松本君平『新聞学　欧米新聞事業』(博文館、一八九九年)、七頁。松本君平(一八七〇〜一九四四)はジャーナリスト、政治家。アメリカに留学し記者をした経験を持つ。『新聞学』は自ら開校した東京政治学校での講義録である。前文のバークの引用も、同書同頁によったもの、いわゆる「種族」も原文どおりで、estate(階級・身分)の訳語である。

(3) 一八九三年、第四次グラッドストン内閣が提出したアイルランド自治法案は下院を通過したものの、上院では否決された。アイルランドが自治領となるのは、一九二二年のことである。

(4) 一八九五年の下関条約で台湾が日本に割譲されることが決まるが、それに反対する人々が台湾民主国を建て、日本軍に抵抗した。劉永福(一八三七〜一九一七)は抵抗運動の実質的指導者として活躍した。李秉衡(一八三〇〜一九〇〇)は義和団事件当時、長江水師大臣を務めていたが、主戦論を唱え、自ら軍を率いて八カ国連合軍と戦い、敗れて自殺した。それぞれの後に出てくる娘子軍・黄河陣は、それぞれ女性だけで編成される部隊、および『封神演義』に登場する陣形で、ともに荒唐無稽な噂話が報道記事にまぎれ込んでいることを批判している。

(5)『国聞彙編』は厳復らによって一八九七年一二月に天津で創刊され、第六冊まで刊行された。

(6)光緒二十五年十二月二十四日(一九〇〇年一月二四日)、西太后は光緒帝を廃し、溥儁を大阿哥(皇太子)に擁立するとの詔を光緒帝の名義で下したが、多くの反対に遭遇し、失敗に終わった。後述の「その冬十二月、皇帝を廃して跡継ぎを立てること」が、それにあたる。

(7)「霍布士《ホッブス》学案」『清議報』第九六、九七冊、「斯片挪莎《スピノザ》学案」同第九七冊、「盧梭《ルソー》学案」同第九八〜一〇〇冊。いずれも梁啓超が執筆した。

(8)『楚辞』では、美人が主君、芳草(香草)が忠臣の比喩として用いられた。

(9)戊戌変法(戊戌維新)がクーデタにより失敗に終わった後、清朝は一連の改革(光緒新政)を実施する。その内容は戊戌変法が目指したものとほぼ同じであったが、科挙の廃止などより踏み込んだ側面もあった。梁啓超から見れば、新政は変法の二番煎じであり、なおかつ改革の中心となるべき光緒帝の実権が奪われたままだったから、それは正真正銘のものではありえなかった。

(10)一八九八年六月の憲政党による第一次大隈内閣(隈板内閣)と一九〇〇年一〇月の立憲政友会による第四次伊藤内閣は、それぞれ四カ月と七カ月半で退陣に追い込まれた。

(11)一八九九年三月、イタリア政府は三門湾の租借を要求したが果たせず、同年五月に第一次ペルー内閣が倒れ、第二次ペルー内閣が成立した。

(12)「社会党」という表記は、原文どおり。無政府主義を含む広義の社会主義派を指しているように思われる。

(13) 原文は「工党」。アイルランド移民のデニス・カーニー(Denis Kearny)が率いたカリフォルニア勤労者党を指す。一八七七年、サンフランシスコで結成。華人移民の迫害を主導し、有力な圧力団体となっていた。梁啓超はアメリカ紀行の『新大陸遊記』(一九〇四年。『専集』二二、所収)のなかで、「工党」としてその活動をくわしく紹介している。

第三章　革命まで　〜一九一一年

梁啓超と子どもたち

1　学問の力が世界を動かす

【初出】『新民叢報』第一号、光緒二十八年正月一日(一九〇二年二月八日)。

【解題】西洋近代の学術・科学の発展・進歩を礼賛した啓蒙論文。そのためもあって、初出では紹介する主要な人物や著述などに、欧文の原綴を付記する。人名の原綴は、現代のわれわれには必要ないので、訳出では省略にしたがった。書物や用語については、翻訳概念に関わるため、そのまま残している。

この文章を、現代の日本人が一読しただけなら、おそらく違和感はごく少ない。その内容はふつうに西洋の偉人、近代をつくった人々の事蹟を並べただけにみえるからである。ありふれた偉人伝という印象しかないかもしれない。逆にいえば、近代的な価値観では、早晩のちがいこそあれ、日本とさしたるちがいがなかったということである。世界史的・普遍的な現象だともいってよい。

しかしながらやはりこの時期の中国・梁啓超なりの文脈もある。

この文章は軍事でもなく、政治でもなく、学問こそ世界史・目前の世界を作ってきたことを論ずる。文を尊び武を卑しむ、武力・権謀をしりぞけ、思想・学術を称揚する、という点でまず、中国の伝統的な士大夫の政見というべき論説であり、いかにも中国的である。

さらに時代の刻印もある。梁啓超らは中国の変革を念願した。変革とは西洋化のことである。しかしその試みは、それまで中国の学術の「附会」を通じたものだった。その典型が康有為の学説である。その根幹を成した、後漢以後の儒教の経典を偽作だとする「新学偽経」、孔子は祖述者ではなく教祖・改革者だとする「孔子改制」の所説、そして梁啓超が本書二―1で説いたような孔教が具体的事例であった。

ところがこの時期より、かれは後年の『清代学術概論』(『専集』三四、所収)でも、「三十以後は口をとざして偽経・改制の説をいわなくなった」と述懐したように、儒教の附会による西洋化を放棄しはじめた。この文章はそうした直截な、直訳的な西洋摂取に転じたことを明確に示したものであって、その意味で、本書三―3と密接に関連している。

論旨でいえば、康有為に影響を受けたそれまでの民権重視のユニヴァーサリズムから、国権重視のナショナリズムへの転換を示しており、とりわけブルンチュリの国家学・ダーウィンの進化論に対する評価に典型的である。とくに訳出したゆえんであり、末尾の一節がまだまだそうなりきれない中国の現状に対する梁啓超の認識を象徴的に示してもいる。

われわれにも読みやすく、すぐ理解できる文体なのは、おそらく日本経由で、和製漢語の翻訳概念をふんだんに使っているからであろう。しかしその具体的な情報源はよくわからない。

古今東西、天地開闢以来、今日にいたるまで。わが人類が生息する世界において、最も広大にひろがって最も久遠につづいた勢力を求めるとすれば、それは何か。武力だろうか。アレクサンドロスが西方を席巻すれば、東方ではチンギスハンが勃興した。しかしその遺風余勢がいまも残っているとは、寡聞にして知らない。はたまた、権謀だろうか。オーストリアで権勢を張ったメッテルニヒにせよ、フランスで専権をふるったナポレオン三世にせよ、その全盛時代は手のつけられない勢威で、世界全体を左右した。しかしひとたび失敗するや、その政策も名前・身体とともに消え去ったのである。

それなら天地の間、世界で唯一無二、最大の勢力とは、どこにあるのか。知のみ、学術のみである。

遠い昔はさておき、近代史の中から文明の進化を大づかみに跡づけて、明らかにしていこう。およそ少しでも史学を修めた者なら、近代文明を先導した二大要因を知らぬはずはあるまい。すなわち、十字軍の東征とギリシア古学の復興である。

十字軍の東征はおよそ前後七回、二百年間(一〇九六年から一二七〇年まで)、最後まで成功しなかった。しかしその成果は、別のところにある。この戦役を通じてヨーロッパ人は他民族と接近して、その学術を伝来修得し、その智能を発達させることができた。けだし数学・天文学・理化学・動物学・医学・地理学など、すべてはここからようやく成立しはじめたのである。またラテン文学・宗教裁判も、やはりこれにより起こった。以上が近代文明を先導した遠因である。

中世の末、ローマ教皇の権勢は日々盛んとなり、哲学の領域はアンセルムス(カトリックの神父)の学派(スコラ派)が壟断していた。十字軍が終わって以後、西欧はギリシア・アラブ諸国との交通が日増しに便利となったので、大いにギリシア語の学問に従事し、翻訳を介さずにアリストテレスら賢人たちの書物を読めるようになって、思想が大いに開けた。

時の学者たちはもう宗教迷信に束縛されなくなったのであり、ついにはルターの新教が起こって、全欧の精神がこれで一変した。以上が近代文明を先導した近因である。

その中で印刷技術を研究開発したことで、文明が普及する道が開けた。航海技術を会得したことで、世界中を行き来できる大業もなしえた。およそ今日われわれの着るもの・食するもの・使うもの・乗るもの・聞くもの・見るもの、すべての「用を利し民を前《すす》める」〔康有為『大同書』辛部第十二章〕事物に、学術に由来しないものなどあろうか。

以上はなお普通にあるといえるものなので、以下では個人の力で世界を動かした人物を列挙していこう。

第一に、コペルニクス〔一四七三～一五四三〕の天文学。西洋古代の天文家は、中国古代と同じく、「天は円形、地は方形、地は動かず、天が動く」といっていた。ローマ教会はこの説を堅持して、異説を唱える者がいると、すぐ背教無法として処罰した。当時コロンブスがアメリカを発見したけれども、まだそれが西半球だとは気づかず、アジア東岸の海島にすぎないと思っていた。コペルニクスの地球球体説が出たのちになって、はじめてマゼランが〔一五一九年、太平洋を航行して地球を一周した〕太平洋航路を発見した。そして新世界もはじめて開発されて、今日のように、アメリカ合衆国が世界文明の先頭にたって、次第に全地球の覇権を握りつつある局面になっているのも、そもそもはコペルニクスのおかげなのである。

それればかりではない。天文学が興った以上、それまで宗教家がとなえていた、さまざまな架空の謬論は、もはや天下を欺けなくなって、自然科学の実学がここから生まれてきた。天文学こそ宗教改革の強力な後ろ盾であって、種々の自然科学の鼻祖であるといっても過言ではない。コペルニクスが世界におよぼした影響は、はかりしれない。

　第二に、ベーコン・デカルトの哲学。中世以前の学者はひたすら空論を尊び、かまびすしく宗派を争い名分を争っていた。口に古代ギリシアの賢人を崇拝しながら、実際にはひどく軽蔑していた。その思想はさまざまな旧習に縛られて、自ら解放できなかった。ベーコンが出て、科学研究の重要性をとなえて、「真理は実験によって証拠を得なくては信用できない」といった(『新オルガヌム』)。デカルトが出て、さらに真理究明の重要性をとなえて、「学問では、自分の信念にたちもどってなお疑いが残るなら、したがうわけにはいかない」(『方法序説』)。この二学派が普及すると、学界数千年来の隷従は、一掃されて跡形もなくなり、全欧の思想の自由がにわかに発達をはじめ、日々隆盛におもむいて、今日の全盛をもたらしたのである。だから哲学者はつねに言う、この二人は近代の母である、と。ベーコンとデカルトが世界におよぼした影響は、はかりしれない。

　第三に、モンテスキュー(フランス人。一六八九〜一七五五)の『法の精神』。一八世紀以前、政治学・法学の基礎は固まっておらず、すべて君主・宰相の手に任せきって、自ら堕落し自ら伸張するにまかせていた。モンテスキューが出て、はじめて(共和政・君主政・専制政という)三種の政体を分類しその得失を論じて人々に向かうべき指針を示し、さらに立法・行政・司法の三権分立の説を発明すると、各国は草木の風に靡くようにそれに従って、政治の世界は一新し、次第に発展して今日に至った。

さらに訴訟の制度では、拷問を廃止し陪審を設置するよう言いつのった。欧米の法廷はこれで一変した。また奴隷売買が大いに人道に反するとして、全力をあげて非難した。これが実際、米・英・露諸国が奴隷解放の善政に転ずる嚆矢となった。そのほか、フランスとヨーロッパ諸国で採用されて、文明を進歩させることになった言説は数え切れない。モンテスキューは実に天の遣わした政治学者・法学者というべきで、世界におよぼした影響も、はかりしれない。

第四はルソー(フランス人。一七一二〜一七七八)がとなえた天賦人権論。ヨーロッパでは、階級制度が古来のならわしであった。政権・教権はいっさい貴族が握っており、平民はその奴隷のような境遇だった。ルソーが出て、人というものは生まれながら平等の権利を有す、つまり生まれながらにして自由の幸福を享受すべきであり、これは天がわれわれに賦与したものであって、貴賤を問わない、と考えて、『民約論』*Social Contract*(『社会契約論』)を著し、大いにこの言説を唱道した。曰く、「国家の成立するゆえんは、人民が群《しゃかい》を作って約を結び、力を結集して自ら自分の生命財産を保《まも》るところにある。それぞれ自由な意思にしたがって自ら約を定めて自ら守り、自ら法を立てて自ら遵う。

ゆえに一切が平等なのであって、政府の首長にせよ各種の官吏にせよ、庶民の下僕にして政治を依託されている者にすぎない」と。

この言説がひとたび流布するや、青天に起こった霹靂のように、暗中にさしこんだ光のように、またたく間にヨーロッパの学界を席巻し、わずか十年あまりでフランス大革命という事件がおこったのである。これ以後、ヨーロッパ列国で革命があいついで起こり、ついに今日のような民主主義の世界になった。『民約論』はフランス大革命の原動力であり、フランス大革命は一九世紀の全世界の原動力である。ルソーが世界におよぼした影響ははかりしれない。

第五はフランクリン(アメリカ人。一七〇六〜一七九〇)が発見した電気の原理、およびワット(イギリス人。一七三六〜一八一九)が発明した蒸気機関の原理。一九世紀が前の世紀と違っているのは何か。地球が狭くなったことであり、そうするすべを得たことである。以前の人は馬力で陸運していたので、一日で百マイルを越えることはできなかった。今は四千マイルの行程を、海でなら十三日で着き、陸でなら三日で着く。汽船・鉄道だから可能なのである。

かつて帽子・靴を作り、糸を紡ぎ布を織っていた職人たちは、一つ作り上げるのに、かなりの時間をかけた。今はそれと同じ時間で、一万個以上作ることができる。ロンドンの新聞社が一年に使う紙は、一五世紀から一八世紀までの四百年間に使った分量と比べても多量になっている。製造機械の力である。

アメリカ大統領が演説した教書は、わずか一時間で支那に伝わるし、午前にインドで貨物を買い付ければ、午後にはロンドンの銀行でその支払いができる。これは電報のおかげである。

およそ以上いくつか挙げたものが、全世界の政治・経済・軍事から学問・道徳にいたるまで、その面目をまったく一新させたのであって、今の世界を作ったのは、かくてワットがお湯を沸かしたこと(ワットは水を沸騰させて蒸気機関の原理を発見した)とフランクリンが凧を飛ばしたこと(フランクリンは紙の凧を飛ばして電気の原理を実験立証した)にある。二人が世界におよぼした影響ははかりしれない。

第六はアダム・スミス(イギリス人。一七二三〜一七九〇)の理財学《けいざい》。西洋の論者は、理財学《けいざい》の誕生がいつかと問われれば、必ず一七七六年だという。なぜか。アダム・スミス氏の『原富』*Inquiry into the Nature and Causes of the Wealth of Nations*(この書は侯官県の厳復氏が翻訳した)がこの年に出版されたからである。この本が出ると、学界が変容したばかりではなく、社会関係や国政にも及ぶなど、その影響ははかりしれない。そして一八四六年〔穀物法廃止〕以後、イギリスが自由貿易政策 Free trade を決行し〔本書一―4を参照〕、いっさい関税を免除して、今日の経済繁栄をもたらしたのは、スミス氏の『原富』のおかげである。もっぱら労働者を保護してひとしく幸福を享受させようという最近のいわゆる人群主義《しゃかい》 Socialism は、その方策が次第に今後最大の問題になってくるだろう。これもスミス氏がその発端となり、その学徒マルサスが大いに唱道したものである。アダム・スミスが世界におよぼした影響ははかりしれない。

第七はブルンチュリ(ドイツ人。一八〇八〜一八八一)の国家学。ブルンチュリの学説は、ルソーとは正反対である。とはいえ、ルソーは一八世紀に登場して、一九世紀の母となった。ブルンチュリは一九世紀に登場して、二〇世紀の母となった。ブルンチュリが出てから、国家の定義が定まり、国家の性質・精神・機能が何たるかがわかるようになった。

かくて国家主義が世界で勃興してきたのである。以前のいわゆる国家とは人民のためにあったものだったが、いまは逆に人民が国家のために生きているといえる。国民すべてが愛国を第一の義務とするようにしむけなくては、強大な国家は成り立たない。一九世紀末の世界政治は、まさしくここに核心がある。今後ますますこの国家主義が各国を動かす原動力になるのは疑いない。ブルンチュリが世界におよぼした影響ははかりしれない。

第八はダーウィン(イギリス人。一八〇九～一八八二)の進化論。かつて人々は、大昔に黄金時代が存在し、後世になればなるほど堕落する、と考えていた。ところがダーウィンが出てから、地球の人類、ないし一切の事物は、進化の公理にしたがって、日々文明化していくものだとはじめて知ったのである。

かつての人々は天賦人権、人は生まれながらにして自然に得べき権利を有していると思い込んでいた。ところがダーウィンがでてから、適者生存・優勝劣敗、自強をはからねば自立していけない、とはじめて知ったのである。ダーウィンは一九世紀以後の思想をすべて、根底から一新した人物にほかならない。

このため、およそ人類の知覚できる現象で、進化論の理論で説明できないものは一つとしてない。政治・法制の変遷も進化だし、宗教・道徳の発達も進化だし、風俗・習慣の推移も進化である。数千年の歴史は進化の歴史であり、数万里の世界全体が進化の世界なのである。

そのため進化論が出現すると、以前の宗教迷信の言説はよりどころを失った。キリスト教の信者たちがひどくダーウィンを憎み、その頭脳には悪魔が巣くっているといったのも、理由のないことではない。

この理論がひろまると、人々は自ら努めて、強く優れた存在にならざるをえなくなった。さもなくば、この適者生存の世界でやっていけないからである。一個人であろうと一国家であろうと、みなこの目標に向かって進んでゆく。これが最近の民族帝国主義National Imperialism(民族が自ら国外に勢力を増殖することをいう)のはじまったゆえんである。この主義はいま芽吹いたばかりだが、将来大いにひろがり、今世紀に充満し、なおとめどなくなるだろう。ダーウィン以前が一つの世界、ダーウィン以後が別の世界であるといってもよい。その世界におよぼした影響ははかりしれない。

　以上の十人は、その顕著な代表をあげたにすぎない。ほかには、ニュートン(イギリス人。一六四二〜一七二七)の物理学創始。ゲーリケ(ドイツ人。一六〇二〜一六八六)とボイル(イギリス人。一六二六〜一六九一)の真空ポンプ発明。リンネ(スウェーデン人。一七〇七〜一七七八)が始めた植物学。カント(ドイツ人。一七二四〜一八〇四)が始めた『純粋理性批判』の哲学。プリーストリー(イギリス人。一七三三〜一八〇四)の化学。ベンサム(イギリス人。一七四七〜一八三二)の功利主義。ヘルバルト(〔ドイツ人〕一七七六〜一八四一)の教育学。サン・シモン(フランス人〔一七六〇〜一八二五〕)、コント(フランス人。一七九八〜一八五七)がとなえた人群《しゃかい》主義と群《しゃかい》学。ジョン・ミル(イギリス人。一八〇六〜一八七三)の論理学・政治学・女権論。スペンサー(イギリス人。一八二〇〜存命〔一九〇三〕)の群《しゃかい》学など。いずれも博い学問と深い思考から独創に達したものであって、以後の時勢に応用するという観点からみれば、前代の学者が程子〔程顥〕のいわゆる「玩物喪志〔博覧強記〕」〔朱熹『近思録』二〕のように、学問を世間から逃れる手段にしていたのとは、はるかに異なっている。そのため学説がひとたび世に出ると、おおむね一世を風靡し、後世の人々までも裨益した。

嗚呼《ああ》。今日の燦然絢爛たる世界は、どこに由来するのか。じつに上にあげた賢人たちの脳髄・精神・口舌・筆鋒が作り上げ、完成度を高めたものだ。

さらに、必ずしもオリジナルの新学説を打ち出せなくとも、同胞を幸福にするために、誠実な精神、高潔な心情、流麗な文章で、他国文明の新思想を移植できたケースもある。こうした力を有したなかにも、やはりはかりしれぬほど偉大な者がいる。たとえばフランスのヴォルテール〔一六九四～一七七八〕・日本の福沢諭吉〔昨年〔一九〇一〕没〕・ロシアのトルストイ〔存命〔一八二八～一九一〇〕〕たちである。

ヴォルテールはルイ十四世全盛期に、フランスの前途を深く憂慮して、その流麗極まる文筆で偉大極まる思想を表現し、詩歌・戯曲・小説などに寓した。時の政治を諷刺するために、イギリスの政治を引き、捕らわれ逐われて、死に瀕することもしばしばだった。そして最後にはフランス革命の先鋒となった。モンテスキュー・ルソーと肩を並べる令名がある。けだしフランス国民への寄与では、功績はおおさおさ二人に劣らない。

福沢諭吉は明治維新以前、まったく師事することなく、英語を独学し、華英辞典をすべて筆写したことさえある。さらに独力で「慶應義塾」という学校を作り、「時事新報」という新聞社を作った。今に至るまでに、日本の私立学校・新聞社の最大手となっている。数十種にのぼる著書は、もっぱら西洋文明・西洋思想の輸入を旨とするもので、日本人が西学あるを知ったのは、福沢のおかげである。維新改革の事業も、福沢の提言によるものが六、七割をしめる。

トルストイは世界一の専制国家に生まれ、人類同胞の博愛平等主義を大いに唱えた。その所説には独自に会得したものがあって、すべてが東欧の賢人たちの学説に拠ったものではない。かれの著述はほとんど小説であるが、思想は高尚徹底、文筆は豪放磊落《らいらく》で、そのためにロシア中の学界は一変した。近年、各地の学生がみな専制政治に不満をいだき、しばしば集まって要求の声をあげている。政府はこれを拘禁、追放しているものの、やめさせることができない。すべてトルストイの精神に染まってしまったからである。

こうしてみると、ヴォルテールはフランスで、福沢諭吉は日本で、トルストイはロシアで、いずれも欠くべからざる人物である。この人なかりせば、その国は進歩できなかったし、たとえ進歩しても、これほど速くはなかったはずである。それならこのような人々にして、その世界におよぼした影響ははかりしれない。

わが国の学者につつしんで申し上げたい。みな世界を左右する力を有しているのに、用いないのはなぜなのか。ベーコンやデカルト・ダーウィンのようになれなくとも、ヴォルテール・福沢諭吉・トルストイになれないはずはあるまい。たとえ世界を動かせなくとも、一国を左右することはできるだろう。もしわが国を動かせるなら、わが国に世界を左右させるよすがになりうる。

吁嗟《ああ》山兮《よ》。穆如《うつくしく》にして高し。吁嗟《ああ》水兮《よ》。浩如《ひろく》にして長し。足音が跫然《コツコツ》と聞こえてくる〔『荘子』徐無鬼〕と、溯洄《ふりかえ》っておいかけ〔『詩経』秦風「蒹葭」〕たくなる。馨香《こころから》して祈りたい〔『尚書』酒誥〕。

2 変革釈義

【初出】『新民叢報』第二二号、光緒二十八年十一月十五日(一九〇二年一二月一四日)。

【解題】日本亡命後にさまざまな政治思想を吸収した梁啓超は、一九〇二年末までには大きく「革命」の主張へとシフトし、一〇月には師の康有為の叱責をあびるまでになった。梁啓超が取り急ぎ反省と陳謝の意を伝え、恭順の姿勢を示すと、康有為は返書で「汝が自らの責任を痛感し、心底後悔していることが分かった。このことは中国の大局にとってじつに喜ばしい。以前のことはすべて水に流し、蒸し返したりはしない」と言って喜んだ。本文「変革釈義」が書かれたのは、こうしたやりとりのあったときだった。

梁啓超は本文で、師の嫌がる「革命」なる語を避けながら、しかもその実を表すための操作概念として「Reform(改革)」と「Revolution(変革)」の二義を含む「革」なるタームを打ち出している点に特徴がある。そのねらいは、日本における「改革」「革新」(明治維新・倒幕維新)という「革」が、結果として、「万世一系」「神聖不可侵」という日本の皇統の維持・継続につながったことを指摘し、革命と保皇のすりあわせを何とか理屈づけようとすることだった。

学理・理念として堅持したかった「革命」と、康有為との師弟関係ゆえに放棄せざるを得なかった「革命」のはざまで揺れ動く梁啓超の当時の政治スタンスをよく示す文章である。

「革」とは、英語のReformとRevolutionの二義を含むものである。Reformとは、固有のしくみを損益して良いものにかえること、たとえばイギリス議会の一八三二年のRevolutionがそれであって、日本人はこれを改革、あるいは革新と訳している。これに対してRevolutionは、逆回転させるように、根柢からしくみを覆して新世界を造りだすことで、たとえばフランスの一七八九年のRevolutionがそれにあたる。日本人はこれを「革命」と訳すが、正しい訳ではない。なんとなれば、「革命」なる名詞はもともと中国由来の語、つまり『易』〔革〕にいう「湯武、命を革《あらた》めて、天に順い、人に応ず」[1]、あるいは『尚書』〔召誥〕にいう「殷を革め、命を受く」、つまりはみな王朝が姓を革めたこと〔易姓〕を指していうものであって、Revolutionとは違うものだからである。人群《しゃかい》の有形無形のあらゆる事物にReformでないものはなく、また同時にRevolutionでないものもない。つまり政治のことだけを指しているのではないわけである。かりに政治的な意味に関していう場合も、易姓ではなくても Revolution と呼ばざるを得ないものもあれば、何度も易姓が起こっているのに Revolution と呼べない場合もある。当今、革命の語でもって Revolution の訳語としたために、天下の士大夫たちはその字面に引きずられて、その語義に話が及ぶと、決まって今の王朝の皇帝や皇族を標的としていると考え、わが身に汚れがつくとでも言わんばかりに嫌ったり、あるいは逆に権勢を頼りにしている者は、自分に不利になると言って、押さえつけようとしたり、撲滅しようとしたりしてしまう。その結果、ひとつの国が世界の大勢について行けぬまま、存立していけなくなったりする。これはみな、正しく言葉を使っていないことによる弊害である。そこで、本稿では内外の識者諸氏と革の義について論じてみたい。

Reform と Revolution の違いは、前者が緩やかに、部分的に、正比例的にという点に重点があるのに対し、後者は急激に、全体的に、反比例的にという点に重点がある。かりにある事柄が本来的に良いものであるのに、未完成であったり、やり方が不十分であったり、あるいは長くやっているうちにその本質が失われてしまったり、はたまた経験不足で十分に発展していないような場合は、Reform で行けばよろしい。それに対して、ある事柄が本来的に悪いもので、社会に有害であったり、変化を妨げていたり、根絶しなければその害を除けないものであったり、新規まき直ししなければその理をあきらかにできないような場合は、Revolutionで行くことになる。〔Reformと Revolutionという〕この両者は、いずれも大いなるものであって、『易』〔革〕のいわゆる「革の時の義《むね》」である。わたしは、このうちの前者〔Reform〕を改革とよび、後者〔Revolution〕を変革と呼ぶことにしたいと思う。

中国で数年前に、義士たちが奔走して疾呼したところのものは、改革にほかならなかった。〔それに対して〕この数年来、外患内憂こもごもあい迫るにつれて、民智の程度もようやく少しずつ増進し、明哲の士の理想が伝播し、世界の大勢にも迫られ、ここに変革しなければ中国を救うことはできないと誰しもが知るようになった。これがいわゆる変革というもの、つまり英語でいうRevolutionの義である。ただ、この論を唱えるものは、多くが日本に学ぶものたちで、日本人の訳によってこれを革命と呼び、それが次第に広まり、みな「革命、革命」というようになった。そこへさらに一七八九年のフランスの大変革で、王の首を落としたり、貴族を殺したりと、国中が血まみれになったせいで、ますますいわゆるRevolutionというのはこうでなければならないということになった。かくして、近年の西洋の文明思想でいうところの仁をもって暴にかえるというRevolutionと、中国の大昔の野蛮な争いである暴をもって暴にかえるというRevolutionとが一つの同じ名詞になって、人々の脳みそに深く入り込み、抜きがたくなってしまった。その結果として、朝廷や貴人たちはこれを忌み嫌い、俗人たちはこれに仰天し、仁の士人たちはこれを憂えるようになったわけだが、それもむべなるかなである。

新民子《わたし》はこう考える。革というものはこの世の進化において、逃れようのない公理である。およそ万物は、環境に適するものは生き延び、できないものは滅んでしまう。この生存と滅亡の繰り返しを学者たちは淘汰と呼ぶが、その淘汰には二種類ある。一つは「自然淘汰」、もう一つが「人為淘汰」である。このうち、自然淘汰は最初から最後まで、適応できないのは、外的要因のせいだから、滅ぶべくして滅ぶのであり、だれもそれを助けることはできない。これに対して人為淘汰の場合は、自ら不適応のあることを深く理解し、適するように自らを変えて自存していけるようにすることができる。この人為淘汰こそが、革の義である。環境は常に変化しているのだから、この人為淘汰も止むことはない。その潮流をいち早く見てとることのできる者は、今日、明日と少しずつ淘汰していくことになり、その進歩は外の環境とあい呼応していけるわけだから、この場合、変革は必要なく、改革のみで十分である。

逆に狭い世界に縮こまり、大きな世界と没交渉なまま、時勢が猛スピードでうごいているのに、寝ぼけ眼で見ているようでは、それは甘んじて自滅しようとしているのだから、それまでである。だが、それを肯んじないというのであれば、直ちに立ち上がって追いつかなければならない。そうして、今の境遇を何とか変えて、進化に適しようとするほかの者と並び立てるように、つとめなければならない。われわれはすでに数千年にもおよぶ積弊にまみれ、大小を問わず、上下も問わず、どれも時勢と正反対のものばかりである。そんな中ですでに適さなくなったものを適するように変えようとするならば、根元から全部ひっくり返して、一からきれいにしなければならない。大変な難事業である。これこそRevolutionの事業(すなわち日本人のいうところの革命、わたしの言葉では変革)が今、中国を救う唯一無二の法門《みち》たるゆえんであり、生き延びようとするにせよ、強くなろうとするにせよ、この道を措いてはすべて絵空事になってしまうのである。

さて、淘汰にせよ、変革にせよ、それらは政治の面だけではなく、この社会のメカニズムの一切合切に起きることである。日本人の訳を使っていうならば、宗教には宗教の革命があり、道徳には道徳の革命があり、学術には学術の革命があり、文学には文学の革命があり、風俗には風俗の革命があり、産業には産業の革命がある。当今の中国の新学に関連して、小生がよく口にするものにも、いわゆる経学革命・史学革命・文界革命・詩界革命・曲界革命・小説界革命・音楽界革命・文字革命など、さまざまな名詞がある。こうなると、朝廷や政府とはまったく関係などないわけだが、それを革命と呼ばざるをえない。革命という二文字を聞くと驚くかもしれないが、それはその本義が変革であることを知らないだけなのである。革命と聞いて驚くのなら、変革もまた驚かねばならぬはずなのだ。考えが足りないというべきだろう。

革と聞くや、朝廷や貴人たちは忌み嫌い、俗人たちは仰天し、仁の士人たちは憂えるというのも、すべてはそれを流刑や獄門・復讐のことだと勘違いしているからである。だが、それは実は革の本義とは別物である。革というのは、社会のありようを一変させ、昔と大きく変わるようにさせることである。今、そのようなことを革と定義するならば、中国の数千年来の革とは、百数十の〔皇帝の〕姓にとどまらず、漢代の民衆統治が秦のそれとどう異なるのか、六朝の統治が漢とどう異なるのか、三唐〔初唐・盛唐・晩唐〕の社会統治が六朝のそれとどう異なるのか、宋や明の統治が唐とどう異なるのか、そして本朝の統治が宋や明とどう異なるかを問う必要がある。これらのことがせいぜい数十に上る盗賊による争奪であって、一国の国民の変革と呼べないことは明々白々である。

それゆえ、西洋では数千年来、各国の王統の交替は何百にも上るが、歴史家がそれを Revolution と呼んだ例はない。この名称が付けられたのは実に一六八八年のイギリスの役〔名誉革命〕に始まる。次いで一七七五年のアメリカの役〔独立革命〕、一七八九年のフランスの役〔フランス革命〕と続き、一九世紀は歴史家が Revolution の時代と呼ぶまでになった。つまり、今日世界に存在する各国で、この時代を経験したのはどれも一度だけであって、いったいどこの国がわが中国のごとき革命を経験しただろうか。一人二人の青二才が上で〔権力の〕受け渡しをし、何十何百の同類どもが下でぶつかりあっているだけなのに、それをこの文明にして崇高な美名で呼ぶようになったのである。それゆえ、この義をみだりに革命という語で訳し、天下の読者に仁を暴と勘違いさせ、独を群と勘違いさせ、公を私と勘違いさせてしまうことは、単に中国を誤った方法へ導くだけでなく、この名詞を汚辱にまみれさせることにもなるわけである。

〔中国でいう〕易姓〔革命〕とは、もとよりRevolutionにはあたらず、またRevolutionも易姓を伴う必要はない。歴史家はしばしば一九世紀をRevolutionの時代と呼ぶが、フランスの主権がたびたび変わったのを除けば、ほかのヨーロッパ諸国の王統はあいかわらずである。うわべしか見ない人にすれば、改革であって変革ではないと思うだろうが、同じことをいささか時務に明るい人に尋ねてみるがよい。みなこう答えるだろう。なぜかといえば、変革というものは、一国の民がそれまでの現象をことごとく変革することをいうからである。つまりは、「これまでの諸々のことは、ちょうど昨日の死のようなものであって、これからの諸々は、ちょうど今日の生のようなものである」(袁了凡[2]の言葉)ということであり、そのかかわるところは、決してある一つの事物やある特定の人間〔皇帝〕、特定の一族〔皇族〕に限定されるものでもない。

もしかりにこのこと〔変革〕を、元の君主と新たな君主の交渉にすぎないとするならば、かの君主など何ほどのこともない。一国において占める位置など、億万分の一に過ぎず、その栄達盛衰も国とは何の関係もない。いうなれば、堯が去って代わりに桀があらわれ、次いで紂が廃されて武が興ったようなもので、すべて「これ朕が家のことにして、卿与《そなた》り知ることなかれ(3)」ということである。〔君主など〕上下古今を通じて見るならば、大海原の水中にいる一微生物のごときもの、一体だれが日々歯牙にかけて議論などしようか。

それゆえ、この百年来、世界のいわゆる変革たるもの、その事業に君主はほとんど関わっておらず、せいぜいが、そうした風潮に順う君主は優れた者として受け入れられ、逆にそれに逆らう者は廃されてしまうくらいにすぎない。そもそも順うものが受け入れられ、逆らうものが除かれていくということは、何も君主に限ったことではなく、一国の人なら誰でもそうであろう。されば、国民の変革と王朝の革命が別物だということは明々白々なのである。

わたしの言うことに疑念を挟む向きには、さらに日本の事例を見てもらいたい。日本が綿々と続く皇統や万世一系を誇っていることは、日本の歴史を少しでもかじったことのある者なら、誰でも知っているだろうし、その天皇が現在、きわめて富貴な地位にあって神聖不可侵とされていることも、日本を訪れたことのある者なら、みな聞き知っていよう。だが、その今日あるのが実はかつてRevolutionを経たことの賜物であることを知っているだろうか。

今日、慶応から明治への移り変わりに言及するたびに、日本人は例外なくそれを革命時代と言い、尊皇倒幕・廃藩置県などの諸事業に言及するたびにそれを革命事業といい、藤田東湖・吉田松陰・西郷南洲〔西郷隆盛〕らの先達をみな革命の人物と呼んでいる。これはわたしがデタラメを言っているのではない。日本を訪れたり、日本の書を読んだり、日本の人と接したことのある者なら、誰に聞いてもそう言うはずである。

中国の湯王や武王、西洋であればクロムウェルやワシントンのようでなければ革命とは言えないのだから、日本はそう称することはできないというのであれば、知っておいてほしいのは、明治以前とそれ以後ではまったく別の世の中だということである。日本におけるその有様たるやまったくの別物、その違いの大きさは一七世紀のイギリスと一八世紀のフランスの違いに匹敵すると言ってもよい。これこそまさにRevolutionの実の姿なのであって、万夫の上に立つ一人〔君主〕だけのことではないのである。

かく見れば、革に対してあるいはそれを忌み嫌い、あるいはそれにおどろき、あるいはそれを憂うものも、みな釈然とすることだろう。今日の中国は少しばかりの小細工を施して現時の欧米日本の改革を模倣し、なんとかつくろえるようなものではない。かの国々はいずれもかつて大きな変革を経ることによって、それまで最も腐敗してきた大きな部位を痛みをこらえつつ切除したが、大本はもうしっかりしており、さらにはいっそうの完璧さを追い求めてきたわけだが、われわれの側は一体どうだろう。

改革ということで見るならば、〔科挙試験において〕八股文を廃して策論を課すというのは、はたして改革と呼べるだろうか。また策論と八股文に一体どれほどの違いがあるだろうか。さらに言えば、今後いつか科挙を廃止して学堂に変えるのも、はたして改革と呼べるだろうか。そもそも科挙と学堂とのあいだにどれほど違いがあるのだろう。一事が万事である。

改革を叫ぶばかりでは、今後十年経っても百年たっても、何ひとつ変わるまい。毒蛇が手の上にいるのに腕を切り落とすことができず、野獣のごとき巨悪が目の前にいるのに、キツネを捕まえる相談をしているわけなのだ。そんな無気力な連中を責めたところで無駄である。いま、最も堪えがたいのは、わが国民が自然淘汰の危機や進化世界の底辺に沈淪し、助かる見込みがなくなってしまうことである。そもそも、国民が没落してしまうことは、君主や政治にあたる官吏にとっても、何のためにもならない。また、国民が富み栄えることで、君主や官吏が困ることは何もないはずである。

それゆえわたしは、次のようにおもう。国民が自存を願うのであれば、自分たちの力で大変革を主張し、実行することから始めなければならないし、君主や官吏も国民とともに自存をはかるには、大変革を怖れず、むしろ大変革に賛成することから始めなければならない。

嗚呼《ああ》、中国で大変革をせねばならないのは政治に限ったことではないが、政治においてすら、なお「変」するを得ず、「革」するを得ない以上、その他のことについて論じる暇があるだろうか。嗚呼《ああ》。

(1) 湯武とはそれぞれ夏王朝の桀・殷王朝の紂を討伐して王朝を興した湯王と武王のこと。「革命」の語は、梁啓超がここで説明するように、悪政で民を苦しめた君主の命を別の姓の君主が革めること、すなわち「易姓革命」に由来する。

(2) 袁了凡(一五三三～一六〇六)は明代の文人、本名は袁黄。若いころから修養に励み、晩年に自らの体験を集成して、人生訓、処世のありようを示した勧善本の『陰騭録』をあらわした。

(3) 『資治通鑑』唐紀二十二に見える言葉で、則天武后が皇位の継承に関して意見を言った者に対して、このように言い放ったと記されている。

3　保教しても孔子を尊重することにならぬ

【初出】『新民叢報』第二号、光緒二十八年正月十五日(一九〇二年二月二二日)。

【解題】梁啓超の思想が最も急進化した時期、その急進ぶりを自ら弁明した作品であり、思想的な「進歩」を画したマニフェストでもある。

冒頭に自らいうように、本書二―1などの「数年前の所論とは正反対」、「昨日の非を今日に是とし」た論文である。この点はくりかえし自ら語ったところで、たとえば一九二一年刊の『清代学術概論』(『専集』三四、所収)では、その一節を「梁啓超の破壊活動」と題して、この文章をふんだんに引用し、自身の「定見のなさ」を強調した。けだしこの時期の「進歩」を、通時的な「破壊活動」のピークとしてきわだたせたものだろう。

その「進歩」とは、まず師の康有為が発案し、継続していた孔教活動の不支持に転じたことがあげられる。「もう口を閉ざして「偽経」を語らず、「改制」についても多くを語らなかった」のも同じ時期であり、実際に以後、康有為の孔教を梁啓超が代弁し、唱道することはなかった。したがってこの論文は、康有為からの独立宣言でもある。

もっとも儒教・孔教の存在・価値そのものを否定したわけではない。批判したのは、孔子・経書にあらゆる事象を帰する思考様式である。近代に「附会」として現象したそんな思考様式は、典故を重視する中国の伝統に通有のものだった。梁啓超はその相対化の端緒を摑んでいたわけで、みのがせない論点である。そのため訳出では、原文に使っていない「附会」という漢語を、あえて「こじつけ」というルビと合わせて使ってみた。

本文のタイトルの一部であり、キーワードの一つをなす「保教」には、一般的に宗教を守る、という意義と、特殊具体的に「孔教」を守る意味合いを兼ねている。いずれも同一の語彙であらわすのは、おそらく故意の戦略的なもので、附会の拒絶と政教分離の近代主義を一体にしてとなえるねらいを含んでいたのであろう。

またそうした観点からすれば、「孔教」「孔子教」という表現も、戦略的だとみてよい。一般的な儒教と、康有為のとなえたキリスト教を附会した「孔教」とを兼ね合わせた言い回しである。古来の旧習と目前の附会を合わせ批判しようとしたのかもしれない。

この文章は筆者の数年前の所論とは正反対であって、いわゆる「わが矛を操《と》って自身を伐つ」(『後漢書』鄭玄伝)ようなものである。昨日の非を今日に是としては、黙ったままでいるわけにはいかない。それが思想の進歩なのか、それとも退歩なのか。読者の思想の進歩・退歩が、そこを決していただくのだと思っている。

緒　論

この十年来、時世を憂う志士は、往々にして三色の旗幟を掲げ、国中を奔走呼号する。曰く、「保国〔国を守る〕」「保種〔種族を守る〕」「保教〔宗教を守る〕」と。意識が低いというわけではない。心情がいいかげんというわけでもない。わたしですらその旗印のもとに馳せ着けて一兵卒として尽力してきた。そうはいっても、今日の識見で大局を観察するならば、今後われわれの努力すべきものは「保国」のみ、「保種」「保教」はさしあたって喫緊のものではない、と思われる。

なぜか。その「保種」というのは、黄種〔黄色人種〕を守るのか、華種〔中華種族〕を守るのか、区別がいささか不分明である。黄種を守るとすれば、かの日本も黄種で、いままさに勃興の時期に際会していて、どうしてわれわれが守る必要があろうか。華種を守るとすれば、われわれ四万万〔四億〕人、地球全体の人口の三分の一を占め、たとえ奴隷となり牛馬のように働かされても、絶滅させられることになろうとは思われない。国が守られれば、種も自ずからきわめて強くなろう。国がなくなれば、種は守られても奴隷牛馬となって、今日の十倍に子孫が増えても益するところはない。だから「保種」の問題は「保国」の範囲に含まれるのであって、分けて名義を立てることはできないものであろう。

「保教」という議論をとなえる者については、わかっていない点がいくつもある。まず、孔子の真面目を知らないこと、次に、宗教の定義を知らないこと、第三に、これからの宗教の勢力がどうなるかを知らないこと、第四に、列国の政治と宗教の関係を知らないこと、である。以下、一つ一つ詳論していこう。

一、宗教は人力で守ることができない

宗教と国家は異なる。国家は国民の集積でできあがる。民なくして国はない。だから国は守るのに人力を頼りにしなくてはならない。しかし宗教はそうではない。宗教なるものは、人を守りはしても、人に守られるものではない。優勝劣敗の公理に即して推察すれば、その教えがすぐれていれば、必ず外道《げどう》に勝利することができ、磨くほどに光輝し、抑えるほどに伸長し、縛るほどに拡大する。そこにはもちろんインスピレーションInspiration(1)というものがある。人の頭脳を吸い上げ吐き出して、自分に服従せざるを

得なくしてしまうのである。こんなものをどうして人が守る必要があろうか。すぐれていなければ、ペルシアのゾロアスター教・インドのバラモン教・アラブのイスラム教のように、一時は人力をかりて隆盛を極めるまでになっても、結局は文明世界に生き残ることができなくなるのはまちがいない。以上が守るにおよばない理由である。

そもそも守るということは、守る者の知識能力が守られる者よりはるかに勝っていないとできない。慈父・慈母が赤子を守るとか、専制の英主が民を守るとか、がたとえばそうである（国を守るのは、そうした数には入らない。国とは意識しないものであって、国を守るとは、実に人々が自分を守ることにほかならない）。

かの教主とは、不世出の聖人・賢人・豪傑であって、人類の導き手である。われわれは自身の知識・能力を自問しても、教主に及びもつかない。それなのに、みだりに「守る」「守る」というのは、いかにも狂言妄言ではあるまいか。いかにも自信過剰で教主を軽んじてはいないだろうか。以上が守るべきではないという理由であり、それなら「宗教を守る」というのは、まず言い回しが論理に合わないのだから、成り立ちえないことも当然なのである。

二、孔教はほかの宗教とは性質が異なる

現在の保教論者は、西洋人が「支那には宗教がない」というのを聞くと、すぐ憤然と血相を変えて、われわれを侮辱したと怒り出す。これは宗教の何たるかを知らないからである。

西洋人のいわゆる「宗教」とは、もっぱら架空への信仰を指していう。その及ぶ範囲は身体の外界にあって、霊魂が根本のよりどころで、礼拝が定式のふるまいであり、俗世を離脱すること、天国に上ることが究極の目的であって、来世の禍福を説くのがその教えとなる。宗教によって粗密多少のちがいこそあれ、しかしおおよその枠組みは同じである。

だから宗教の帰依には、信仰心を起こすことが最も重要であり(キリスト教では洗礼時に、必ずいわゆる十〔二〕カ条の使徒信条をとなえる。(2)これでイエスにまつわる種々の奇跡を信じさせるのである。仏教にも「〔大乗〕起信論」がある)、悪魔を封じることが最も緊急である。信仰心を起こすとは、人に疑いを抱かせないことであって、これは人の思想の自由を閉ざすものである。悪魔を封じるとは、宗派を維持して異端を排斥する

ことである。だから宗教とは人を進歩させないようにする道具にほかならない。宗教は人群《しゃかい》進化の第一段階にあっては、まだ大きな功徳があるけれども、第二段階以後になれば、その弊害のほうが大きくなってくる。

孔子はしかしそうではない。その教えるところは、もっぱら天下国家の問題、倫理道徳の原理であって、架空の信仰もなければ虚偽の礼拝もない。懐疑もタブーではないし、異端も敵視しない。孔教がほかの多数の宗教ときわだって異なるのは、そこである。言い換えれば、孔子は哲学者・経世家・教育家ではあっても、宗教家ではないのである。西洋人(3)がかねて孔子をソクラテスと並び称して、釈迦・イエス・ムハンマドと同列に置かないのは、まことに正鵠を射ている。

いったい宗教家でないとして、孔子を誹謗したことになるのか。孔子は「未だ能く人に事《つか》えず。焉《いずく》んぞ能く鬼に事えんや。未だ生を知らず。焉んぞ死を知らんや」(『論語』先進)、「子は怪力乱神を語らず」(『論語』述而)といった。けだし孔子の立教は、根本的に西方の教主と異なっているわけである。別のほかの宗教を貶めて、孔子を称揚するつもりはない。しかし孔教はほかの宗教と同じ勢力をもつことができながら、なおかつありがちな弊害には陥っていないとはいえよう。

それならわが中国の人物でいえば、張道陵〔三四～一五六?〕(いまのいわゆる張天師

〔道〕の開祖である〕は宗教家といってよいし、袁了凡〔「太上感応篇」・文昌帝君陰騭[4]をもっぱら提唱した人物である〕は宗教家といってよい〔宗教には大小もあれば善悪もある。古代エジプトの拝物教〔物神崇拝〕や古代ペルシアの拝火教〔ゾロアスター教〕が宗教といえるのなら[5]、張道陵・袁了凡を宗教といわないわけにはいかない〕。しかし孔子は宗教家とはいえない。宗教の性質とはこのようなものなのである。

いま保教〔孔教を守る〕を主張する論者は、とかく教団を設け、教会を建て、礼拝の儀式を決め、信仰の掟を作りたがる。すべて仏教・キリスト教の模倣であり、そのとおりやらねばならぬらしい。これでは、その成果が上がらねば論外、たとえ上がっても、孔子をひどく中傷することになる。

というのも、孔子はイエスのように神の子の化身とはいわなかった。仏陀のように天神を統御していると自称しなかった。人に自分の言のほかは信じてはならぬ、とはいわなかったし、自分の教えしか従ってはならぬ、ともいわなかった。

孔子は人である。先聖であり、先師である。天でもなければ鬼神でもない。孔子に強いて仏陀・イエスを学ばせ、それによって「守る」というのなら、守っているものは、絶対に孔教ではあり得ない。ほかでもない、それは宗教の定義を誤解して、人を羨むあまり、元来の自分を見失った者のやることである。

三、今後の宗教勢力は衰頽に向かう

保教〔孔教を守る〕という言説は、どこに由来するのか。キリスト教の侵入を恐れて抵抗するすべを思ってのことだろうか。それは心配のしすぎではないだろうか。

かの宗教なるものは、人類進化の第二段階の文明とは、相容れないものである。科学の力が盛んとなればなるほど、迷信の力は衰微してゆく。自由の世界がひろがればひろがるほど、神権の世界は縮小してゆく。

今日キリスト教の勢力はヨーロッパで、数百年前とくらべて一、二割でしかない。以前、各国の君主は、みな教皇から戴冠をうけて、栄誉としていた。いまや皇帝さえ自ら即位する。以前、教皇はローマという世界の首都を擁して全ヨーロッパに号令した。いまはイタリアに居候しているだけである。以前、牧師神父はいずれも特権をもっていた。いまや政治に関与は許されない。これは政界においてそうであるとともに、学界においても以前、教育事業はすべて教会が全権を握っていたが、いまや変わって国家に帰している。コペルニクスの天文学が興って、教会は敵国を一つ増やした。ダーウィンらの進化論が興って、教会はさらに敵国を一つ増やした。全力をあげて排斥したけれどもかなわなかった。今や目前をとりつくろうため、そうした学説に迎合し、面目を改めざるをえなくなっている。このようであるから、キリスト教の前途は知るべし、である。それでも多数の信者がいて、莫大な財産があるから、まさにいわゆる「百足の虫《ムカデ》、死に至るとも僵《たお》れず」(曹元首『六代論』)のごときものがある。千数百年培った勢力だから、一朝一夕のうちににわかに消え去るわけはない。しかし今後のキリスト教は、たとえその余燼を保っても、数百年前の面目を保てないことは断言できよう。それなのに、われわれがそんな衰頽する儀式を模倣するとは、猿マネの下策であって、無用だといってよい。

「かの宗教はヨーロッパではなるほど次第に衰えているかもしれないが、中国ではおもむろに盛んになっている、これに抵抗しなくてよいものだろうか」という者がいるかもしれないが、これもやはりちがう。

キリスト教が中国に入ったのには、二つの目的がある。一つはほんとうに宣教するため。第二は、各国政府が利用してわが権益を侵奪するためである。中国人がキリスト教に入信するにも、二つの形態がある。一つはほんとうに教えを信じるため、第二には、外国宣教師を利用して官吏に対抗し、郷里で勢力を持とうとするためである。

キリスト教にしてほんとうに宣教し信仰するのであれば、中国に害はない。キリスト教の長所は否定できない。わが広大な中国は、仏教も取り入れたし、イスラム教も入っている。張道陵・袁了凡の教えさえも受け容れている。キリスト教だけ拒むものではありえない。それにキリスト教はわが国に入って数百年になるけれど、上流人士に従う者は稀であって、わが国を変えるには力不足なのは明らかである。

にもかかわらず、なぜこれを虎のように恐れるのか。各国の政府と郷里の悪人たちがキリスト教を利用して、わが主権を侵し、わが政治を乱すに至っては、これもやはり、孔子の教会を開設して宗教を守ったら抵抗できるようなものではありえない。政治がよく治まってこそ、はじめて国も自立できる。グラッドストンがアイルランドの教会に平等権を与えたのに倣ってもよいだろうし[6]、ビスマルクやカヴールのように、従わない教徒たちに制限を加えたのに倣ってもよいだろう[7]。主導権はわれわれにあって、誰も侵すことはできない。だから保教して抵抗しようという言説を主張する輩は、進退に窮するのではないかとみている。

四、法律上、信教は自由である

保教論者は、俗人より見識が一等勝っていると自称するけれども、近代文明の法律の精神にまったく矛盾背反していることに気づいていない。今や保教の議論は空論にすぎない。しかも、もしこの議論が日増しに盛行し、論者が一国の主権を掌握したりしたら、その抱懐する所念を実行し、民に服従を強いるようないわゆる国教を設立しないとは限らない。もしそうなったら、わが国はそこから多事騒乱になってしまうだろう。

かのヨーロッパでは宗教の宗派のちがいで数百年にわたる戦争が起こり、数十万にのぼる流血の惨事となった。今に至るもなお、史を読む人をして慄然たらしめる。何度も討論を重ね、何度も譲歩を重ねたあげく、ようやく信教の自由の条文を憲法に明記できたのであって、今日までに、どの国もそうなった。それで宗教戦争の災禍もほぼなくなったのである。

いったい信教の自由という道理は、ひとつには国民の品性を高めるよすがであり(もし特別に国教を立てたりしたら、信奉しなければ完全な権利を享受できなくなり、そうなればほかの宗教を信じる気持ちがあっても、迫られて自分を欺いて服従する国民が出てきて、国家は国民に信仰を放棄させるよう導くことになってしまう。信教の自由という理論は、ここが最も重要なところである)、また国家の諸集団を統一に導くよすがでもある(信教の自由の法律がまだなかった昔には、国に二つの宗教宗派があれば、必ず水火の争いになった)。

けれどもいっそう重要なのは、政治と宗教の権限を画分し、互いに侵さないようにするところにある。政治は現世の法であって、宗教は来世の法である。教会はその権威で政府を侵すことはできないのはもちろん、政府もその権力を濫用して国民の信心に干渉してはならない(自由なるものは、およそ一人の言論・行動・思想が他人の自由の権利を侵害しないかぎり、政府が干渉できないものである。どんな宗教を信じようが、その利と害とはいずれも自身の受けるものであって、他人に損害なきものである。だから他人も政府も干渉することはできないのである)。だから信教の自由の法が施行されれば、統治は大いにはかどる。

わが中国の歴史が他国に優越しているものを一つあげるとすれば、それは数千年間、宗教戦争の災禍のなかったことである。かのヨーロッパでは数百年、政治家たちはその心血を注いで、宗教を調和させて政治の権力を回復することにつとめてきた。近代史におけるその事蹟は、一目瞭然である。わが中国には幸いにも、こうした騒乱がなかった。孔子の賜である。にもかかわらず、今さら西洋の前轍を踏んでその境界を造ろうとするのは、どういうことだろうか。

今の保教論者には、今後キリスト教が中国に入らないようにする力もないし、昔のように儒教は儒教、キリスト教はキリスト教と、各々自由にひろめて互いの猜疑がないようにもできない。そのため端なくも境界・障壁を設けるわけであるが、これでは双方は水火のように対立し、宗教戦争も起こり、それにともない政争も起こってしまう。国民分裂の端緒になりかねない。保教を言う者は、よくよく考えてもらわなくてはならぬ。

五、保教の言説は国民の思想を束縛する

文明が進化する理由は、決して一つだけではないけれども、思想の自由はあらゆる原因に勝るものであろう。ヨーロッパの今日あるゆえんは、みな一四・五世紀に古学が復興し、教会の羈絆を脱して、思想界の奴隷性を一掃したことによる。その進歩は滔々としてとどめるすべもなかった。これは少しでも歴史を研究した者なら、よくわかるところである。わが中国で学界が輝き、人物が偉大だったのは、戦国に勝る時代はない。思想の自由がもたらしたところなのは明らかだ。

ところが秦の始皇帝が諸子百家の書物を焚き、方術の人士を坑《あなうめ》にしたことで、思想は窒息してしまった。漢の武帝が儒教の経典を表彰し、諸子百家を斥けると、「およそ六経の科目でないものは、根絶して世に出るのを許さなくなった」(『漢書』董仲舒伝)。そのため思想はまた窒息してしまった。

漢王朝以来、孔子教がおこなわれて二千年あまりというけれど、今日まで誰もがしか

じかを表彰し、しかじかを排斥する精神を持することで一貫している。そのため正学と異端で争い、今文学と古文学で争い、考証学では師法を争い、性理学では道統を争った。それぞれがほんとうの孔教だと自称し、他者をにせの孔教だと排斥した。こうして、孔教の規模は日増しに縮小した。

次第に孔子が変じて董江都〔董仲舒〕・何邵公〔何休〕となり、また馬季長〔馬融〕・鄭康成〔鄭玄〕にもなった。孔子が次第に変じて韓昌黎〔韓愈〕・欧陽永叔〔欧陽脩〕となったし、程伊川〔程頤〕・朱晦庵〔朱子〕にもなった。また次第に孔子が陸象山〔陸九淵〕・王陽明〔王守仁〕に変化したし、また紀暁嵐〔紀昀〕・阮芸台〔阮元〕にもなった。いずれも思想が一点に束縛されたために、自ら新生面を開くことができなくなったものである。

猿の群れが一つの果実を獲ろうとすれば、相手を押しのけての争奪になるし、女の群れが一文の銭を得ようとすれば、相手を罵っての争奪になる。何と憐れむべき情状ではあるまいか。いったい天地・学界は広大なものであって、誰が行き先を限ることなどできようか。にもかかわらず、諸君のやっていることといったら、ほかでもない、「暖暖姝姝《かしこまりうなずいて》、一先生の言を守る」〔『荘子』徐無鬼〕だけである。少しでもその埒外に出ようものなら、あえて口にしないばかりではなく、そもそも考えようともしない。これこそ二千年来、保教派が成しとげた成果なのである。

かつて孔子本人にしてこうであっただろうか。孔子は『春秋』を作って、夏・殷・周の三代を褒貶し、並みいる君主を是正して、ついには「非常の異義、怪しむべきの論」〔何休「『公羊伝』序」〕が、書中に横溢するまでになった。孔子の孔子たるゆえんは、まさしくその思想の自由にある。

ところが孔子の学徒を自任するはずの者たちは、その精神に反して利用だけしている。これは孔子の罪ではない。嗚呼《ああ》、あらゆる学問が日々更新し、思想が溢れる今日のような時代に、保教〔孔教を守る〕して孔子を尊ぶなどとは、果たしてやむにやまれぬものであろうか。

いったい今日、保教を言う者は、その方法がやや昔と異なっていて、孔教の範囲を拡げようとしている。それで近代の新しい学理を取って附会《こじつけ》てきて、「しかじかのものは、孔子はすでに知っていた」とか、「これこれは孔子がすでに言ったことがある」というのである。その並々ならぬ苦心には、敬意を表すけれど、惜しむらくは、それでは逆に孔子をあらためて貶め、ますます人々の思想の自由を阻碍することになってしまう。

いったい孔子は二千年以上も前に生まれたから、それ以降の学理をすべて知ることなどできないのはあたりまえ、それが孔子を譏ることにはなるまい。ソクラテスは汽船に乗ったことはないが、汽船を造った人はソクラテスを尊敬せざるをえまい。アリストテレスは電報を使ったことはないが、電信を発明した人はあえてアリストテレスを軽んじまい。当然のことである。

孔子の叡智をもってすれば、今日の新しい学理に暗合する所見がきっと多いのも、いうまでもないことだろう。もしこれを逐一附会《こじつけ》て納得するのなら、新たな学理はわれわれ自身の心に一致するからそれに従うのではなく、たんにわが孔子に暗合するから従うにすぎない。これでは、愛するものは孔子に存するのであって、真理にあるのではない。四書・六経を探しつくして附会《こじつけ》るところがみつからなかったら、動かすべからざる明白な真理であると知りながらも、従うことができないし、自分の附会《こじつけ》たものについて「孔子はそんなふうではない」と非難する人がいたら、やはり放棄せざるをえなくなる。これでは、真理という贈り物がついに、わが国民へとどかなくなってしまう。

だからわれわれの最も憎むべきは、文筆を弄して西洋の学問を中国の学術に附会《こじつけ》ようとする腐れ儒者である。表向き開化刷新をとなえながら、実際には保守守旧なのであって、思想界の奴隷性をますます深めようとしているのである。われわれには、目も耳もある。頭も心もある。今日の文明燦然たる世界、内外古今を網羅した学術の中に生きているのだから、大所高所から自らその曲直を判断し、取るべきは取り、否《しから》ずんば棄てて顧みない。これぞ男子の一大快事ではあるまいか。自分から古人に盲従するばかりでは、諸君はいったい何をしようというのか。こんな手口で保教しようものなら、中傷でなければ騙しているにひとしい。つまりは国民にまったく無益なことは、断言してもよいのである。

六、保教をとなえれば外交に支障が出る

保教は思想の自由に有害だと論じるのが、本文の最大の目的である。次いで言いたいのは、外交を妨げることである。

中国はいまや積弱の秋、しかも外人が教会を利用しているさなかにあり、さらに国民もかねてよりキリスト教を仇敵視する性格をもつ。そのため天津教案から義和団事件に至るまで数十年間、外交上危難をきわめた事案の七、八割は、一般庶民とキリスト教徒の争ったことに起因する。それでも、いずれも無知な庶民がひきおこしたものにすぎない。いまは博学博識な士大夫たちが、高らかに「保教」「保教」とスローガンを掲げている。そうなると、論著や演説でなぜ「保教〔孔教を守る〕」しなくてはならないか、を言挙げしなくてはならない。そうなると、キリスト教を痛罵することも避けられなくなる。

いったい争うとなれば、必然的に憎悪に失する言が多くなってしまうもので、ことさら表現を誇張し文辞を粉飾して、人の耳目を驚かせることになりかねない。かくて一般庶民のキリスト教敵視が手ぬるいと思って、いっそう激化させるにいたるだろう。

あえてこんなことを申し上げるのは、外人に媚びよ、と国民に勧めているのではない。およそ事を起こすには、その有利不利・有害無害をみきわめて、その利害の軽重を測ってバランスをとらねばならないと思う。いま孔教が生き延びるのは、保教だけでできることではない。キリスト教が中国に入ってこないようにするのも、保教だけでできることではない。これほど、保教の利益は頼りにならない。それに対し、こちらが騒ぎ立てることで、むこうが騒ぎ立てることにでもなれば、将来は天津教案のように、一軒の教会の事件で、府県の知事の首を求めることになり、膠州湾占領のように、二人の宣教師の事件で、百里の土地と一省の権益を喪失することになり、義和団事件(8)のように、数十の西洋人の命で、十一カ国の軍を動かし五億両もの賠償をすることにもなりかねない。そのあとで国家のために憂慮したって、もはやどうすることもできない。

嗚呼《ああ》、天下の問題は、「始めに簡《なおざり》にやると、畢《おわり》には巨《おお》きなことになりかねない」(『荘子』人間世)ものなのである。保教論者よ、杞憂と軽んずるなかれ。

七、孔教が亡ぶことなどありえない

そうはいっても、保教派の慮りには、もちろん深く理解できるし敬服もしている。その孔教への愛着はたいへんなもので、愛すれば愛するほど、その憂慮も大きくなるのであろう。孔教が亡ぶのを恐れるあまり、利害もはからず、力量もわきまえずに、山を動かし海を埋めるばかりの精神で、孔教を守ろうとしている。しかしそんな恐怖を抱くのは、ほんとうに杞憂ではないか、とわたしなら思う。

孔教なるものは、日・月に懸かり、天・地を満たす空気のように、永久に滅びるわけはない。ほかの宗教はただ儀式を重んじるので、自由が盛んになれば儀式が滅ぶ。迷信に帰依しているので、真理が明らかになれば、迷信は衰え、来たるべき文明とは決して相容れないものである。進化の法則はまさしくそれにあたる。

しかし孔教はそれとは異なる。人はどうすれば人となれるか、人群《しゃかい》はどのように群《しゃかい》となりうるか、国家はどのようにして国となるのか、を教えるものであって、これらはおよそ文明が進めば進むほど、研究の必要も増す。

近代の偉大な教育家は多く人格教育の議論をとなえている。人格教育とは何か。人が人となるべき資格をつきつめて、青少年に教育してこの資格を身につけさせることにほかならない。古今東西の聖人・哲人は、その言説はまちまちながら、人格に合致するのが最も多いのは孔子である。孔子こそ実に将来の世界の徳育という世界で最も重要な地位を占めるだろう。これはあえて予言させていただく。

いったい孔子の望みは、〔イエス・仏陀のように〕われわれが救主《メシア》と呼び、世尊《バガヴァット》と敬うことではない。いま他人に救主・世尊という称号があって、われわれにそれがないから、孔子が滅びるのではないかと恐れては、孔子を知るとはいえまい。ソクラテス・アリストテレスなど、そもそも孔子に遠く及ばない。にもかかわらず、二人の教えは時間が経てば経つほど顕彰されてきているから、孔子にしてどうしてそんな恐れがあろうか。断言してもよい。世界に政治がなくなり、教育がなくなり、哲学がなくなれば、孔教は滅ぶだろうが、いやしくもこの三者の存在する以上、公明正大な孔教はまったく廃れることはない。保教論者はどうか枕を高くしていられたい。

八、あらゆる宗教の長所をとって、孔教を光明正大にすべし

われわれが孔教に忠実だったのは、別にいわれがある。わが孔子を成長させ、保護し

ていくため、自らの教えに固執せず、門戸をひらいて、寛大にあらゆる宗教を包容したのがそれである。

かの仏教にせよ、キリスト教にせよ、イスラム教にせよ、ひいては古今東西あらゆる宗教は、いずれも他の宗教の教義を包容する雅量がなかった。なぜか。信仰心を起こすのを根本理念とし、悪魔を封ずるのを行動指針とするため、帰依する者は二人の夫につかえることのできない妻にひとしいありさまである。だから仏陀は「天上天下、唯我独尊」といい、イエスは「自分ただ一人が、ほんとうの神の子である」といった。その定義は譲れぬ一線であって、動かすことのできないものである。

しかし孔子はそうではない。「鄙夫《バカ》でもその両極端をつくしてやる」(『論語』子罕)といい、「三人いればわが師を得られる」(『論語』述而)といっている。けだし孔教の精神は、専制的ではなく自由的である。われわれがもし孔子を尊ぶならば、直接その精神に結びつくべきであって、せまくその形式にこだわってはならない。

孔子がはじめたその教えとは、二千年前の人々、一つに閉じこもった中国人に対してのものである。もちろんその全体を通じては、万世不易の教義も多いけれども、時間の経過とともに変わってきた個別的な教義も、やはり少なくはない。孟子だって「孔子は時勢に適応した聖人だ」(『孟子』万章下)といっているのだから、孔子が今日に生まれたなら、その教義に加除するところがあったにちがいないとわかるのである。

いまわが国民は春秋戦国時代の人になりえない。すでに二〇世紀の人である。一村一国だけの人ではなく、世界の中の人になろうとしている。それなら孔子の意にならって、孔子からの贈り物を受けるいわれは、必ずあるわけなのである。

だから、たとえば仏教の博愛《ママ》や無畏《むい》、生死の看破や衆生《しゅじょう》の済度《さいど》、あるいはキリスト教の平等、敵を愛せよ、人々のために身を犠牲にせよ、などの教義は、もちろん孔教にもあるが、他教のいっそう明確博大なものをとりいれて、磨きをかけるべきだ。孔教にないものがあれば、貪欲に急いで摂取するし、孔教に反しながらもいっそう優れたものがあるなら、惜しみなく自らを捨ててでも向こうに従う。また別に宗教ばかりに限らない。古代ギリシア・近代欧米の賢人たちの学説なら、兼ねて包容できないものなど、まったくない。それが孔教にとって、利益になるか、損失となるかは、知者でなくともわかるだろう。

いったい孔子は自ら、ほかの狭隘な宗教とはかけ離れて、とりわけわが孔教を尊重する者たちのために、こうした法門《みち》を開いてくださったのである。これはわれわれが当然喜ぶべきであって、こうした天恵に背いてはならぬものであろう。「大なるかな孔子、大なるかな孔子」(『論語』子罕)といい、「広い海でこそ魚が自由に泳げ、高い空でこそ鳥が自由に飛べる」ともいう。だから孔子を尊重してはじめて孔子の真面目が現れるし、孔子を変化させてはじめて孔子の学統も長続きするのである。それなのにビクビクと自虐し、自ら派閥を立て境界を設けて隔離して、「保教」「保教」といわねばならぬ必要など、どこにもあるまい。

結　論

嗟乎《ああ》、嗟乎《ああ》。不肖の身はかつて保教派の驍将だったが、いまや保教派の大敵となった。嗟《ああ》、わが先輩よ、嗟《ああ》、わが親友よ。その裏切りを憎み、その曖昧をなじって、不肖を非難する向きがきっとあるだろう。

わたしは孔子を愛す。しかしそれ以上に、真理を愛す。先輩を愛するけれど、それ以上に国家を愛す。親友を愛するが、それ以上に自由を愛す。しかも、わたしよりもいっそう真理を愛するのは、孔子である。いっそう国家を愛し自由を愛するのは、先輩・親友である。それを知っているからこそ、わたしは自分を信じ、懺悔する。二千年来の定説をひっくり返すのも厭わないし、四万万〔四億〕人に挑戦するのも恐れない。こうすることで、孔子の恩恵に報い、ほかの教主の恩恵に報い、わが国民の恩恵に報いるものである。

（1）原綴の掲出は初出どおり。梁啓超はこの文章の少し前に、「自由書／煙士披里純(Inspiration)」(『清議報』第九九冊、一九〇一年一二月。『専集』二、七〇〜七三頁に再録)を発表し、その神秘的霊力の作用を紹介していた。この文章は徳富蘇峰の「インスピレーション」(『国民之友』第二二号、一八八八年五月、徳富『静思余録』所収)を下敷きにしたもので、この時期の梁啓超と日本の言論界との関係をうかがうことができる。当時から徳富を剽窃したとの批判もあった。

（2）宇井伯寿訳注『大乗起信論』岩波文庫、一九三六年がある。その起源・撰述には諸説あって、梁啓超にも『大乗起信論考證』一九二二年という著述があり、その序文を『専集』六八に収める。

（3）孔子を「哲学者」と規定するのは、一六世紀末に来華したイエズス会宣教師マテオ・リッチに始まり、明確に「ソクラテス」に擬えたのは、リッチの記録にもとづいた、一七世紀前半のラ・モット・ル・ヴェイエ『異教徒たちの美徳』*De la vertu des païens* である。

（4）いずれも道教に起源をもつ、善行を勧め、悪行を諌める「善書」の代表的な書物。袁了凡については、本書三―2、注(2)を参照。

（5）古代エジプトの宗教信仰を「拝物教」というのは、おそらく物神崇拝《フェティシズム》を指すものだろうが、未詳である。当時の西洋の学術状況の反映かもしれない。ともかく古代ペルシアの「拝火教《ゾロアスター》」に応じる対句表現にしたことだけはまちがいない。

(6) 史実としては、アイルランドにおけるイギリス国教会の廃止を指す。第一次グラッドストン内閣は国教徒がほとんどいないアイルランドに国教会を置くことに反対して、アイルランド国教会廃止法案を一八六九年に議会に提出、一八七一年に通過させた。これによりアイルランドの国教会は公的な地位を喪失して自由教会となり、アイルランド人が教会税を納めなくともよくなったのである。

(7) 史実としては、ビスマルクはいわゆる文化闘争、カヴールは修道院廃止などを指すものだろう。原文は「山外教徒」。「山外」はおそらく天台宗の宗派のことで、非主流になぞらえたものと思われる。

(8)「天津教案」は一八七〇年、天津のフランスカトリック教会を群衆が襲撃した事件で、フランス領事が殺害されたことから、大きな外交問題となった。その和解条件としてフランス側が天津の府知事・県知事の処刑を求めたが、けっきょく流罪となる。「膠州湾占領」はドイツが一八九七年、一方的に起こした事件で、清朝は青島《チンタオ》一帯の租借権と山東省の経済権益を譲渡した。「義和団事件」で北京を占領したのは八カ国連合軍であり、「十一カ国」というのは、事件を終わらせた北京議定書の締結国の数と混同しているのかもしれない。またそこで課せられた賠償金の額は、四億五千万両である。

4　小説と群治の関係

【初出】『新小説』創刊号、一九〇二年一一月。

【解題】阿英によれば、小説の価値を明確にした最初の文章は、厳復と夏曾佑による「本館附印説部縁起」(『国聞報』一八九七年一〇月一六日～一一月一八日)であった(飯塚朗・中野美代子訳『晩清小説史』平凡社、一九七九年)。しかし、この文章は広く伝わらなかった。

梁啓超は一八九八年、亡命時に軍艦大島の艦長から東海散士(柴四朗)『佳人之奇遇』を与えられ、あらためて小説の価値を認識した。これを翻訳するとともに(実際の翻訳は羅普)、小説論「訳印政治小説序」を執筆、あわせて『清議報』創刊号に掲載し、小説の価値をこう論じた。政治小説は西洋に起源する。西洋では政治の議論が小説を通じて社会に広く浸透している。西洋の政治を進歩させたのは政治小説にほかならない、と。翌年、さらに矢野文雄の政治小説『経国美談』を翻訳する。

梁啓超がふたたび小説に取り組むのは、一九〇二年のことである。同年一一月、雑誌

『新小説』を創刊(中国で最初の小説雑誌)、「新中国未来記」を連載した。また、これに先だち、『新民叢報』誌上でヴェルヌの『二年間の休暇』を『十五小豪傑』というタイトルで翻訳していた(実際は森田思軒『十五少年』からの重訳)。「小説と群治の関係」は、こうした理論と実践をめぐる試行錯誤から生み出された小説論であった。

ただ、梁啓超は小説家としては成功しなかった。『新小説』も三回刊行しただけで終わり、その後小説を創作したり翻訳したりすることはなかった。

本文「小説と群治の関係」は、小説が広く人々に好まれる理由を追究し、四つの力(薫・浸・刺・提)の存在を指摘する。小説はこの四つの力ゆえに巨大な影響を社会に及ぼすことができる。「群治」とは、梁啓超がその代表的な著作「新民説」でも用いている術語で、社会を統治する体制のことをいう。

中国ではこれまで小説のために社会が堕落してきた。社会を救うには、小説の力を借りるほかなく、そのためには小説を新しくしなければならない。政治運動の理論としてはやや単純にすぎ、梁啓超自身この理論の正当性を実践で示すに至らなかった。一方、中国文学史からは、近代的な小説論の先駆けとして高く評価されている。

一国の民を新しくしようとすれば、まず一国の小説を新しくしなければならない。したがって、道徳を新しくしようとすれば、小説を新しくしなければならず、宗教を新しくしようとすれば、小説を新しくしなければならず、政治を新しくしようとすれば、小説を新しくしなければならず、風俗を新しくしようとすれば、小説を新しくしなければならず、学術技芸を新しくしようとすれば、小説を新しくしなければならない。ひいては、人心を新しくし、人格を新しくしようとすれば、小説を新しくしなければならない。なぜか。小説には不可思議な力があって、人道《じんどう》〔人間界〕を支配するためである。

いまもしわたしが「人は一般にどうして他の書を読むより小説を読むことを好むのか」と質問してみれば、答えるものはきっと、「小説は平易でわかりやすいからだ」「小説は楽しく興味が多いからだ」と言うだろう。もとよりその通りであるが、なお説明し切れていないところがある。文章が平易でわかりやすいというのは小説に限ったことではない。一般の女性や子供の手紙、役所の文書も難解難読なところがあるわけではないのに、だれが好んで読むだろうか。それればかりではない。三墳・五典・八索・九丘〔のような古い書物〕を読むことができ、〔そこに出てくる〕虫魚草木について説明できるような博学多才の士であれば、平易な文章を読むのと同じように、大昔の文章を読むことができる。そんな人たちがどうして小説ばかり好んで読むのか。これは第一の説明がいまだ尽くしていない点である。

心を楽しませることを目的とする小説はもとより多いが、こうしたものは世間であまり重んじられない。最も歓迎されているのは、かならず読者を驚かせ、慌てさせ、悲しませ、感動させ、それを読めば、とめどなく悪夢を生じ、とめどなく涙をぬぐわせるものである。楽しみたいから好んで読むのに、どうしてわざわざ正反対のものを手に取って自ら苦しむのか。これは第二の説明がいまだ尽くしていない点である。

わたしはこれについてあれこれ考え、問い詰めてみたが、おそらく二つの原因がある。およそ人の性質は、決して現在の境地に満足することはできない。このちっぽけな身体が触れたり感じたりできる世界は、狭く、長続きせず、非常に限られたものでしかないために、直接触れたり感じたりする以外に、間接的に触れたり感じたりするものを望む。いわゆる「身外の身」「世界外の世界」である。このような思いは、ただ利口に生まれついた人々が持つだけでなく、愚かに生まれついた人々も持っている。生まれつきの性情を日々愚鈍に導いたり、日々利口に導いたりするのに、小説に優る力を持つものはない。小説はつねに人を他の世界に導き、ふだん触れたり感じたりしている空気を変えてしまう。これがその第一の原因である。

人の常として、心に抱いている想像や経験した世界のなかでは、往々にして、それをやりながら気づかなかったり、習慣となって意識にのぼらなかったりすることがある。哀しむにせよ、楽しむにせよ、怨むにせよ、怒るにせよ、恋しがるにせよ、驚くにせよ、心配するにせよ、恥じるにせよ、いつも、そうであることはわかるのだけれども、なぜそうであるかはわからない。その状態を描写しようとしても、自分では、心で表すこともできず、口で述べることもできず、筆で伝えることもできない。誰かがこれを明快に描き出し、完璧に言い表せば、机をたたいて「それはいい、それはいい」「その通りだ、その通りだ」と喝采する。いわゆる「夫子《せんせい》がこれを言えば、わたしの心は動かされるものがある」(『孟子』梁恵王上)で、これほど深く人を感動させるものはない。これが第二の原因である。

これら二つはじつに文章の真髄であり、筆舌の優れた力である。もしこの要点をとらえてうまく導けば、いかなる文章でもみな人を動かすに足る。諸種の文章のうち、小説ほど妙を究め、技を究めたものはない。ゆえに、「小説は文学の最上乗《さいじょうじょう》(最も優れた教え)である」と言うのである。前の説によれば、理想派の小説が優り、後の説によれば、写実派の小説が優る。小説の種類は多いが、この両派の範囲を外れるものはない。

そもそも、小説が人道《じんどう》を支配するのに、四つの力が働いている。第一に「熏(薫染)」である。熏というのは、煙の中に入って焙られ、墨や朱に近づいて染められるようなもので、『楞伽経《りょうがきょう》』のいわゆる「智に迷いて識となり、識を転じて智となる」とは、みなこの力に頼っている。人が小説を読むと、知らず知らずのうちに、眼光はさまよい、頭脳は揺すぶられ、神経は集中する。今日少し変わり、明日また少し変わり、刹那刹那に途切れながらも作用し続ける。時が経てば、その小説の境地は、ついに心の中に入ってそこに居場所を定め、特殊な元素の種子となる。この種子があるゆえに、将来またさらに触れたり感じたりすることがあると、日々薫染して種子はますます盛んとなり、さらに他の人に薫染する。こうして、この種子はついに世界にあまねく行き渡り、一切の器《き》世間《せけん》と有情世間《うじょうせけん》(1)が成立し、存在するのは、みなこのためである。小説はこの威徳を高々とそなえ、人々を操縦するのである。

第二に「浸(浸潤)」である。薫は空間的に言うもので、その力の大きさは、その領域の広さと関連するのに対し、浸は時間的に言うもので、その力の大きさは、その時間の長さと関連する。浸とは、中に入って同化することである。人が小説を読むと、往々にして読み終わって数日あるいは数十日経っても、すっきりとしないことがある。『紅楼夢』を読み終わると、必ず名残が尽きず、哀しみが残る。『水滸伝』を読み終わると、必ず痛快な気分が残り、怒りが消えない。どうしてか。浸の力がそうさせるのである。いずれも傑作であるが、分量が多く内容が豊かであればあるほど、ますます深く人に浸みこむ。たとえば、酒は十日飲めば百日酔う。わが仏陀が菩提樹の下で立ち上がり、かくも厖大な華厳を説いたのも、まさにこのためである。

第三に「刺」である。刺とは、刺激の意味である。薫と浸の力はじわじわと働くのに対し、刺の力はたちどころに働く。薫と浸の力はそれを感受する人に意識されることはないが、刺の力はそれを感受する人に速やかに意識される。刺は一瞬にして入り、忽ち違和感を生じさせ、自制することができないものである。もともと穏やかでいたのに、〔『水滸伝』で〕林冲が雪のなか三日の期限〔梁山泊に入るために三日以内に旅人の首や金銭を献上する〕を課せられ、武松が飛雲浦で災難に遭う〔張蒙の屋敷で盗みをしたとして捕らえられる〕ところを読むと、たちまち怒りを催すのはなぜだろうか。もともと愉快でいたのに、〔『紅楼夢』で〕晴雯《せいぶん》が大観園を追われ、林黛玉が瀟湘館で亡くなるところを読むと、たちまち涙を流すのはなぜだろうか。もともと厳粛でいたのに、王実甫〔『西廂記』〕の「琴心」や「酬簡」、孔東塘〔『桃花扇』〕の「眠香」や「訪翠」のところを読むと、たちまち感情が動かされるのはなぜだろうか。こうしたものはみないわゆる「刺激」である。だいたい賢い人ほど、刺激の力をより速かにより激しく受ける。要するに、その本に含まれる刺激の力の大きさに比例するのである。禅宗の一棒一喝はみなこの刺激の力を利用して人を悟らせるのである。この力の作用は、文字より言葉によるほうが大きい。しかし言葉の力が及びうる範囲は狭く、時間も短い。そこで文字に頼らねばならない。文字の中でも文言は俗語に及ばない。重々しい議論は寓言に及ばない。したがって、この力を最もよくそなえるのは、〔俗語で書かれた〕小説をおいてほかにない。

第四に「提」である。以上の三つの力は外から注ぎ込まれるものだが、提の力は内から出ていくものである。まさしく仏教の最上乗《さいじょうじょう》である。およそ小説を読むものは、必ず他人になりかわり、書物の中に没入して、その書物の主人公になる。『野叟曝言《やそうばくげん》』を読むものは、必ず自らを文素臣になぞらえ、『石頭記』〔『紅楼夢』を指す〕を読むものは、必ず自らを賈宝玉になぞらえ、『花月痕』を読むものは、必ず自らを韓荷生や韋癡珠になぞらえ、『梁山泊』〔『水滸伝』を指す〕を読むものは、必ず自らを黒旋風〔李逵〕や花和尚〔魯智深〕になぞらえる。読者自身がこうした気持ちはないと弁解しても、わたしは信じない。他人になりかわって書物に没入しているのだから、その書物を読むとき、自分の身はすでに自分のものではなく、明らかにこの世界を離れて書物の世界に入っている。いわゆる「華厳の楼閣」「重重たる帝網《たいもう》」(2)であり、一つの毛孔に億万の蓮花が咲き、一つの指を弾く間に千百の浩劫《こうごう》〔時間〕が経つような世界である。文字が人を動かすこと、ここに極まる。であれば、わが書物の中の主人公がワシントンであれば、読者はワシントンになりかわり、主人公がナポレオンであれば、読者はナポレオンになりかわり、主人公が釈迦や孔子であれば、読者は釈迦や孔子になりかわることは、明々白々である。人を悟らせる不二の法門《みち》は、これ以外にあるだろうか。

この四つの力は、時代を形作り、衆人を化育する。教祖が宗派を打ち立て、政治家が政党を組織することができるのも、みなこれらの力があればこそである。文章家がその一つを得ることができれば文豪となり、その四つを兼ねれば文聖となる。この四つの力を善いことに用いれば、多くの人々を幸福にすることができる。この四つの力を悪いことに用いれば、長年にわたって害毒を流すことができる。この四つの力を最も託しやすいのは、小説をおいてほかにない。愛すべきかな小説、畏るべきかな小説。

小説のスタイルは、このように容易に人の心に入る。小説の作用は、このように容易に人の心を動かす。したがって、人間は一般に他の種類の文章よりも好んで小説を読む。これは心理学の自然の働きであり、人間の力によって変えられるものではない。さらに、世界各国のおよそ生命あるものはみなそうであって、わが赤県神州《ちゅうごく》の民だけがそうなのではない。小説がすでに好まれ、しかも至る所で好まれているのだから、小説は一群《しゃかい》にあって、あたかも空気や食べ物のようであり、避けようとしても避けられず、除こうとしても除かれず、日々それを呼吸し、それを摂取しているのである。

だから、もし空気に汚れが含まれ、食べ物に毒性が含まれていれば、そこで呼吸し摂取する人は、必ず憔悴し、病気になり、惨死し、堕落する。これは卜筮《ぼくぜい》を待たずともはっきりしている。それゆえ、空気を浄化せず、食べ物を選択しなければ、毎日朝鮮人参や茯苓《ぶくりょう》を服用し、毎日医者にかかっても、この群《しゃかい》では人の老病死苦は、結局救済することができないのである。この道理を知れば、わが中国の群治が腐敗している根本的原因を知ることができる。

わが中国人の状元宰相の思想〔科挙に首席で合格し出世して宰相になる〕は、どこに由来するのか。小説である。わが中国人の佳人才子の思想〔美女と才人が結婚し幸せな生活を送る〕は、どこに由来するのか。小説である。わが中国人の江湖盗賊の思想〔放浪や強盗をして気ままに暮らす〕は、どこに由来するのか。小説である。わが中国人の妖巫狐鬼の思想〔迷信や幽霊を信じる〕は、どこに由来するのか。小説である。

こうしたものは、耳をひっぱって教えこみ、衣鉢のごとく代々伝えられるわけではない。それなのに、下は肉屋・飯炊き・行商人・兵士、あるいは老婦人や小さな子供から、上は大人《たいじん》・先生・博識多才の学者まで、みなこれらの思想のどれか一つを必ず持っている。〔小説が〕そうさせたわけではないが、そうさせてしまったかのごとくである。百数十種の小説の力が直接間接に人を毒することは、これほど甚だしいのである〔小説を読むのを好まなくとも、これらの小説はすでに社会に浸透《ママ》して風尚慣習になっているので、生まれる前からすでに遺伝を受け、生まれてからも感染を受ける。賢者や智者であっても、抜け出すことはできない。だから、これを間接というのである〕。

いまわが国民は、地相に惑わされ、運命判断に惑わされ、占いに惑わされ、祈禱に惑わされている。風水のために、鉄道の建設を阻止し、鉱山の採掘を阻止し、墳墓の地を争い、一族が武器を執って闘い、平気で人を殺す。神を迎え町を練り歩くお祭りのために、年間百万もの金銭を無駄にし、時間を浪費して面倒を引き起こし、国力を消耗させる。小説のためである。

いまわが国民は、〔蟻が〕臭いものにたかるように科挙にあこがれ、アヒルのようにぞろぞろと地位や富貴を追い求め、卑屈な態度をとり、厚顔無恥で、ただ十年の苦学と夜々の付け届けをもって、家に帰って妻妾に自慢し〔『孟子』離婁下〕、田舎で権勢を振るう一日だけの快楽に代えようとし、しまいには最低限の名誉や節操すら失う。小説のためである。

いまわが国民は、軽々しく信義を捨て、権謀術数に長け、反復常ならず、苛酷冷淡で、やがて誰もが悪賢い心を持ち、国じゅうが混乱する。小説のためである。

いまわが国民は、軽薄で品行が悪く、道楽に溺れ、閨房に恋々とし、春の花や秋の月に心を寄せて歌い泣き、少壮活発の気力を消耗し、青年子弟は十五歳から三十歳まで、ただ多情、多感、多愁、多病を一大事業とみなし、女性への情愛は多いが、英雄の気概は少なく、甚だしくは良風美俗にもとる行いをなし、その毒は社会《ママ》に行き渡る。小説のためである。

いまわが国民は、どこに行ってもみな盗賊や豪傑となり、日々『三国志』をまねて桃園の契りを結び、至る所で『水滸伝』をまねて梁山の盟を立て、いわゆる「大きな椀の酒、大きな塊の肉、秤で金銀を分け、揃えの着物を身につける」ような考えが、下等社会《ママ》の人々の頭の中に充満し、ついには哥老会、大刀会などの結社を組織し、はては義和拳のようなものも出てきて、国都は陥落し、外国の軍隊を引き入れる。小説のためである。

嗚呼《ああ》、小説が人群《しゃかい》を堕落させることは、これほどまでにひどいのだ。これほどまでにひどいのだ。偉大な聖人や学者が数万言をもって教え導いてもなお足りないものを、軽薄な文士と町の本屋が出す一、二の書が破壊して余りあるのだ。このことは、上品な紳士が口にするのをはばかればはばかるほど、ますます軽薄な文士や町の本屋の手に委ねざるをえなくなる。そしてその性質や地位は、空気のごとく、食べ物のごとくで、社会《ママ》のなかで避けることもできず、除くこともできないものとなる。ここにおいて、軽薄な文士と町の本屋がついに一国の主導権を掌握してこれを操縦するのだ。

嗚呼《ああ》、このままいけば、わが国の前途がどうなるか、問うまでもなかろう。問うまでもなかろう。したがって、今日群治を改良しようとすれば、必ず小説界の革命から始めなければならない。民を新たにしようとすれば、必ず小説を新たにすることから始めなければならない。

（1）いずれも仏教語。有情は人や動物などを指し、草木などの無情と対比される。有情世間は有情の世界を指し、器世間は有情を入れる器のことで、人や動物が住む大地や山河を指す。
（2）「楼閣」は華厳経の『入法界品』にある善財童子のエピソードで、無数の楼閣のすべてに自分自身が弥勒菩薩の足許にいたことをいい、「帝網」は帝釈天の宮殿を飾る輝く網のことで、宝珠をなすその各々の結び目が照らし合って、世界全体の姿を映し出すことをいう。いずれも読者自身が、小説中のあらゆる世界に身を置く感覚を指している。

5　三十自述

【初出】梁啓超著／何擎一編『飲冰室文集』上海広智書局、一九〇二年。

【解題】この文章は、著者自ら記すように、何擎一が文集を編纂したさいに執筆されたものである。ときに、著者は数え年でちょうど三十歳、そこで「三十自述」と名づけられた。のちに、「我之為童子時（わたしが子供だったころ）」と題する文章が付け加えられている。後者は一九一四年以降の作とされ、母親の教育にまつわる思い出などが綴られているが、ここでは訳出しない。

「余郷人也（わたしは田舎の人間である）」と生い立ちを語り始めた梁啓超は、まず自らの「郷」を中国という空間と時間のなかに位置づける。ついで自らの先祖の歴史をたどり、最後に中国内外の歴史的事件と自らの誕生を結びつける。このような自伝の記述、あるいは自らの生の捉え方は、中国の伝統に類を見ない。

自身が描く半生は、学問研鑽の歴史にほかならない。伝統的学問こそすべてと考えていた梁啓超が、康有為との出会いを通して新しい学問の世界を知り、その理想（変法）を実現すべく政治の世界に足を踏み入れていく。戊戌政変によって日本への亡命を余儀なくされるが、日本で数多くの日本語の書籍を読み、思想が一変した。『新民叢報』や『新小説』を創刊するなど、言論活動を展開するかたわら、保皇会を中心に政治活動にも携わった。パワフルな活動を展開していながらも、内心では「志したことや取り組んだことは、百に一つも成就できず」と焦りを感じていたようだ。

梁啓超はこの約二十年後、「前清一代中国思想界之蛻変」という文章(『改造』第三巻第三、四、五期、一九二〇年一一月一五日〜一九二一年一月一五日に連載。一九二一年一二月に『清代学術概論』と題して商務印書館から刊行(『専集』三四、所収))のなかで、清代の中国思想界のなかに自らを位置づけている。かつての自分自身を冷静な視点で見つめており、「三十自述」とあわせて読むと面白い。とりわけ大きな違いは康有為の評価である。「三十自述」では批判を控えていたのに対し、「前清一代中国思想界之蛻変」でははっきりと康有為の考えに違和感を持っていたことを記している。三十歳で学問を完成させた康有為とは対照的に、梁啓超はたえず模索し、たえず思想を変化させた。独自の思想を築くことこそできなかったが、「清代思想史に終止符を打った人物」である、と自らを分析している。

風雲、世に入りて多く
日月、人を擲ちて急なり
如何ぞ一少年
忽忽として已に三十

〔実社会に入ってより時勢の変化が多く、時間は人を置き去りにして瞬く間にすぎていく。どうすればよいのか。一人の少年もまたたく間に三十歳になってしまった〕

これはわたしが今年の正月二十六日〔一九〇二年三月五日〕、日本の東海道の汽車のなかでつくった「三十初度口占十首〔三十歳の誕生日に即興でつくった詩十首〕」の一首である。世の中を駆け回るうちに、時はむなしく過ぎ去り、志したことや取り組んだことは、百に一つも成就できなかった。旅すがら鏡を手に取って見れば、どうして悲しまないでいられようか。

何擘一は文集を編纂し終え、さらに小伝を作ろうとした。わたしはこれを断って、「某《それがし》の事跡や経歴など、記載する価値はこれっぽっちもない。もしどうしてもやむを得ないのであれば、わたしのことは他人よりもわたし自身がよく理解している」と。わたしの亡友譚瀏陽〔譚嗣同〕がかつて「三十自紀」を書いたことがあり、わたしもその顰みにならい、「三十自述」をつくる。

わたしは田舎の人間である。秦から漢に代わるころ、赤県神州《ちゅうごく》では数十年にわたって群雄が現れ、屹然と独立していた。その地とその人を用いて、「蛮夷の大長」(『史記』南越列伝)と称し、英雄の名誉を歴史上の一省に留めた。その省では、宋から元に代わるころ、わが黄帝の子孫が北狄の異民族と血みどろの戦いをして敗れ、君主と臣下が国に殉じ、崖山の海に身を投げ、悲憤の記念を歴史上の一県に留めた。これがすなわち、わたしの故郷である。郷の名は熊子といい、崖山から七里余り離れている。西江が南海に注ぎ込む要衝に当たる。その河口に島が七つ並んでおり、熊子はその中央に位置する。まさしくわたしは中国南端の一島民である。

わたしの先祖は宋末に福州から南雄に移り、明末に南雄から新会に移り、そこに居を定め、数百年にわたり谷あいに暮らしてきた。一族のおじやいとこは農業と読書に精を出し、世事にかまうことなく、あたかも桃花源の人のようであった。ただ、父老の語り伝えるところを聞くと、わたしの曾祖父(梁炳昆)は最も陰徳に富み、耕作に努めて得られた穀物や織物を一族の寄る辺のないものたちに分け与えたという。祖父は諱《いみな》を維清、字《あざな》を鏡泉といい、郡の生員となり、規定によって広文(教職)に選ばれたが就かなかった。祖母は黎氏であった。父は名を宝瑛、字を蓮澗といい、早くから郷里で学問を教えていた。母は趙氏であった。

わたしは同治癸酉の年の正月二十六日〔一八七三年二月二三日〕に生まれたが、それはまさしく太平天国が金陵〔南京〕に滅んで十年後、清の大学士曾国藩が没した翌年、普仏戦争の三年後、そしてイタリアがローマに建国(1)した年であった。わたしが生まれて一カ月後に祖母の黎氏が亡くなった。祖父に仕えること十九年であった。祖父が在世中に八人の孫がいたが、わたしを最もかわいがった。

三歳のとき、弟の啓勲が生まれた。四、五歳のとき、祖父や母の膝下で四書と『詩経』を教わり、夜は祖父のベッドで寝た。祖父は日々いにしえの豪傑や哲人の優れた言葉や振る舞いを語った。とりわけ宋が滅び、明が滅ぶさいの国難のことが好きで、とくとくと語った。六歳からは父に就いて勉強し、中国の略史と五経を学び終えた。八歳で作文を学び、九歳で千字の文章を綴ることができた。

十二歳で院試を受験して博士弟子員〔生員〕に補せられた。日々帖括〔八股文〕を修めた。心中では飽き足らず思っていたが、この世に帖括以外にいわゆる学なるものが存在することを知らなかったので、ひたすら勉強に励んだ。

ただ、詩文を楽しみ、祖父や父母から折りに触れて唐人の詩を教わり、八股文より好んだ。家が貧しく読むべき書物はなかったが、『史記』と『綱鑑易知録』が各一部あり、祖父と父が日々それらを読むことを課した。そのため、今でも『史記』は八、九割がた暗誦できる。父の友人にわたしの聡明さを愛でる人がいて、『漢書』と姚鼐《ようだい》の『古文辞類纂』を一部ずつ贈ってくれたので大喜びし、これらを読破した。

父は慈しみ深いが厳格でもあり、勉学をさせるだけでなく、労働もさせた。言葉や振る舞いに少しでも軽率なところがあると、そのたびに少しも容赦することなく叱責した。つねに「お前は自分が普通の子と同じだと思っているのか」と諌めたが、今に至るまでこの言葉を口にして忘れないようにしている。

十三歳のとき、はじめて段玉裁・王念孫の訓詁の学を知り、大いにこれを好み、しだいに帖括を止めてしまおうと考えはじめた。

十五歳のとき、母の趙恭人が亡くなった。四番目の弟〔梁啓業〕が難産だったからである。わたしはおりしも省城〔広州〕に遊学中で、当時は汽船もなく、急ぎ帰省して葬儀に駆けつけたが、納棺に間に合わなかった。終生の痛恨、これに勝るものはない。

当時、省城の学海堂で学んでいた。学海堂は嘉慶年間〔嘉慶二十五年、一八二〇年〕に前総督の阮元によって設立され、広東の人々に〔考証学の〕訓詁・詩文を講じた。ここに至って、帖括を捨てて、訓詁・詩文に従事するようになった。訓詁・詩文以外に、この世にいわゆる学なるものが存在することを知らなかった。

己丑の年〔一八八九年〕、十七歳。郷試に合格した。試験官は尚書の李端棻と鎮江知府の王仁堪だった。十八歳のとき、受験のため北京に赴いた。父はわたしがまだ幼いというので、わたしを連れて一緒に行った。李公〔李端棻〕はその従妹をわたしの許嫁とした。落第して帰りに上海に立ち寄り、本屋で『瀛寰志略』を購入した。これを読んで、はじめて五大洲の各国が存在することを知った。さらに、上海の〔江南〕製造局が翻訳刊行した洋書数種を見て、心を惹かれたが、買う余裕がなかった。

その年の秋、はじめて陳通甫〔陳千秋〕と交わりを結んだ。当時、通甫も学海堂に学んでおり、俊才で知られていた。しばらくたって、通甫が語っていうには、「聞くところでは、南海の康先生〔康有為〕が上書して変法を請うたが、上聞に達しなかったそうだ。このたび北京から戻られたので、お会いしに行った。その学たるや、わたしやきみの夢にも及ばぬものだった。わたしときみは今こそ師を得たのだ」。こうして、通甫を介して弟子の礼をとり、南海先生に師事することになった。

当時、わたしは若くして科挙に合格し、また世間で重んじられていた訓詁・詩文の学によく通じていたので、ひとり得意になっていた。しかるに、先生は海潮音のごとき大声で、獅子のごとく吼え、わたしが身につけた数百年来の無用の旧学を次々と論駁し、ことごとく葬り去ってしまったのである。辰の刻〔午前八時〕に拝謁し、戌の刻〔午後八時〕

に及んでようやく辞去したが、背中に冷水を浴びせられ、頭に棍棒を食らったかのようで、一日にしてこれまでの足場を失い、呆然として為すところを知らず、驚いたり喜んだり、怨んだり憎んだり、疑ったり恐れたりで、通甫と枕を並べて横になったが、夜通し寝ることができなかった。翌日にふたたび先生に拝謁し、学問の方針を請うた。先生は陸象山と王陽明の心学を教えられ、さらに歴史学と西洋の学問の概要に及んだ。これより、わたしはきっぱりと旧学を捨て、自ら学海堂を辞去し、日を置いて南海の門下で勉強することを請うた。学なるものが存在することを知ったのは、生涯においてこの時がはじめてである。

辛卯の年〔一八九一年〕、わたしは十九歳になった。南海先生ははじめて広東省城〔広州〕の長興里の万木草堂で学問を講じられた。通甫とわたしの願いを聞き入れてくださったのである。先生は中国数千年来の学術の源流と歴史、政治の沿革と得失を講じられ、世界の国々と比較して推断された。わたしは同学たちと日々先生の講義をノートに記録した。一生の学問の基礎はすべてこの年に得られたものである。

先生はまたつねに仏学の精深博大なことを語られたが、わたしは生まれつき浅はかで、多くを受け取ることができなかった。先生はちょうど『公理通』『大同学』などの書を著しておられ、いつも通甫と議論して、非常に細かいところまで分析をされていた。わたしはひたすら末席に控えて拝聴するだけで、議論に加わることはなかった。その見事さはわかったものの、その根拠を理解できなかったからである。先生が『新学偽経考』を著されたときには、校勘に携わり、『孔子改制考』を著されたときには、編纂の一部を担当した。

『宋元学案』『明儒学案』『二十四史』『文献通考』などが日課であった。万木草堂には蔵書が非常に多く、思うままに渉猟することができたので、学問もいささか進歩した。

この年、はじめて康幼博〔康広仁〕と知り合った。十月、北京に行き、李氏〔李蕙仙〕と結婚した〔本書四―9「追悼」を参照〕。

明けて壬辰の年〔一八九二年〕、二十歳。祖父が亡くなった。これよりおよそ三年間、万木草堂で学んだ。

甲午の年〔一八九四年〕、わたしは二十二歳になった。北京に寄寓し、首都のいわゆる名士たちと広く交際した。六月、日清戦争が起こった。時局に発憤し、時に思いを吐いてみたものの、地位が低いために言葉が重んぜられず、だれも耳を傾けてくれなかった。そこでますます翻訳書を読み、算学・地理・歴史などを学んだ。

明けて乙未の年〔一八九五年〕、講和〔下関条約〕が成立した。広東の公車〔挙人〕百九十人を代表し、上書して時局を申し述べた。しばらくして、南海先生は公車三千人を集め、上書して変法を請うた。わたしも後について奔走した。

その年の七月、北京の強学会が発足した。発起人は南海先生であり、賛同者は戸部郎中の陳熾・刑部郎中の沈曾植・翰林院編修の張孝謙・浙江温処道の袁世凱らであった。わたしは会の書記を任された。三カ月も経たずして、言官〔広西道監察御史の楊崇伊〕に弾劾され、会は活動禁止となった。わたしは会の建物に数カ月いたが、会には西洋書の訳書がいささか買い揃えられていたので、暇な折りにそれらを読破することができた。その後、文章を書きたいという気持ちがますますはっきりしてきた。その年、はじめて譚復生〔譚嗣同〕・楊叔嶠〔楊鋭〕、呉季清〔呉徳潚〕と鉄樵〔呉樵〕・子発〔呉以東〕の父子と知り合った。

北京で強学会が開かれると、上海もこれに続いた。北京の会が禁止されると、上海の会も廃止された。しかし、黄公度〔黄遵憲〕はそのやり残したことを引き継いで、報館を開くことを提唱し、わたしは書簡によって招かれた。

三月、北京を去って上海に行き、はじめて公度と知り合った。

七月、『時務報』が創刊され、わたしはもっぱら執筆の任に当たった。わたしの報館生活はここに始まった。「変法通議」「西学書目表」などの文章を執筆した。

その冬、公度は駐ドイツ公使に選ばれ、上奏してわたしの同行を願い出た。たまたま公度の公使就任が取り止めとなったので、実現しなかった。

駐アメリカ・スペイン・ペルー公使に任命された伍廷芳も、上奏してわたしを参事官として派遣することを願い出たが、わたしは固辞した。かれが強く要請したので、来年になったら行くと約束したが、けっきょく辞退して、報館の仕事に専念した。

丁酉年〔一八九七年〕の四月、直隷総督の王文韶・湖広総督の張之洞・大理寺卿の盛宣懐が、連名でわたしを推薦する上奏をおこない、鉄道大臣に派遣し任用させよとの上諭が下ったが、わたしは知らなかった。しばらくして書簡が来て、上奏と上諭が添付されていたが、わたしは他人に派遣任用されることを望まなかったので辞退した。張之洞がたびたび招聘して幕僚にしようとしたが、固辞した。

おりしも譚復生は官職を得て金陵でひっそり暮らしていたが、一月おきに上海にやって来たので、行動をともにした。復生は『仁学』を著しており、一篇ができあがるたびに、二人で討論した。互いに仏学を研究したが、復生は大いにわたしを励ましてくれた。

十月、湖南巡撫の陳宝箴と湖南学政の江標が湖南時務学堂の総教習に招聘してくれたので、これに就任した。当時、公度〔黄遵憲〕は湖南按察使の官にあり、復生も湖南に戻って、地元の政務を手伝っていた。湖南の同志はその盛んさを大いに称えた。ほどなくして、ドイツが膠州湾を占拠する事件が起こり、瓜分《ちゅうごくぶんかつ》の恐れが全国を震撼させた。

湖南では、地方自治の基礎とするため、はじめて南学会が設立され、わたしも大いに賛成して参画した。時務学堂は精神教育に対して注意を払った。

この年、はじめて劉裴村〔劉光第〕・林暾谷〔林旭〕・唐紱丞〔唐才常〕、および時務学堂の学生であった李虎村〔李炳寰〕・林述唐〔林圭〕・田均一〔田邦璿〕・蔡樹珊〔蔡鍾浩〕らと知り合った。

明けて戊戌の年〔一八九八年〕、二十六歳になった。春、大病を患って死に瀕したので、上海に出て治療した。全快の後、北京に入った。おりしも南海先生が保国会を開こうとしていたので、わたしもあれこれと参画、奔走した〔本書一―5を参照〕。

四月、侍郎の徐致靖の推挙と総理衙門のさらなる推挙を得て、陛下に召見され、京師大学堂訳書局の仕事を命ぜられた。当時、朝廷は変法に鋭意取り組み、諸制度を刷新しようとしていた。南海先生は陛下の厚い信任を得て、その提言はすべて聞き入れられた。復生・暾谷・叔嶠・裴村は京卿〔中央官僚〕として新政に参与し、わたしも諸君子の後に従って、労苦をいとわず力を尽くした。八月に政変が起こり、六君子は国に殉じた。

南海はイギリス人の義侠心のおかげで難を逃れ、そしてわたしは日本の軍艦「大島」に乗り込んで、日本に向かった。国を去ってから、またたく間に四年が過ぎた。

戊戌年の九月、日本にやって来た。十月、横浜の実業界の同志たちと『清議報』の創刊を計画した。それ以来、日本の東京に住むこと一年、少し日本語が読めるようになったことで、思想が一変した。

己亥年〔一八九九年〕の七月、さらに横浜の人々と東京に高等大同学校を設立し、中国人留学生の予備教育をおこなった。すなわち、今の清華学校のようなものである。その年、アメリカの実業界の同志が、はじめて中国維新会〔保皇会〕を設立したが、これは南海先生の鼓舞によるものである。冬、アメリカの人〔華僑〕より招請があり、これに応じた。十一月に出発し、ハワイに立ち寄った。当地には華僑商人が二万人余りいて、引き留められたので、しばらく滞在し、ハワイ維新会を設立した。たまたま伝染病対策を理由に、航路が不通となったため、そのまま半年間ハワイに滞在することとなった。

庚子年〔一九〇〇年〕の六月、まさしくアメリカに行こうとしていたとき、義和団が大いに起こり、中国からの知らせに神経をとがらせていたが、一日に百変するという有様だった。やがて中国から帰国を促す書簡や電報をしきりに受け取ったので、踵を回らせて西に向かった。日本に着いたときに、北京陥落の知らせを耳にした。

七月、少しでも役に立ちたいと考え、急いで上海に向かったが、上海に到着した翌日に漢口の事件〔自立軍蜂起〕が起こり、唐〔才常〕・林〔圭〕・李〔炳寰〕・蔡〔鍾浩〕・黎〔科〕・傅〔良弼〕ら烈士が前後して義に殉じた。公私ともに救いようがなかった。

上海に十日間留まった後、その地を去って香港に行き、それから南洋〔シンガポール〕に渡り、南海に謁見した。その後、インドを経由してオーストラリアを回った。その地の維新会〔保皇会〕の招きに応じたのである。オーストラリアには半年滞在し、西から東へオーストラリアを一周した。

辛丑年〔一九〇一年〕の四月、また日本に至った。

それ以来、日本に引きこもり、またたく間に一年あまりが経った。志したことや取り組んだことは、百に一つも成就できず、日々文章の奴隷となって、空言を述べ立てるだけで、困難な時局に何ら益するところがない。明け方に自ら省みて、ひたすら恥じ入るばかりである。ただ、自分の才能と自分の今の地位を考えれば、これ以外に国民の責任を万に一つも果たすすべはない。微々たるものではあっても、どうして止めることができようか。

この一年来、非才を尽くして中国通史を書き上げ、愛国思想の発達に寄与しようとしてきた。しかるに、歳月は空しく過ぎ去り、未だにその二割も完成していない〔本書二―5を参照〕。ただ、この春には『新民叢報』を、冬にはまた『新小説』を創刊し、学んできたことや思っていることを述べ、当世の明達の人や志ある士に問いただし、中国国民に注意を促す一助となることを願った。

嗚呼《ああ》、国家は多難で、歳月は流れるように過ぎていく。区々たるわが身は、力もないのに任は重い。わが友韓孔庵〔韓文挙〕の詩に、「舌下に英雄無く、筆底に奇士無し」という。

嗚呼《ああ》、筆舌の生活をしているうちに、早くもわたしは中年になってしまった。今後、国民の恩に報いるには、いったいどうすればいいのだろうか。このことを思うたびに、魂が揺さぶられる。鬱積した思いを誰に打ち明けたらいいのだろう。

孔子紀元二四五三年、すなわち壬寅の年〔一九〇二年〕の十一月、任公〔梁啓超〕自ら記す。

（1）サルデーニャ王国がイタリアを統一してイタリア王国を建国したのは一八六一年である。一八七一年のローマ遷都を念頭にしているのか。

6　中国歴史上の革命の研究

【初出】『新民叢報』第四六・四七・四八合刊号、光緒二十九年十二月二十九日(一九〇四年二月一四日)。

【解題】梁啓超は一時期、破壊を主張して革命派に接近し、あくまで保皇を堅持する康有為との板挟みに追い込まれた(本書三―2「変革釈義」を参照)。しかし、一九〇三年のアメリカ訪問後は、考えを改め、革命と距離を置くようになる。この新しい立場を明確に示したのが、一九〇四年の初めに連載を開始した「新民説　私徳を論ず」(『新民叢報』第三八・三九合刊号、奥付は一九〇三年一〇月四日)である。現在のような民徳の堕落した時代にあって、道徳がなければいかなる事業もなしえないとして、救国の志士に対して、まず自らの道徳を確立するよう求めた。そのさい高く評価したのが曾国藩である。孫文はじめ革命派が太平天国を高く評価していたことを考えるなら、それを鎮圧した人物を称揚する意味は、自ずと明らかであろう。

「私徳を論ず」と並行して執筆された本文「中国歴史上の革命の研究」は、中国における革命の歴史をたどり、その限界を具体的に指摘することで、別の面から「中国の」革命を批判した文章である。梁啓超によれば、中国の革命は私人の野心によって発動され、「中等社会」の基盤を持たず、革命家と革命家が争って長期にわたる社会の混乱と異民族の干渉を招いてきた。西洋の革命が社会に利益をもたらしたのとは対照的に、中国の革命は社会に害悪をもたらすものでしかなかった。そこで、性急に革命を求める人々に対し、クロムウェルやワシントンを学ぶよう忠告したのである。その念頭にあったのは、この前年に東京で刊行された革命派の鄒容によるパンフレット『革命軍』であった。

本文は革命そのものを直接否定したわけではなかったが、革命派の反発を招くには十分であった。陳天華は『民報』創刊号(一九〇五年一一月二六日)に「中国革命史論」を発表し、「今日は万事がみな一新紀元を開くべき時であって、昔の事を援用して批判しあうべきではない」として、歴史を持ち出す梁啓超の手法そのものの妥当性を疑った。この文章は陳天華の自殺により未完に終わり、どのような主張を展開しようとしていたかを知ることはできないが、一年半以上も前に発表された本文の主張に反駁の必要を感じたという事実に、その重要性を見出すことができるであろう。

ここ数年来の中国は言論時代といってもよい。ここ数年の中国の言論は、複雑で挙げ尽くすことができない。革命論などは、そのうちで最も有力な言論というべきである。発言する者はその論拠を歴史に求めなければならず、実行する者はますますその因果を歴史に鑑みなければならない。それゆえわたしは中国歴史上の革命を研究し、全国の言論家と議論してみたい。

革命には広狭二つの意味がある。最も広い意味では、社会のあらゆる有形無形の事物が引き起こす大変動は、みな革命である。その次に広い意味では、これまでとは明確に区別され、一つの新しい時代を画す政治上の変化は、平和裏に達成されようが、戦争によって達成されようが、みな革命である。狭い意味では、ひたすら中央政府に対して兵力を向けるものが、革命である。わが中国は、数千年来、ただ狭義の革命しかなかった。いま極端な革命論を支持する者は、ただ狭義の革命に心酔しているのだ。それゆえわたしがここで研究するのも、やはりこの狭義の革命である。

一九世紀は世界中で革命の時代であった。わが中国もその中にあって、一度大革命〔太平天国〕がなされた。ただ、同じ革命ではあっても、その結果には違いがある。いわゆる結果とは、成功と失敗をいうのではない。中央ヨーロッパの革命軍は、失敗したものが半ば以上あるが、それが収めた結果は、成功したものと変わらない。どうして中国だけが違うのか。西洋の賢人は、歴史は民族の性質が紡ぎ出すものだという。わたしは悪果から悪因に遡って、これを探らねばならない。

西洋の革命史と比較すると、中国の革命史には七つの特色がある。

第一に、私人の革命はあったが、団体の革命はなかった。西洋の革命はみな団体の革命である。イギリスの一六四六年の内戦で先頭に立ったのは国会軍であった。アメリカの一七七六年の戦争を主導したのは一三植民地の議会であった。さらに、フランスの三度の革命[1]はみな議員の大多数が発起し、市民がそれに追随したのであった。一八四八年以後、中央ヨーロッパの革命はいずれも上流階級の団体が主導したものだった。まとめて言えば、ギリシア・ローマから近世まで、革命の挙は何十回となくなされてきたが、平民の団体と貴族の団体の争いでないものはなかった。

わが中国だけはそうではない。数千年来、革命の事跡は歴史書に絶えることがないが、それを主導した革命団体を探し求めても、一つとして得られない。わずかに董卓の戦役で、関東〔函谷関以東〕の各州郡が集まって袁紹を盟主に推挙して立ち上がったのが、これに近いだろう。しかし、いくらも経たずして、同盟は雲散した。そのほか、張角の天書・徐鴻儒の白蓮教・洪秀全の天主教などは、あれこれと考えを巡らし、長い年月存続し、多くの人々を集めたが、その行動はみな一、二人の私人の権謀から出たもので、団体の定義にそぐわない。現在であれば、哥老会や三合会の連中で、外から見ればあたかも一つの団体であるが、その実情を観察すれば、そうではない。そのうえ、結集することと数百年以上に及ぶが、革命の成果はついに一度も挙げられていない。今後、もしどこかに梟雄が現れたら、きっとかれに付き従い、かれに利用されるとも限らない。このような団体は決して独力で革命をなすことができないとわたしは断言できる。したがって、数千年来、相次ぐ革命を企て、それに協力し、そのために血を流し、それに勝利を収めてきたのは、いずれも一、二の私人にすぎない。これは、わが国の革命が西洋の革命と最も違う点である。

第二に、野心の革命はあったが、自衛の革命はなかった。革命の正義は、必ずやむを得ずして起こる。やむを得ずとはどういうことか。自衛心である。西洋の自衛はつねに進取を用いる。

中国人の自衛は、ひたすら保守を用いる。ゆえに、自衛のために立ち上がり、革命に従事したということは聞いたことがない。楚から漢への革命でも、たしかに父老は秦の苛酷な法に苦しんでいたが、陳渉〔陳勝〕は「もし富貴になっても互いに忘れないようにしよう」〔『史記』陳渉世家〕と言ったにすぎず、項羽は「やつ〔始皇帝〕に取って代わりたいものだ」〔『史記』項羽本紀〕と言ったにすぎず、漢の高祖は「それがしの仕事は〔兄の〕劉仲と比べてどちらが勝っているだろうか」〔『史記』高祖本紀〕と言ったにすぎない。最初に立ち上がったときからそのような野心を抱いていたのだ。

このほか、趙氏の南越・竇氏の河西・馬氏の湖南〔楚〕・銭氏の呉越・李氏の西夏も、その動機は自衛から生じたものだったが、もとより大局とは関係がなかった。したがって、中国の数十回に及ぶ革命は、客観的には、みなやむを得ないようではあるが、主観的には、みなやむを得ないものがあったわけではない。なぜか。いかに立派な名目であっても、みな野心家の一手段にすぎなかったからだ。

第三に、上等と下等の社会の革命はあったが、中等社会の革命はなかった。西洋の革命の主力は、おおむね中等社会にある。思うに、上等社会は革命の対象であり、下等社会は革命の思想がなく革命の能力がないからである。いま中国革命史上の事実を表にまとめれば、次の通りである〔二九八—二九九頁参照〕。

これによれば、数千年の歴史でいわゆる中等社会の革命を求めれば、周の共和の時代に国人が王〔厲王〕を彘《てい》に流したことがあったが〔『国語』周語上〕、その後はまったく聞いたためしがない（中等と下等を区別することは非常に難しいと疑う人がいるかもしれない。つまり、いずれも拠り所を持たないのだから、中等と下等はどうやって区別するのか、と。〔これにはこう答えよう。〕事を始めた人が善良な市民であれば中等であり、盗賊が命じたものは下等である。下等から徐々に中等に進んだものや、善良な市民を脅迫したものは、ここでは勘定に入れない、と)。

西洋史上の新時代は、おおむね生計《けいざい》の問題が中心であった。すなわち、革命を生み出したのは、生計《けいざい》問題が一つの重要な原因であった。したがって、中等社会はつねに自分自身の利害との関係から、ついに奮起して革命に参加する。中国では、生計《けいざい》はこれまで政治にほとんど影響を及ぼすことはなかった。それゆえ、西洋の革命における最も重要な要素が、われわれには欠けているのである。

第四に、革命の範囲である。わたしは仮に西洋の革命を単純革命と名づけ、中国の(歴史上の)革命を複雑革命と名づけたい。長期議会時代のイギリスには、クロムウェルの一派を除いて、革命軍はなかった。独立時のアメリカには、ワシントンの一派を除いて、革命軍はなかった。ほかの国々の事例もだいたい同じである(成功したものはつねにこれと同じである。これに反して各地で蜂起したものはつねに失敗に終わった)。

中国はそうではない。秦末の革命で項羽や漢の高祖と相前後したものに陳渉と呉広、武臣・葛嬰・周市《しゅうふつ》・田儋・景駒・韓広・呉芮《ごぜい》がおり、こうした連中は何十人もいた。

前漢末の革命で光武帝と相前後したものに樊崇、徐宣や謝禄や楊音、刁子都《ちょうしと》・王郎・秦豊、平原の女子の遅昭平、王常や成丹、王匡や王鳳、朱鮪《しゅい》や張卬《ちょうごう》、陳牧や廖湛《りょうたん》・李憲・公孫述・隗囂《かいごう》・竇融・盧芳・彭寵・張歩、劉永や董憲がおり、こうした連中は何十人もいた。

後漢末の革命で曹操・劉備・孫権と相前後したものに、黄巾の十人余りの部将、董卓・北宮伯玉・張燕、李《り》傕《かく》や郭汜《かくし》、袁紹・袁術・呂布・公孫瓚・張魯・劉璋、韓遂や馬騰、陶謙・張繡・劉表・公孫淵がおり、こうした連中は何十人もいた。

隋末の革命で李氏の唐朝と相前後したものに、王薄や孟譲、竇建徳、張金称や高士達、郝孝徳・楊玄感・劉元進、杜伏威や輔《ほ》公祏《こうせき》、宇文化及・李弘芝、翟譲《てきじょう》や李密、徐円朗・

〔表〕

上等社会の革命
- 成功者
  - 唐の高祖
  - 宋の藝祖〔太祖〕（革命に準じる）
  - 明の成祖
- 失敗者
  - 漢初の異姓諸王
  - 漢の文帝・景帝期の同姓諸王
  - 後漢末の諸州牧
  - 晋・十六国の過半
  - 唐の諸藩鎮（晋・十六国および唐・五代の藩鎮は、その性質が複雑で、すべてを革命と見なすことはできない。いまはその梗概を挙げるに止める）
  - 五代の時期の諸藩鎮

- 明の朱宸濠ら
- 清初の三藩と台湾
- その他

下等社会の革命
- 成功者
  - 漢の高祖
  - 漢の光武帝
  - 明の太祖
- 失敗者
  - 漢初の陳渉・項羽ら
  - 前漢末の赤眉・王郎ら
  - 後漢末の黄巾ら
  - 隋末の李密・竇建徳ら
  - 唐末の黄巣ら
  - 元末の張士誠・陳友諒ら
  - 明末の盗賊ら
  - 清の洪秀全〔太平天国〕ら
  - その他

表の説明　(一)ある王朝で藩鎮に任じられ、土地と人民を擁し、それを拠り所とするものはみな上等社会と呼ぶ。(二)孤児や寡婦を欺き、禅譲の名に借りて国を横取りするものは、革命の範囲には入れない。

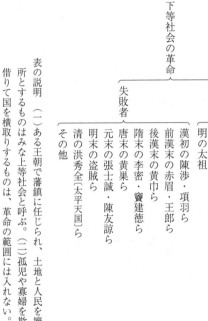

梁師都・王世充・劉武周・薛挙・李軌・郭子和・朱粲・林士弘・高開道・劉黒闥がおり、こうした連中は何十人もいた。

そのほかの各王朝の交替もほぼ同じである(これらの人名を羅列するのは無味乾燥なため、後の時代は省略する)。最近の洪楊〔太平天国〕の役なども、広西の群盗がすでに何年も先んじていたし、その後には捻軍・回族・苗族が次々と蜂起し、かつての王朝と同じであった。

これより見れば、中国に革命がないというならまだしも、もし革命があるとすれば、必ずや数十もの革命軍が同時に蜂起し、原野は死者で満たされ、川や谷は血であふれ〔『公羊伝』僖公十九年〕、国中が乱れ、誰も残らなくなって、ようやく定まるのだ。さもなくば、漢の翟義・魏の毌丘倹《かんきゅうけん》・唐の徐敬業のように、〔新たな王朝を〕創立するどころか、破壊の目的すら達しえないことになる。したがって、西洋の革命は、全国がその利を享受し、革命の害を被るものは一部にすぎないが、中国の革命は、全国がその害を被り、その利を享受するものは一部でしかない。中国人が革命と聞いて戦慄するのは、このためである。

第五に、革命の期間である。西洋の革命は、その相手は旧政府であり、いったん旧政府が倒れれば、革命の気運は収まり、新政府成立後の善後策に取り組めばよい。革命が恐怖政治に変わったフランスのような事例はあまり見られない。そのため、革命の期間は長くはない。

中国はそうではない。群雄が並び起こり、天下が沸き立つのでなければ、旧政府を倒すことは決してできない。このようにして数年経ち、〔旧政府が〕倒れた後、新政府は群雄を平定し、沸き立つ天下を鎮めようと考え、また数年が経つ。したがって、わが中国は大きな革命のたびに長くて数十年、短くても十年余りを要する。これを表にしてみよう〔次頁参照〕。

これより見れば、中国の革命の期間の長さはまことに驚くべきものがある。そのうえ、さらに注意しなければならないことがある。それは、旧政府が倒れてから、その混乱が収まるまでの期間は、旧政府が倒れるまでの期間よりも長いということである(このうち、元から明への交替の状況は例外で、革命軍があまりに無力なために、長らく旧政府を打倒できなかったからで、その性質は前代と異なるものではない)。革命の当初は、みな「わたしの目的は旧政府を打倒することにあるのみだ」と言っていた。いったん事が始まるや、崖から石が転がり落ちるような勢いで、とどまるところを知らず、数十年あるいは百年経っても終わることがない。西洋の新しい言葉に「強権」「強権」というのがある。野蛮な争いでは強権が振るわれるのが通例だが、中国はとりわけそれが甚だ

時代	旧政府が打倒される前	打倒された後	合計
秦末	三年。秦二世皇帝の元年壬辰〔紀元前二〇九年〕、陳渉が蜂起した。三年甲午〔紀元前二〇七年〕、沛公〔劉邦〕が武関に入り、秦が亡んだ。	十三年。高皇帝十二年丙午〔紀元前一九五年〕、陳豨《ちんき》・盧綰《ろわん》を平定し、戦争が止む。	十六年
前漢末	八年。新の王莽の天鳳四年丁丑〔一七年〕、新市と下江で蜂起が起こる。地皇四年癸未〔二三年〕、更始帝〔劉玄〕が長安に入り、王莽が亡くなる。	十八年。光武帝の建武十六年庚子〔四〇年〕、盧芳が降伏し、戦争が止む。	二十六年
後漢末	十二年。霊帝の中平元年甲子〔一八四年〕、黄巾が蜂起する。献帝の興平二年乙亥〔一九五年〕、李傕・郭汜が亡くなる[2]。	八十五年。晋の太康元年庚子〔二八〇年〕、呉を平定し、戦争が止む。	九十七年
隋末	九年。煬帝の大業七年辛未〔六一一年〕、王薄・張金称らが蜂起する。恭帝の皇泰二年〔六一九年〕、王世充が恭帝を弑し、隋が亡ぶ。	十一年。唐の太宗の貞観二年〔六二八年〕、梁師都を平定し、戦争が止む。	二十年
唐末	三十四年。僖宗の乾符元年甲午〔八七四年〕、王仙芝が乱を起こす。昭宣帝の天祐四年丁	七十二年。宋の太宗の太平興国四年己卯〔九七九年〕、北漢の君	百六年

	卯〔九〇七年〕、朱温〔朱全忠〕が〔昭宣帝を〕弑して簒奪し、唐が亡ぶ。	主劉継元が投降し、戦争が止む。	
元末	二十一年。順帝の至正八年戊子〔一三四八年〕、方国珍が蜂起する。二十八年戊申〔一三六八年〕、徐達が中原を平定し、元の皇帝は北に逃れ、元が亡ぶ。	二年。明の太祖の洪武二年己酉〔一三六九年〕、徐達が張良臣を捕らえ、戦争が止む。	二十三年
明末	十七年。思宗〔毅宗〕の崇禎元年戊辰〔一六二八年〕、陝西の流賊〔李自成〕が起こる。十七年甲申〔一六四四年〕、皇帝が国に殉じ、明が亡ぶ。	四十年。清の聖祖の康熙二十二年癸亥〔一六八三年〕、三藩と台湾を平定し、戦争が止む。	五十七年
附、洪楊〔太平天国〕	道光二十三年癸卯〔一八四三年〕、李沅発が反乱を起こす。二十九年己酉〔一八四九年〕、洪秀全が広西で蜂起する。[3]同治七年〔一八六八年〕、李鴻章が捻軍を平定し、戦争が止む。		二十六年

〔附注〕晋・十六国・南北朝の間はたしかに混乱が極まっていたが、その性質は複雑で、純粋な革命ではない。そのうえ、大きな革命の中に、無数の小さな革命が含まれていた。そのため、ここでは表に載せない。さらに、後漢末は旧政府が倒れて以後もなお有名無実の称号が保たれ、その交替は他の時代とは性質がやや異なっているので、厳密に計算すると、その年数はいくらか減少する。献帝の建安十八、九年〔二一三、四年〕で一区切りつくということもでき、その場合は二十年となる。

しく、中国の革命時代にとりわけそれが甚だしい。ちょうどコオロギを戦わせるようなもので、百匹のコオロギを籠に入れると、数日経てばその半分が死に、また数日で六、七割、数日で八、九割が死に、さらに数日でコオロギは一匹を残してみな死んでしまい、それでようやく戦いが止む。数千年来の中国の革命はみなこのようであった。ゆえにその人民は、幼子は戦争の中で生まれ、老人は軍鼓の音にうなされる。朝に猛虎を避け、夕に長蛇を避ける〔李白「蜀道難」〕。亡くなったばかりの兵の霊は悶え怨み、死んで久しい兵の霊は嘆き叫ぶ〔杜甫「兵車行」〕。このことが社会の進歩に及ぼす影響はきわめて大きい。

中国では三十年を一世代と呼んで、人の生命が交替する一般的な期間としている。平和な時代には、先人が亡くなれば、後人がすぐにその缺を補う。社会の能力はそれではじめて継続して途切れることがない。その間に端境期が来ると、進化の作用はついに停止してしまう。

イギリスのファー〔William Farr〕氏は、統計上の学理から人口の死亡率を論じ、「イギリスで生まれた百万人のうち、十五歳から四十五歳の間に肺病で亡くなる人は七万二二三九七人いる。たとえば、各人が三十年間に働いて得られる所得が平均二百ポンドとすれば、肺病だけでイギリス全国の損失は一四四七万九四〇〇ポンドとなる」と述べたことがある[4]。これはたまたま説き及んだ言葉であるが、それだけでも人を驚かせるに十分である。しかし、これはまだ生計《けいざい》上の直接的損害である。間接的なものを言うなら、成人が死亡離散すれば生殖力が損なわれ、人は死ぬばかりで生まれてこず、人道はほぼ途絶えてしまう。中国歴史上の漢末・隋末・唐末の人口を、その全盛期と比べれば、わずか十分の一である（「中国史上人口之統計」[5]篇を参照せよ）。これは殺戮だけに原因があるのではない。生殖力の減少もまた原因となっている。この影響を受けるのは、生計《けいざい》・学術・道徳・風俗の分野で、数年間の群演《しゃかいのしんか》を経てようやく一定の段階に到達するような事で、すべてが突然中断し、混沌となって万物が創成された状態に逆戻りしてしまう。文明が停滞するのはみなこのためである。

　西洋の革命は、その害を被るのは一、二年にすぎず、数百年にわたってその利を享受する。それゆえ、一度革命すれば、文明のレベルは一段階進む。中国の革命は、ややもすれば数十年から百年にわたってその害を被り、その利を享受するのは一、二年にすぎない。それゆえ、一度革命すれば、それまで蓄積されてきた文明は革命とともに亡くなってしまう。これはたしかに東西の得失を映し出しているではないか。

　第六に、革命家と革命家の衝突である。西洋の革命家が共通の敵とみなすのは、ただ現在の悪政府のみであり、その他はみな敵ではない。フランス革命後に諸党派が相争ったのはまれに見る例外である。中国はそうではない。数十の革命軍が並び起こり、同士討ちをする。旧政府だけでなく、それぞれが数十の敵を持つ。これは王朝交替期の通例で、枚挙するまでもない。これはまだ党派を異にするものについて言っているが、党派を同じくするものでも、蜂起するやいなや殺し合うものがいる。陳渉に対する武臣、徐寿輝に対する陳友諒らがそれである。あるいは、事がまさに成就しようという時に殺し合うものがいる。劉毅に対する劉裕、翟譲に対する李密らがそれである。あるいは、事がすでに成就してから殺し合うものがいる。自らの宿将功臣に対する漢の高祖、明の太祖らがそれである。心を一つにして力を合わせ、始終を全うしたのは、後漢の光武帝以外だれもいない。遠い昔に徴するまでもなく、最近の洪楊〔太平天国〕の役では、革命がいまだ半ばに至らない段階で、韋昌輝と石達開が楊秀清を殺した。まもなく昌輝が達開を殺そうとし、今度は諸将が昌輝を殺した。軍が金陵〔南京〕に至り、一息つくや、当初血の契りを結んで義挙に参集した東・西・南・北・翼の五王は、あるものは死に、あるものは亡び、一人として残らなかった。その後、陳玉成が苗沛霖にだまされて、長江の上流はようやく平穏となり、譚紹洸《たんしょうこう》が郜雲官《こううんかん》〔郜永寛〕らに殺されて、ようやく蘇州が下り、ついで金陵が陥落した。官軍が強かったからではない。革命家があまりにもひどかったからだ。わたしはかつて「高尚で厳正で純潔な道徳心がなければ、革命をおこなうことはできない」と繰り返し述べたが、(6) それはこのことを言っていたのだ。当時の洪〔秀全〕・楊〔秀清〕らは、もとより北京政府を打倒する力はなかった。かりにあったとして、その後のかれらと張総愚〔張宗禹〕や頼汶洸〔頼文光〕らとの衝突はどうなったか、苗沛霖らとの衝突はどうなったか、部下の石達開・陳玉成・李秀成・李世賢らとの衝突はどうなったか、これらの首領同士の衝突はどうなったかを考えてみられよ。必ずや前代の血なまぐさい失敗の前例を繰り返すであろうことは、占ってみるまでもない。これはまことにわが中国革命史上の洗い流すことのできない大きな恥辱である。

第七に、革命時期における異族の勢力消長である。嗚呼《ああ》、フランスを見るに、大革命の後、恐怖政治の時代を経て、パリ全体が血の汚れでまみれたとはいえ、なお独力で各国連合軍の干渉をはねのけることができた。まもなくナポレオンが現れ、大いに報復主義を実行し、ヨーロッパ大陸を震撼させた。そこで中国を見てみると、汗で背中が濡れ、涙がまつげを伝わずにはいられない。中国では、国内革命の時代はすなわち異族勢力の侵入時代であった。歴史上の革命と異族との関係を総合してみると、五つの種類に分けることができる。

第一は、革命軍が異族の力を借りて旧政府を倒すものである。申侯が犬戎の力を借りて周を滅ぼし、李世民〔正しくは李淵〕が突厥の力を借りて隋を滅ぼし、石敬瑭が燕雲十六州を契丹に献上したのがそれに当たる。

第二は、旧政府が異族の力を借りて革命軍を倒すものである。郭子儀が吐蕃と回紇《ウイグル》の力を借りて安禄山と史思明を討ち、李鴻章がゴードン〔Charles George Gordon〕の力を借りて洪秀全〔太平天国〕を滅ぼしたのがそれに当たる。

第三は、旧政府が異族の力を借りて革命軍を討ち、共倒れとなったものである。呉三桂が満洲〔清〕の力を借りて李闖〔李自成〕を滅ぼし、併せて明を滅ぼしたのがそれに当たる。

第四は、革命軍が異族の力を借りて政府を討ち、共倒れとなったものである。成都王司馬穎が〔匈奴左賢王の〕劉淵を大単于《ぜんう》にして、力を合わせて王室に対抗したが、成就するにいたらず、晋を滅ぼしてしまったのがそれに当たる。

第五に、革命軍が敗れて後、異族を引き込んで政府の災いとなったものである。前漢初の陳豨・盧綰ら、後漢初の盧芳らが匈奴を引き入れ、唐初の劉黒闥・梁師都らが突厥を引き入れたのがそれに当たる。

これらはみな直接関係があったものである。間接的なものを言えば、劉邦と項羽が争って冒頓《ぼくとつ》単于が強くなり、八王が反乱して十六国の形勢が定まり、安禄山と史思明が反乱して吐蕃と回鶻《ウイグル》が強くなり、五代が入り乱れて契丹が全盛となり、闖〔李自成〕と献〔張献忠〕の毒気が中原に行き渡って満洲がついに関外〔山海関の外〕の部落をことごとく収めた、などがある。これらは、異族の力を借りる前に、すでにその勢力を養っていたのだ。嗚呼《ああ》、漢の高祖の勇猛を以てしても、白登山の戦いで恥を忍び、唐の太宗の英明勇武を以てしても、高句麗との戦いで憾みを残した。わが国の歴史の汚点はいつになったら雪ぐことができようか。最近数十年の西洋勢力の東漸などは、もとより帝国主義が自然に膨張する力によるものだが、常勝軍もそれに少なからず関係している。これを見て慄然としない識者はおるまい。

以上の七つは、みな中国の革命時代に必ず現れる現象である。ものごとは因と果が影響し合い、重なり合うものである。過去の因を識りたければ、今日の果を観られよ。未来の果を識りたければ、今日の因を観られよ。今後の中国は革命によってしか救われないのか、それとも革命しないことによって救われるのか、これはまた別の問題である。革命が中国を救うことができるのか、それとも革命が却って中国を救済不能に陥らせるのか、これがまさしく本論で研究したいことである。

もし今後革命軍が起こり、この七つの悪い特色を免れ、西洋の文明的革命の仲間に入ることができるのであれば、革命はまことに今日最上の法門《みち》である。さもなくば、多くの私人による野心的革命軍が同時に起こり、全国を蹂躙し、数十年にわたって蔓延し、なおかつ仲間同士で殺し合い、その両方が外国に権力を差し出す。こうなれば必ずや「最初に悪例を開いたものの子孫は断絶する」(『孟子』梁恵王上)ことに嘆息し痛恨するに至るだろう。

ただ、わたしが言うまでもなく、今日革命を盲信する全国の志士たちの理想は、この七つの悪い特色とは相容れない。もし今後革命史上に新紀元を開き、種々の汚点をすっかり拭うことができれば、わたしの喜びと期待はこれに勝るものはない。しかしながら、理想と現実は往々にして対応しない。このことはさらに詳しく考察しなければならない。

西洋と中国の革命にそれぞれ特徴があるのはなぜかを考えると、そこには必ず一つの原因があるはずだ。いまわが国の国民全体が受けている因と少数の革命家が作っている因が、これまでと違いがあるかどうかによって、将来の結果がこれまでと同じかそうでないかが決まる。

わたしが見るに、革命の動員対象である多数の下等社会の人々は、みなその血の中に黄巾、闖(李自成)・献(張献忠)の遺伝的性質を含んでいる。わたしが見るに、第一等の革命家を自任する少数の豪傑は、みな道徳や信義を害毒とみなし、その内部には日々楊秀清と韋昌輝が争い合う状況がある。わたしが見るに、民族主義を高く掲げて旗印としているものは、まさに自ら白人のキリスト教を頼り、その力を借りて、自分と異なる党派を打ち壊そうとしている。しかもそれはしばしば見られることである。

　そもそも革命に付き従う者は、必ず多数の人に頼る。だから、その多数の人の性質を見て、わたしは恐れる。革命を主導する者は、必ず少数の人に頼る。だから、その少数の人の性質を見て、わたしはますます恐れる。理想としてはあの七大特色が存在することを決して願うものではないが、事実としてあの七大特色は、結局はなくならないであろうことをわたしは恐れる。これこそ、全ヨーロッパには恩恵を与え、中国には震撼をもたらした革命主義について語って、震えがおさまらない原因である。

　嗟夫《ああ》、いまなぜまたこんなにまで騒ぎ立てねばならないのか。あなたが、革命をせずに中国を救えるという主張を持つのであれば、どうか実際に革命をせずに中国を救う準備をしていただきたい。あなた方が、革命をしなければ中国を救えないという主張を持つのであれば、どうか実際に革命をして中国を救う準備をしてもらいたい。革命をして中国を救う準備とはどういうことか。軍事を学び、会党〔秘密結社〕に働きかけ、武器を密輸入して、わが事は終われりと言わないでいただきたい。必ず謙虚に検討し、どうすればあの七つの悪い特色を免れるか、どうすれば自分たちに付き従うものがそれを免れるか、そもそもまず、どうすれば自分たち自身がそれを免れるかを追求しなければならない。

もしわたしがそれを問われたならば、迂遠で陳腐ではあるが、「あなたが革命を語り革命を実行したいなら、あなたはそれをワシントンに学び、それを最も善良な市民に適用するのだ」と答えるまでである。いま革命の重鎮と称するものが賞賛している「六親〔親族〕を断ち切ってこそ志士であり、五常〔仁・義・礼・智・信〕を砕き棄ててこそ偉人であり、貪欲狡猾で相手を押しのけてこそ力のある豪傑であり、酒・色・金・わがままこそ正真正銘の英雄である」に対しては、某氏が言うところの「刀を首に当てられ、銃を胸に向けられ」(7)ても、わたしはあえて「そ、それは駄目だ。そ、それは駄目だ」と言おう。

わたしがこう言えば、「お前は人を責めてばかりいる」とわたしを罵るものがきっといるだろう。しかしながら、わたしはわが国のために憂い、わが国のために恐れるのだ。わたしはどうして言うのを止めることができようか。わたしが責める対象があなたかどうかは、あなただけにしかわからない。もしあなたが革命を語るばかりで革命を実行する気がないのなら、わたしはもう何も言わない。わたしの話をすべて集めて、粉々にして焼き払えばよい。あなたがもし本当に革命を実行し、革命を実行して中国を救いたいのであれば、耳に痛い言葉も一顧の価値があるのではないか。むやみに騒ぎ立て、「某〔梁啓超〕もわたしの革命論に反対しているが、それは官吏になりたいからだ、満清政府に取り入りたいからだ」と言うべきではない。孔子は「人を以て言を廃せず」(『論語』衛霊公)と言ったではないか。たとえ、その人が本当に官吏になりたいとか、満清政府に取り入りたいという以外に、なんら考えを持ち合わせていなかったとしても、その言葉にたしかに一、二の道理があるのなら、やはりそれに耳を傾けるべきである。

あなたはどうか一度、静かな夜に自らを見つめられよ。わたしが責めているのが本当にあなたでないのならば、あなたと政見を同じくするもののうち、責めるべき人はもとより少なくないと考えなければならない。どのようにしてかれらを変えるべきか。もしかれらを変えなければ、あなたの志す事業は、かれらの手によって失敗することになるだろう。もしわたしが責めているのが、あなたと同様の一、二人であるなら、わたしは悲しみながら泣いて訴える。どうかあなたはこれを改めよ。もしこれを改めなければ、あなたの志す事業は決して成就することができないだろう。もしわたしが責めている人を責めるべきではなく、旧道徳を破壊することが革命家のなすべき義務であるというなら、「刀を首に当てられ、銃を胸に向けられ」ても、わたしは「この論者は実に中国を滅ぼす罪人である。実に黄帝の子孫の共通の敵である」と言おう。

革命論者の中に、「高尚で厳正で純潔な」ものがいることは承知している。ただ、わたしが見るところ、いまの状況は非常に良くないので、わたしは憂い恐れて止まないのだ。わたしはかの「高尚で厳正で純潔な」ものが、フランスのロラン夫人の一党〔ジロンド派〕の二の舞となってしまうことを非常に恐れる。(8) ある人曰く、「あなたが責めているのは、いずれも革命を語る人で、革命を実行する人ではない。どうしてそれほどまでに憂えるのか」。まさしくその通りであるから、わたしは多くを語るのだ。わたしは多くを語るのだ。しかしながら、まさしくその通りであるから、わたしは中国の風俗と人心のために憂えるのだ。わたしは中国の前途のためにますます憂えるのだ。

(1) フランス革命(一七八九年)・七月革命(一八三〇年)・二月革命(一八四八年)を指す。
(2) 李傕が没したのは建安三年(一九八年)、郭汜は建安二年(一九七年)である。
(3) 李沅発が反乱を起こしたのは道光二十九年、洪秀全が蜂起したのは道光三十年である。
(4) メーヨル、スミス著/呉文聡訳『社会統計学』東京専門学校出版部、一九〇〇年、二六四〜二六五頁。
(5) 本文「中国歴史上の革命の研究」と同号の『新民叢報』に掲載された。
(6) たとえば「新民説　私徳を論ず」(『新民叢報』第四〇・四一合刊号、一九〇三年一一月二日)では、「非有高尚純潔之性者、不可以言破壊(高尚・純潔な性格をもたない者は、破壊を口にしてはならない)」と記している。
(7) 一九〇三年に革命派の鄒容によって書かれ、大流行していたパンフレット『革命軍』がである。

「刀を首に当てられ、銃を胸に向けられても、〇〇だ」と連呼したのを逆手にとった表現で

(8) ロラン夫人(Marie-Jeanne Phlipon-Roland, vicomtesse de La Platière 一七五四〜九三)は、フランス革命時のジロンド派の指導者の一人。急進的なジャコバン派との政争に敗れ、処刑された。梁啓超はロラン夫人の伝記「近世第一女傑羅蘭夫人伝」(『新民叢報』第一七、一八号、一九〇二年一〇月二、一六日。『専集』一二、所収)を書いている。

7　暴動と外国の干渉

【初出】『新民叢報』第八二号。奥付は一九〇六年七月六日だが、実際の刊行は同年末。

【解題】清朝の打倒と中国の変革をめざす革命諸団体は一九〇五年、東京で大同団結して、中国同盟会を結成した。中国の革命運動はここで新たな段階に入り、いよいよ活発になってゆく。月刊の機関誌『民報』を発行し、その主義・主張を内外の人士にひろめていったのも、その一環であった。

梁啓超たちは亡命先の日本で、先行して言論活動を展開し、中国の変革を訴えていたから、そうした革命派の活動と無縁でいられるわけはない。梁啓超は一九〇二年に『新民叢報』を発刊し、すでに当時の論壇で指導的な地位を占めていた。同盟会の『民報』は、期せずしてそこに斬り結んで、論戦を挑むかたちになる。

梁啓超の論調も、最も過激な時期を過ぎて、帝制の擁護と立憲制の確立に向かっていたこともあって、清朝の覆滅・帝制の否定をとなえる『民報』・革命派とのあいだで、激しい論争になった。『民報』が発刊まもなく異常な反響を呼んで、版を重ねたゆえんである。

この論戦は中国革命の初期段階における思想界・言論界のありようを鮮明にしたものでもあった。当時の中国が直面していた課題と、今後に向かうべき可能性をうかがうことができる。

革命派はもちろん、立憲派も清朝の政治・存在を謳歌していたわけではない。しかしすでに本書三―6でみたとおり、立憲派・梁啓超の側は、武力で現政府を倒すことは、外国の干渉を導き、中国の滅亡をもたらすとして強く反対した。革命派はそれに対し、あくまで清朝の否定なくして中国の変革はありえない、という立場だった。そこから自ずと、外国の干渉に対する見方と姿勢にも、ちがいがでてくる。それは中国の対外的な姿勢そのものにも、つながってくる問題だった。

華々しい論争だったから、同じ趣旨の文章は、ほかにも少なくない。そのうちあえてこの論文をとりあげたのは、論争が最も昂揚したさなかに出たもので、梁啓超の立場・論旨が明快であるからであり、かつまた自身のほかの論文にも言及しつつ、また相手側の『民報』の引用もふんだんにあって、この分量で当時の論争を一望できるからである。

文中に「ある報」「かの報」「記者」「論者」とあるのは、いずれも冒頭にタイトルを引く『民報』第六号(一九〇六年七月二五日)掲載の汪精衛「駁革命可以召瓜分説(革命は瓜分を招くかもしれないという説に対する反論)」という文章からの引用である。煩瑣にわたるので以下、逐一注記しない。

ある報に「革命は瓜分《ちゅうごくぶんかつ》を招くかもしれないという説に対する反論」という一篇が掲載された。とても雄弁な文章にみえるものの、ほんとうは自らその欠点を隠蔽し、自分を欺き他人を欺いている。そこであらためてその利害をとりあげて、天下の愛国君子といっしょに検討したいと思う。

そこでは、「革命は瓜分を招くかもしれない」という一般の輿論を列挙して、二つの説に分けている。それぞれ甲説・乙説とすると、甲は「革命軍がおこったら、すぐに干渉を受けるだろう」というもの、乙は「革命は自ら干渉を取る道に向かっている」というものである。そして甲説に対する反駁はとても詳しいのに、乙説のほうははなはだ疎略にすませている。甲説に対する反駁は、修辞の多い議論ながら、それでも筋は通っている。ところが乙説のほうは、どうやら弁明できそうにないのでごまかそうとしている。以上はわかりやすい実情ではありながら、いま争論を挑んできたので、ひととおり是正していきたいと思う。

暴動での革命が「自ら干渉を取る」という理由は（かの報の原文には、ただ「革命」というだけである。いまこれに「暴動での」と形容詞をつけた。というのも、たとえばわれわれの政治革命論は、秩序ある革命といえるが、かれらの主張するところは、まさしく暴動での革命だからである)、二つある。第一に対外的な暴乱、第二に内部の衝突である。対外的な暴乱の問題について、弁明はしているけれども、その所説は成り立っていない。以下、引用してみよう。

……「自ら干渉を取る道」だと指弾する向きがあって、「革命家は満洲人の排斥を目的としているのはもちろん、兼ねて外国人の排斥の目的も有している。だから革命にあたっては、人の国権を軽んじたり、人の宗教を蔑視したり、外国人の生命財産を危険にさらしたりする。かくて外国の干渉を招いてしまう。その趣旨は義和拳に照らしてみれば、すぐわかるだろう。……」。しかしわれわれが主張する革命は、これに反する。革命の目的は満洲人の排斥であって、外国人の排斥ではない。……革命をすすめるさいには当然、交戦団体が国際法上の地位にあるかどうか、戦時の法規・慣例にしたがっているかどうかを見定めるから、われわれが自分からそれを犯すはずはないし、そもそも誰がそんなことができようか。だから革命軍は自ら干渉を取る道になるというのは、憂慮のしすぎというものである。

さらに立ち入って論じなくてはならぬことがある。こんにちの内地の暴動は、往々にして排外的な性格を免れない。これはかくれもない。しかしこうした暴動は、自然的な暴動というべきであって、歴史が醸し出したものである。……最近になって、外からの刺激と生計上の困難に迫られて、こうした趨勢が一日もとどまることがない。これは歴史上、自然に醸し出されてきたもの、人為的な呼びかけを待たないものである。こうした自然発生的な暴動は国家に無益なので、もちろんわれわれも深く憂慮している。中国が今日ぜったいに革命をしないわけにはいかないのは、以上に述べてきたとおりだが、しかし自然的な暴動が絶えないのも、やはり述べてきたとおりである。そのため今日の急務は、自然におこった暴動に改良を加えて進化させることである。民族主義・国民主義を普及する方向に導くのであって、それによって国民の責任を呼び覚まし、文明の権利・義務を担っていることを知らしめる。これがわれわれの天職である。かくて共通の目的を定めて、秩序ある革命をおこなう。しかるのちにはじめて、救国の目的が最終的に達成できるわけである。……

およそ以上のように、自ら弁明している。いったいかの報の記者の言によるかぎり、革命が排外の性格を含まないことは、われわれも信じることができる。しかしわが国の歴史に照らして調べてみると、およそひとたび革命軍が起こって、少しでも勢力が大きくなると、必ず多数の革命軍がこれに呼応する。革命軍が多くなれば、絶対に一致した行動をとれなくなる。これは以前の史実で明々白々隠れもない。

論者ははたして暴動が起こったとき、それは単一唯一の革命軍であって、他の軍があいついで挙兵することがない、と断言できるだろうか。またあいついで挙兵した他の軍隊には、まったく排外の性質を含まない、と断言できようか。

いったい「自然発生の暴動は歴史的に醸成されてきたものであり、今日になってはきわめて危うい形勢にある」というのは、論者がよく知っていて、自ら言っている。また歴史的な遺伝に思いを致すなら、その力量は最も偉大なのであって、これを変革しようとしても、一朝一夕に効果のあるものではない。

論者は「自然におこった暴動に改良を加えて進化させる」というが、そもそも談、何ぞ容易ならんや、というべき所業である。いわゆる「改良」「進化」とは、国民の心理をきれいに洗浄して一新しなくてはならない。国民の心理を洗って新たにするには、口先・筆先の煽動鼓吹でできることではまったくありえない。秩序だった体系的な教育に頼らねばならぬ。だから教育機関の整備と普及がなくては、いわゆる「改良」「進化」はけっきょく実現できない。しかも教育機関の整備普及は、必ずや政治革命の実行以後になるであろうから、革命以前の煽動家に暴動を進化改良させるなど、できはしないこと、火を見るより明らかではないか。

論者は「国民の責任を呼び覚ま」そう、というけれども、「呼び覚ま」すことのできる方法とは感情にしかなくて、「責任」の観念が口先で煽り立てるだけで覚醒できるものではないことを知っているのだろうか。

論者の希望するのは、秩序ある革命である。しかし法治国の国民でなければ、何事につけても秩序を保つことは不可能である。いわんや革命という事業は、秩序とは最も相容れない性質があるので、平素から秩序ある民が実行しても、意外なほどに混乱騒擾をひきおこすのが常なのである。それなら平素から秩序のない人民がおこなったらどうなるか。その危険は思い半ばに過ぎるものがあろう。

論者がもし秩序ある革命を求めているのなら、あらかじめ手間暇をかけて、秩序ある国民を養成する手立てを考えなくてはならないし、秩序ある国民を養成するには、まず現状の政治に一大改革をもたらすことを考えなくてはならない。もし現在の政治に監視を及ぼすことに関心を向けず、ただ下々の煽動ばかりにつとめるのなら、たとえ海が涸れ石が爛れるほどに時が流れても、秩序ある革命は永遠に生じることはない、とあえて断言する。残念ながら論者のとっている手段は、まさしくこれにあてはまる。だからいかに秩序ある革命だと自称しようとも、その結果はやはり自然的な暴動と選ぶところはない、とあえて断言したい。

ベルギーの碩学プラン(現代刑法の大家)によれば、(1)

群衆の心理学では、群衆を二つに分ける。ひとつは有機的群衆、いまひとつは無機的群衆である。無機的群衆は無面識の人々が偶然集合したものである。この集合体はその全体性《トータル》が、個人《ユニット》より劣っていて、雷同附和するや、たいへんな力を発するけれども、その集散ははかりがたくきわめて暴発しやすい。多数群がるから、悪をなすさいには、善をなすより勇敢になり、些細なことで一変して、犯罪的群衆となってしまう。こうした群衆の特色は、加入した者がその秩序的性質をにわかに変えて野蛮的本能を発揮させてしまうところにある。(2)

とあって、ここからも突然に集まった団体は、これほど危険な性質を持っていることがわかる。そして暴動事件は、どんな国でもどんな時代でも、呼びかけに集まった群衆から発生するのであって、それが必ず「無機的群衆」になってしまうのは、至って明らかなことである。たとえ革命軍の主導的な内部団体の数名が「有機的」な組織をつくっても、その他の多数の随従者はもちろん呼びかけに応じただけの人々であり、四方から呼応してきた者にいたっては、さらにいわずもがなである。十八省〔中国全土〕もの規模で、もし時を同じくして政情不安になって、このような多数無数の「無機的群衆」が居合わせて、暴発に向かえば、はかりしれない混乱の極に達してしまうだろう。それなのに一、二人の力で、そんな群衆を制御して一糸乱れず規律ある行動をとらせる、というのは、まったく書生の見であって、架空の理想論でしかない。

いったい世界で最も頼りになるのは、感情の右に出るものはないが、最も恐るべきも、やはり感情にまさるものはない。感情が発動してしまうと、病人・狂人が突然神がかった力を発揮するように、その変幻ぶりは普通でははかりしれないコースを描くし、その勢威は常人ではおさえることのできないほど凶暴にもなる。

かのフランス革命を知らぬわけはあるまい。最初によびかけた人が、十日で二十万人をギロチンに送るなんて、あらかじめ計画していたはずもない。しかし結果はそうなってしまった。もはや主導者のコントロールできるものではなくなっていたからであろう。

そんな遠くに事例を求めるまでもない。昨年の日露講和のときにあった日本国民の暴動事件〔日比谷焼打事件〕を論じてみよう。最初によびかけた人物は政府の外交の失敗に憤って条約の調印をやめるよう要求したかっただけで、まったく排外の性質は含まなかったのは、誰もがわかるところである。それでもその影響は波及して、ロシア・フランスの教会や居留民に暴行を加えるほどにまでなった(当時、東京の各紙に、みなその事件を掲載している)。ひどいのになると、戦禍の導火線はわが中国に由来するといって、わが留学生に怒りを移す者さえいた(これは当時の風聞だという。しかしながら駿河台の清国留学生会館付近に警察の警護があったことは事実である)。幸いに日本の警察は強力完璧で、暴動も短時間しか続かなかったから、ほかに変事は起こらなかったが、万一のことがあったら、これで国際問題を醸成してしまうところだった。日本外交もとめどない難題を背負うことになっただろう。

長く教育を受け、次第に法治国家の国民の資格を備えつつある日本人をもってしても、いったん感情の奴隷になってしまうと、このような不可思議な悪現象を生み出しかねないのである。わが国の暴動的革命なら、いうまでもあるまい。

その暴動の波及する範囲は、日本に百倍するであろう。これが第一。第二に、その暴動が経る時間が百倍。第三は、暴動結社に参加する人が百倍。にもかかわらず、第四に、一般人の受ける教育・備える常識と法治に習熟するレベルはとても日本に及びがたい。また第五には、革命軍が決起したての時期は、軍事に忙しく一点に集中するばかりで、警察機関の整備や普及が、とても日本のようにはいかない。

しかもわが国民の排外思想は数千年来の遺伝を承けたもので、無事平時からいつでも試してみようとしている。以上が第六。また第七には、各国が近来われわれにとってきた手段のために、われわれは怨念をつのらせ、久しく雪辱したいと思うようになっている。さらに第八、革命家のとなえる民族主義・国民主義は、狭義でいえば、専ら満洲人と君主を相手に立論しているけれども、広義でいえば、あらゆる異民族・外国にまで、その前線は及んでいる。煽動の勢いあまって、深謀遠慮に欠く連中の誤認を招きかねない。

かようにたくさんの要因があるのに、一つの蜂起に万里が呼応すれば、「共同の目的を定め、秩序ある革命を遂行」できる、絶対に外国に干渉する口実はあたえない、というのは、人を欺くのでなければ、きっと自分を欺いているにすぎない。だから論者はいかに長広舌をふるって自分をごまかそうとしても、いかに円満な理想をかかげて自分を慰めようとしても、わたしはあえて一言で、その迷妄を指弾し警告させてもらおう、「その結果は自然発生の暴動と変わりようがないのだ」と。

諸君はすでに、自然発生の暴動を国家の不幸だとみて、深く憂慮している。だからこそ、わたしは諸君のとる手段に、深い憂慮を禁じ得ない。理由はわかるだろう。内部で衝突して自ら干渉を招いてしまうからであり、これはかの報が忌避して言わないところなのである。しかし当然、われわれは以前、その利害のあらましを述べたことがある

(本報第四号、三五〜三六頁を参照)[3]。いまその所説をつきつめてみよう。

暴動主義が中国を亡ぼしうるとして深く恐れるのは、ひとえに破壊してしまった後では、建設が不可能だからである。そして建設不可能だと断言するのは、共和政体をとなえているからであり、その共和政体たるや、今日の中国では施行できないとしか思えないからである。

共和政体とは歴史上の産物であって、その人民にある種の資格がそなわらねば実行できない。さもなくば、強いて西施の顰みに倣おうとしても、いたずらに擾乱を増すのみ、フランスや中南米諸国が好例であって、覆轍があいついでいる。すべて明白に殷鑑となすべきものであろう。

しかもわが中国の今日の国民のレベルは、そうした国々をはるかにしのいでいるわけでもない。さらにわが中国の広大さ、各省の利害が一致しないこともあって、共和制を実行するのは、かの国々よりいっそう困難なのである(現代・古代を問わず、共和政体というものが発生、成立できる条件は、つねに小国であることだ。いまアメリカ合衆国は巨大な共和国であるが、しかし実は四十あまりの小国〔州〕が結合してできたものなのである)。

いったい百年前のフランス〔革命〕の惨劇は、誰でも知っていることだろう。中南米諸国については、たとえばボリビアは、歴代十四人の大統領のうち、終わりを全うできた者はわずか一人だけである。サント・ドミンゴでは、一八六五年にスペインから独立してから今に至るまでわずか四十年、その間に大小の革命は、およそ五十回あまりあった。ほかの諸国も、おおむね大統領選挙のときになると、ただちに殺人は野に満ち、流血が河を成す、というありさま、数年ごとに必ず革命が起こるのが恒例になっている。これはすべて共和制に適さないのに、共和制を強行してしまった結果なのである。

わが国がもし暴動後、軽率にこんな政体を建設したら、政権争奪から生じる惨劇が、必ず想像を絶するほどにまでなろう。たとえば軍人と民間人の争い、労働者と上流階級の争い、党派と党派の争い、省と省の争い、紛糾混乱、いつ何が起こってもおかしくなくなる。しかもまだ法治に慣れていない国民で、これにあたるとなれば、争いの結果、解決を求めようと武力に訴えるのは必定である。〔共和制なら〕大統領が一国の最高権力を有するポストになるが、もし四年で大統領を改選するなら、四年に一度は全国に大革命が起こり、三年あるいは五年の改選なら、やはり三年あるいは五年ごとに、大革命が起こるだろう。

これだけにとどまらない。わが国は広大なので、その一省は他国では国全体にもあたる。だから省の総督ともなれば、その権限はやはり厖大なもので、争奪の的になりかねない。もし総督を民選で任じるとすれば、改選のたびにその省でも、同じように革命が起こるだろう。しかも大統領・総督の改選時ばかりがそうではない。たとえ平時にあっても、事件さえ発生すれば、政権の更迭をうながし、全国の騒擾を醸し出すことになりうる。紛糾混乱、国に安寧の時などありえない。

しかし以上は、なお建設後についてのことである。むしろ最も危険なのは、新たに破壊して、まだ建設できない時にある。中央の旧政府が倒れたのに、新しい共和政府が成立できないか、あるいは成立してもすぐ衝突が起こっては、中央は麻のごとく乱れるし、しかも地方各省も兵火を経たばかりで、人民の生活は憔悴しきっている。それに加えて騒乱の機運が高まっては、乱を好むのが人の第二の天性だから、自然発生の暴動が次々に起こるだろう。しかし政府の限りある軍隊で、この広大無窮の国土すべてを平定することは不可能である。

こうして秩序がいったん破壊され、回復できないとなると、つづいて外国の干渉が起こる。その干渉はどんな順序になるのか。当初は必ず、この機会を利用して、尋常ならざる利益を独占したい一、二カ国が出てくる。そうすると、他国がそれを嫉視して、牽制する手立てを考える。嫉視牽制したあげく、やむなく協調する結果となる。その協調はどうするのか、といえば、かつての王統を傀儡に擁立し、共同で監視することになるだろう。以上は筆者が以前、もちろん述べたことのあるものである。

新旧の政府がいずれも亡びて、国内に王統を継承できる歴史的な根拠をもつ者が誰もいなくなると、旧王統の親族・遠縁の者が庇護を求めて外国に逃れている場合もありうる。そこで連合軍はそうした人を傀儡に擁立する。……この傀儡の廃立は以後、まったく外国人の思いのままになって、中国は永久にエジプトのようになってしまう。もしこれがほんとうなら、革命軍の素志は満洲王朝の皇統を廃絶しようとしていたはずなのに、満洲王朝を最終的に廃絶できなくなり、もともとあった皇統を傀儡の皇統に変えたにすぎなくなってしまう。それならあえて問いたい。中国の前途にとってはそれが果たして利益なのか害悪なのか、「革命」をとなえる者がどうしてそれを喜ぶのか、と。(本報第四号、三五〜三六頁を参照)

嗚呼《ああ》。以上は何もわたしが好んで耳目を驚かせるため、不吉な言葉を並べているわけではない。破壊した後に建設はできない、という結果を予測しているだけで、その趨勢はここに至っては、もはやとどめがたいのではなかろうか。わたしが「暴動は干渉を招きかねない」というのは、ひとえにここに着眼するからである。そうした危機に思い至るたび、動悸を禁じ得ない。願わくば、天下の愛国君子のすべてにここをじっくり考えていただきたい。

かの報はさらに、以下のように言う。

問「いま外人が恐れているのは中国人の排外で、少しでも事件があると、すぐ軍艦を派遣する。たとえば南昌教案では、フランスは軍艦を派遣したし(4)、広東の鉄道問題で官民が騒擾を起こしたときも、各国はやはり軍艦をよこした(5)。およそこうしたことは、ミニ干渉の現象ではないのか」。

答「これは干渉ではなく防衛である。……けだし国家がその領域内で自ら保護を与えられずに、外人に損害が及ぶようなことがあったら、それを正すことができる。……しかしもし緊急に危害が及んで、間に合わないおそれがあるとき、防衛の手段として強制力を他国の領域内で行使することは、国際法でも認めている。そういうわけで、内地に変事があって、外国人の生命財産に危険の及ぶような事態になれば、外国は災難から防衛するため、軍隊を派遣して保護にあたる。これを道理がないとはいえないから、干渉とは異なるのである」。

これは法理の上からの立論であれば、たしかに論難はできないようにみえる。しかし各国の政策は、往々にして法理を利用し、法理を曲解して護符とするものがある。これはやはり察知しないわけにはいかない。

最近の事実を例にあげてみてみよう。ロシアは義和団事件後、満洲に軍隊を駐在させたが、これは論者が国際法上、正当防衛とみなすものではないのか。しかしどうして、撤兵の期日が遅延に遅延を重ね、満洲がその領土となり日露の大戦争が終わるまで、この問題が解決しなかったのであろうか。

では、試みに一つ仮定してみよう。革命軍が起こったとき、その主導者は自ら戦時の法規慣例を遵守でき、外国人の生命財産に危害が及ばないと宣言しても、おそらく外国人にはにわかに信じられないだろう。かくて最後には、国際法上の正当防衛を口実にして、軍隊を自らの勢力範囲とみなす領域内に駐留させるだろう。

たとえば日露なら満洲、ロシアならモンゴル、ドイツなら山東、フランスなら広西・雲南となり、そのほかA国の某省・B国の某省などみなそうなってしまうだろう。こうなった時に、革命軍はそれを責められまい。なぜか。相手は法理を盾にするからである。

しかも旧政府が破壊されてまだ新政府が発足していない（あるいは発足しても鞏固でない）時点では、地方の情勢はまちがいなく混乱をきわめているので、向こうはそこを口実にして軍政を布き、ひどくなれば民政まで布きかねないが、革命軍は阻止できない。たとえ旧政府が潰えて軍事がおおむね落ち着いても、秩序が壊れたばかりで国民も騒乱の記憶が新しいと、とにかく各地で大小の騒乱が、絶え間なく勃発するだろう。新政府が各国に撤兵を要求しても、その国に狡猾な人物がいれば、いくらでも口実は作れる。以前のロシアの事例が先例になろう。その時になれば、新政府がどのように詰責しようとも、相手は終始国際的な自衛権を口実にするので、そこに永久に抜きがたい勢力を植え付けてしまうだろう。戦争にうったえることなしに解決はありえない。

それで戦争をするといっても、新政府は成立したばかり、疲弊した直後で、内部の紛争はしばらくやまないとなれば、そこまでの力があるといえようか。たとえ、できる、といってみたところで、一国に対してですら危ういのに、もし二、三国以上あればどうすればよいのか。連合軍と変わらないのだから、そうなれば新政府は滅亡の可能性がある。国家もそれにしたがって亡べば、革命軍は亡国の罪人だということになる。その困難さを察して戦わなければ、生き長らえるため屈辱を忍ぶことになるが、それでも一部の国家主権は喪失してしまうだろう。ここでもやはり、革命軍は亡国の罪人である。

もしわたしのこうした仮定が現実となったら、革命軍の国を亡ぼす罪は、いかに逃れようとも、免れることはできない。しかしわたしのこうした仮定は、なお革命軍が徹頭徹尾、自ら干渉を取る道をまったくたどることがなかったなら、うまくいく、ともいっているのである。ここまで論じたのは、外国に対する暴虐や国内の衝突によって干渉を生じるといっているのであって、ひとたびそうなったら、この仮定の結果さえ望み得なくなろう。

論者はまた「近年、各国は軍隊を動かすのに慎重であって、いやしくも国家の大事に関わり、兵力が十分に維持できないのでないかぎり、軽々しく国民を動員するとはいわない」という。そのとおりである。だからといって「中国の大暴動の影響は、他国の国家の大事にまったく関わらない」というなら、その発言はあまりに浅薄ではなかろうか。

たとえば「商務」をとりあげてみよう。これは論者が「単純な原因」と指摘し、重視するに足らないといっているものだが、今後の世界の大勢が、経済的な競争が最も重要であることを知らないものであって、「商務が国家の大事と関わらない」というのは虚妄である。論者は最近の統計によって、中国にいる某国人が何人、某国人は何人と列挙しながら、その国の政府・議会が「こうした人々の生業のために、にわかに軍隊を動員する」ことを断じて承認しない、と言うが、まさに児戯に類した発言である。

もし互いの関係がこうした国ごとに、わずか千人から数千人の居留民だけにとどまるのであれば、わが国に侵入する外国人の勢力も至って微弱だといってよい。それでもわが国の朝野上下の有識者というべき人々なら、みな外患の容易ならざることを深く憂慮している。それがみな杞憂だとはとてもいえまい。

交通が大きく開けた今日のような世界では、経済に国境はない。髪を一本引っ張れば全身が動かされるようなもので、わが中国が暴動のために連年戦争をするようになったら、ロンドン・ニューヨーク・横浜・ベルリンの銀行は、無数の倒産をきたして、経済学者のいわゆる恐慌時代が全地球を覆うこともありうる（義和団事件でアメリカ南部の綿花業の大工場は、四十家あまりのうち八家が倒産し、ほかもみな欠損を出した。これはわたしがアメリカを旅した時、向こうの人々がしきりに口にしていたことである。昨年〔一九〇五年〕、上海で会審衙門暴動事件・ストライキ[6]がおこると、数日経るだけで横浜の金融《ママ》界が大恐慌をきたして、このために廃業した中国人の商店は三家にのぼった。これはわたしが横浜で目撃したものである。以上は些細な事例をあげたにすぎない。ほかは推して知るべしである）。

各国はこうした現象に対し、旧政府が速やかに倒れるのを希望するか、革命軍が速やかに滅ぶのを希望するかにかかわらず、要するに両者が長期間、相持して下らないことを望まないのは、すぐわかる。もしこのような希望がいずれも達成できなければ、奮起して一方を助けて一方を打倒するであろうことも、予想のつくことであって、絶対にありえないこととともいえない。こうした事態が発生したら外国が旧政府を助けるのか、革命軍を助けるのかは、やはりすぐわかることだろう。

たとえ論者の言うように、商務が国家の大計に関わりがないのだとしても、中国にもし大暴動があったら、各国の中国に対する姿勢が、あるいは一変するかもしれない。これはやはり考慮しておかないわけにはいかない。論者は「各国の対中政策は、勢力均衡を維持するために、ここ数年来、瓜分主義から一変して、門戸開放・領土保全主義となった」といって、絶対に他人がわれわれに害を及ぼすことはないと信じている。しかしながら、日本の松本君平博士の言によれば、

支那を保全するというのは、列強の憲法ではない。以前の瓜分《ぶんかつ》の説は、日露戦争の結果、その勢いをまったく失ったけれども、燎原の火のようなもので、猛威がしばしばらくやんだからといって、また少し火がつけば、あらためて燃え広がるかもしれない。(『政友』第七五号、第六頁)(7)

とあって、至言というべきだろう。

そもそも「瓜分《ちゅうごくぶんかつ》」の説は、乙未〔一八九五年〕から庚子〔一九〇〇年〕の六年間が、きわめて盛んだった。それ以後は日増しに勢いを失い、昨年来いっそう下火になった。なぜこんなに変化が速いのかといえば、じつに東アジア情勢自体の変化がそうさせているのである。

原理原則に拘泥し臨機応変を忘れては、およそ政策とはいえない。千古の通則である。だから各国の政治家は、外に対するにあたっては、主観的な原則は一定の方針を持しながらも、客観的な情勢に応じて変化をみせないわけではない。その一つ、二つの宣言をとりたてて不変の政策だとみては、実情からは乖離するだろう。

いったい、一八九八年にアメリカが門戸開放主義をとなえて以来、ヨーロッパの諸大国は書面で同意を表さない国はなかった。それでもロシアの満洲経営も、ドイツの山東経営も、思うがままだった。以前このように頼みにならなかったのに、今後そうなるといわれても、誰も信じまい。

要するに、いま世界の列強の中国政策は、二大潮流に分かれる。ロシア・ドイツ・フランスが侵略派であり、イギリス・アメリカ・日本が保全派である。こうした形勢は十年前に起こって今日にいたるまで、変わったことがない。そして現在は、にわかに保全派が優勢をしめ、侵略派の勢力・発言はひとまず下火になっている。けれども、それで永遠に侵略が起こらないとするなら、隣国をみるにあまりにも疎漏というべきだ。

ところが論者は「ロシアはいま敗れたばかりで休息をはかっており、フランスは汲々として平和をとなえている」という。しかしわたしが事実を調べたところ、ロシアは満洲方面で失敗したけれども、モンゴル方面では進出を続けるつもりで、敗戦したからといって、その計画をやめたわけではない。フランスはベトナム経営を着実にすすめており、それが「汲々として平和をとなえ」る証拠だとはどうしてもいえない。

しかしドイツが「最も陰険なたくらみを蔵している」〔というのは首肯できる〕。日露戦争の講和以後、わが国に対してそれまでの恫喝政策を一変させて懐柔政策をとってきた。侵略派の気勢が殺がれて、目前は思いどおりにならないのに鑑みて、いたずらにわが国の怨嗟を買ってみすみす均霑《きんてん》してもらえる利益まで失うよりは、豹変するにしかず、忽然と今回の奇怪で劇的な一変を演出して見せたわけである。しかしこれはいわゆる「司馬昭の野心は、道行く人みな知っている」〔『三国志』魏志・高貴郷公伝〕たぐいで、侵略の野心がすでに消沈したとみることは決してできない。

けだしドイツはいままさに人口増加に悩んでいて、植民事業を発展させられるかどうかが、実に国家の死活問題となっている。ところがドイツは後発の列強だったから、地球全体をみわたしても、勢力をのばせる余地がない。そのためはるか極東にまで、そのターゲットを求めているわけで、何も好き好んでそうしているのではなく、国の情勢に迫られてやむなくそうしているのである。こうした政策が最終的に成功するか失敗するかはわからないけれども、当面すこし挫折したからといって放棄してしまうことはありえないのは明白だ。

それなら侵略派の以上三カ国は、今さしあたってその企みを休止しているけれども、東方の形勢に変化があって、乗じる機会を得られたなら、きっと再び侵略が発動するだろう。

イギリス・日本・アメリカについては、それぞれの利害が矛盾していること、もちろん知らない人はいまい。しかしイギリスと日本は、日英同盟を更新しており、中国に関して規定したところ、大綱が三つあって、領土保全・門戸開放・機会均等である。(8) 論者はしばしば「保全」「開放」の二つを引いて各国の対清根本政策とするけれども「機会均等」の一語を忘却している。だとすれば、やはり隣国をよく見ているとはいえない(もしこの語を忘却したのでなければ、きっと抹消して自分を欺き、読者を欺いているのだろう)。

そのいわゆる「機会」とは、概括的な言葉で、具体的に何を指しているのかは、わからない。しかし「領土保全」という文言がある以上、その「機会」の中身は、きっと領土の略取ではあるまい。そこはわたしも信じられるところである。しかしそのほかの「機会」はおびただしくて、およそつかみどころがない。そしていわゆる「機会」には、彼我双方に利益になる場合もあるけれども、多くは相手に有利でこちらが害をうけるものであって、これもすぐわかることだろう。それなら、どうして「領土保全」「門戸開放」の宣言があるからといって即、それで安心できるといえようか。

わたしの考えでは、中国全国の秩序が崩壊した日が、とりもなおさず列強の対清政策に一大変化が生じる時となる。消沈した侵略派はきっと再びボルテージをあげるだろうし、保全派の「機会」も、それにともなって到来する。露仏独三カ国は必ずやまたぞろ、国際自衛権を口実に、以前の満洲進駐のようなやり口をくりかえすだろう。英日米の三カ国はわが国の暴乱に対して自衛をおこなう一方で、外国の侵略にも自衛をおこなうだろう。初めのうちこそ、外国はともども同じ行動に出ざるをえないだろうが、その終局がどうなるかは、その二派の勢力の強弱によって決まる。侵略派が優勢を占めれば、中国はそのために瓜分を招来するかもしれない。保全派が優勢を占めれば、列強は協議してこの問題を解決しようとするだろうが、協議の結果はいわゆる「機会均等の主義」を実行するばかりである。

もし中国の暴動によって露仏独の三カ国が野心をいだけば、英日米の国家の大計に関わって、その影響は軽微とはいえない。英米はともかく、日本はまさしく国家の死活問題である。それに直面して、形勢が容易ならずとみなし、革命軍が間接的に侵略派の勢力を助けることになっていると確認すれば、侵略派の野心が達成されないうちに干渉にうったえるであろう。別に意外なことではない。そうならなければ、両派の勢力が対立し、短兵急に迫って決着をつけるに至るが、要するにどちらが勝っても負けても、わが国家の幸福ではありえないのである。

いったい、今日の大勢で論ずれば、侵略派の勢力は最終的には、保全派に勝ることはできないと思われる。果たしてそうなら、暴動が起こった後の列強の中国政策は、おそらく瓜分まではいかず、協議にとどまるであろう。では、その協議の結果はどうなるかといえば、おそらく義和団事件の善後処置の故知にならって、機会均等の効果を実質的に収めるため、旧王統を保護するばかりだろう。まして新共和国政府など、決して建設できまい。そんなことをしては、外国にさらなる口実を与え、干渉の挙の実行を早めるだけだ。それなら、革命軍は外国人の走狗になるばかりか、少しも国家に裨益するような長所はないことになろう。

論者はまた、イギリスのトランスヴァール戦争・アメリカのフィリピン戦争などの前例を引いて、「軍数万を動員して数年ものあいだ転戦し、無数の人命・金銭を費やしたあげく、ようやく目的を達した」といい、以上を干渉が難しい証拠として、各国がこんな下策に訴えないだろうというのであるが、これは一知半解である。

トランスヴァール陸軍の強さは天下にとどろいているのに対し、イギリス陸軍の弱さも天下にかくれない。イギリスは補給線が伸びきったから、トランスヴァールは相手を翻弄して、はじめから圧倒的な優位にたった。またイギリスは当初、トランスヴァールを侮っていたから、軍隊もあまり動員せずに一挙に殲滅できると豪語した。撃退されるにいたってようやく援軍を増派して、あらためて再挙をはかるのに数カ月かかったのであり、以上がなかなかイギリスの成功しなかった理由である。

またアメリカも同じである。いまから十年前はなお、軍備第一主義をさげすんで口にしようともしなかったので、その陸海軍はいずれも微々たる規模でしかなく、列強からほとんど相手にされていなかった。ところがフィリピン併合では、その野望をとげるため、にわかに懸軍万里、遠洋を渡って深入りすることになった。だから長い歳月がかかったのである。

もし中国に暴動があって干渉を招くとしたら、その形勢と敵国は、上の場合と大いにちがっている。中国で秩序が崩壊して回復しなければ、その影響を最も身近に受けるのは、日本である。各国が協議した結果、もし連合軍を組織して干渉することになれば、まず頼りにするのは、やはり日本である。義和団事件でもイギリスは日本に打電して、まず軍隊を派遣するよう要請した。これは以前、実際にあったことであり、かの日本は半月あれば、余裕綽々《しゃくしゃく》で四十万の大軍を中国に送り込むことができる。かの国の軍事専門家はよく知っていることだし、また事実からも明らかである。それに日本陸軍の強さは、わが国の人々もみな見てきたことだし、また各国の人々も同じ認識であろう。

だから各国が干渉してこないのならともかく、干渉がほんとうにあったとしたら、日本だけの力でわが革命軍の死命を制してあまりある。大軍で北京を守れば、革命軍は中央政府をまったく動かすことはできなくなるし、大軍で武漢を押さえれば、どこを突撃突破しようにもかなわず、袋のネズミになってしまう。

干渉のために困難を生じる結果が、トランスヴァールでのイギリス・フィリピンでのアメリカのようなわけにはいかないのである。いったいトランスヴァールのイギリスにしても、フィリピンのアメリカにしても、目的は併合することにあり、反乱がまったく平らいで民政が確立するに至らなくては、成功したとはいえない。しかし中国の内乱に干渉するのなら、革命軍の武力を破摧して、旧政府に恩を売れば、それでおわり。善後処置はやはり傀儡の旧政府があたり、干渉した軍の側が自ら直接にこうした困難な折衝にあたらなくともよい。だから比較するなら、日本が朝鮮に対してとった方法をみるべきであって、イギリスがトランスヴァール、アメリカがフィリピンに対したさいの先例ではない。

以上は干渉が実行された場合のことである。もし「干渉」という名目によらないなら、国際自衛権を口実に、自ら認める勢力範囲に軍隊を駐留させ、たてこもる形勢にもっていくだろう。革命軍は自ら謳った文明的な戦時法の慣例に束縛されて、そこに口出しはできない。かの外国はまったく戦闘力を費やさずに、莫大な収穫を手に入れることができるのであり、これではいよいよ、革命軍を走狗にしたいと祈る外国人の思うつぼではないか。

以上に論じてきたことは、いずれも革命軍が自ら干渉を取る道にこだわるために干渉が生じ、各国が協議した結果で干渉が完成するものである。しかしながら、干渉がもたらされるのは、そもそもこの場合に限ったことであろうか。かの報は、反駁すべき甲説の第七項目で、

革命軍が起こったら、〔清朝〕政府の勢力は安定を欠くようになるので、必ず外国に助力を求め、外国が出兵して内乱平定を助けるので、そのために莫大な報酬を受ける。

との一文を挙げ、これに反論して、

いったい虜〔清朝政府〕がこうした謀略をするのは、あるいは予想がつく。しかしある一国から兵力を借りるだろうか。そんなことをすれば、虜が先んじて各国のタブーを犯すことになり、各国は勢力均衡を失うのを懼れて、あいついで詰責するだろう。これでは、自らを苦境に追いこむだけだ。あるいは各国から兵力を借りるだろうか。それなら、各国の軍隊は虜に従属しないし、雇用されたわけでもないので、そのために死力を尽くす謂われがない。

という。しかしこのような議論は、わたし自ら反駁するまでもない。向こうが外国人の言を引用重視するなら、こちらも外国の名士の発言を引かせてもらおう。日本の自由党前党首の板垣退助伯爵である〔雑誌『大日本』第六号・第七号所載論文「東洋ノ平和ト清国ノ立憲制採用ヲ論ズ」〕。

清国が今のまま変わらなくては、革命戦争が南方で勃発するのは免れまい。革命がいったん起これば、〔愛新〕覚羅氏の朝廷は長期的な利害をはかる余裕はなくなって、目先の緊急事態を脱するのを願うだけになってしまい、きっと自らの地位を守るためロシアの勢力を借りるにちがいない。そのとき日英の利害はどうなるのか。日本は〔明治〕三十七・三十八年の戦役（日露戦争をさす）の成果をまったく失ってしまうし、イギリスの東洋政策も大打撃を被る。清国の保全はこれで破綻し、東洋の平和もこれで紊乱するだろう。こうなっては日英両国の忍耐できるところではないので、叛乱の予兆があったなら、日英は先んじてそれに干渉して鎮定をくわえねばならない。(9)

以上は一個人の私的な発言ではあるけれども、実情をうがっていないとはいえない。もし論者が望みをつなぐように、英日米など和平派の国々が革命軍に同情を表明して、内乱団体とみなして自ら局外中立を守ることができたにせよ、かの現政府が自らを支えきれないと判断すれば、もうどうしようもなく、なりふりかまわず、他国に庇護を求める趨勢になるのは必定である。そしてそれに応じる和平派の国々がない以上は、侵略派の国々に向かわざるを得ない。そうなったら、侵略派の諸国のうち、この有利な機会に乗じ、エビでタイを釣ろうとしない国などあろうか。他国はいざ知らず、ロシアはこれまでの手慣れた卑劣な外交手段で、きっと喜んで申し出を応諾するだろう。ほとんど疑いの余地はない。そして応ずるにあたっては、各省に軍隊を派遣して討伐を肩代わりする手間はかけない。ただ首都を防衛する一軍を送り込むだけ、それで莫大な恩を政府に着せて、将来に莫大な報酬を獲得するに十分なのである。こうなっては、勢力の均衡はきっと破綻して、絶対に和平派の望むようにならないことはいうまでもない。

それでも論者がいうように、「各国はつぎつぎ詰責するだけで、政府が逆に自らを苦境に追い込む」にすぎないのだとすれば、試みに問うてみたい。政府は自分を苦境に追い込むからといって、この計画を中止するだろうか。〔詰責を受け〕手をこまぬいたままでは亡ぶ、援助がなくて困窮する、のであれば、政府はきっと外国の詰責にこう答えるだろう。「貴国が勢力均衡を維持したいのであれば、われわれを助けてほしい。こちらは機会均等の報酬を与えよう。さもなくば、こちらで亡国救済をはかるので、他国に従属しても、貴国は恨んではならぬ」と。こうなっては詰責する側も反論できないだろう。なぜか。これは死活の問題であって、詰責だけしていればすむことではないからである。援助が得られない以上は、他人に助けを求めないわけにもいかないし、他人が助けるのを禁じることもできぬ。また援助した側が利益を独占して、勢力均衡を破壊するのを坐視することもできない。

それならどう対処すればよいのか。やむを得なければ、援助した国に宣戦して、その勢力を挫くしかないだろうか。こうなっては旧政府に荷担する列強もあれば、革命軍に荷担する列強も出てきて対立し、世界空前絶後の大戦争になりかねない。そうなれば、各国の兵がどうして革命軍に雇われ、革命軍の言うことを聴き、革命のために理由も聞かずに死地に赴くことなどありえようか。この策を除いて、勢力均衡を維持しようとするなら、やはり列強間の協議を通じて、連合軍共同で干渉、鎮定するほかない。さもなくば板垣の言ったように、日英などの国が奇策に出て、出し抜いて干渉をおこない、間接的に侵略派の勢力を削ぐばかりになるだろう。これでは、いくら革命軍が自ら干渉を招くつもりがなくとも、干渉が絶対に到来しない、とはとてもいえないのである。

にもかかわらず、論者はなお、干渉は恐るるに足らず、との意見を持して言う。

かたや外国の側が、もし商業の保護・報酬の獲得を目的に、世界中の人々を結集して干渉に来たならば、その時わが国民はどうすればよいか。心痛のきわみ、死地も厭わなくなるのは、疑いないだろう。それならまずは各国の兵数を概算してみよう。義和団事件のさい、北京だけが戦場だったが、それでも連合軍の数はあわせて十万になる。いま干渉といい、瓜分というのなら、たとえば広東の地だけで論じてみると、新安県はイギリス〔の香港〕に近いし、香山県はポルトガル〔のマカオ〕に近い。向こうは駐留する兵力が一万なくては防衛が難しく、いくら減らしても五千にはなる。七十二県で計算すれば三十万に相当し、いかに減らしても二十万、少なくとも十万にはなる。そしてその他の沿海・長江沿いの諸省はどうか。西北の諸省はどうか。あわせて数百万を動員しなくては、ことは成就すまい。しかもわが国民は、四万万〔四億〕いる。正義のために立ち上がって、国内で革命を遂行するに、端なくも外人の干渉を招いて、満奴〔清朝〕が躊躇せず外人の奴隷になろうとするに至っては、肝脳地に塗れずして、誰がこれに耐えることができようか。わが国が亡び種が滅ぼうとする時は、またとりもなおさず各国の民が窮して財が尽きる時でもある。また各国がなぜ干渉するのかと聞かれて、報酬を得て傀儡を守るためだというのは、いかに愚かな人でも、鵜呑みにはできないことである。

それに今、わが国民がきわめて弱いとも、各国の兵力が最強ともいえない。プロの軍隊が国民軍を征服しきれないのも歴史の明示するところである(10)。普仏戦争では、フランスの正規軍が潰えたので、ガンベッタは国民軍を組織して何度もプロイセン軍を破った。これはモルトケも思い至らなかったところで、大本営を一歩も出られなかったのである(11)。

キューバの革命では、ゴメス[12]が数十人をひきいて海を渡ってキューバに入り、ひとたび号令するや、雲が湧くごとく壮士が集まってきた。およそ四、五万人を率いて、スペイン軍二十万と連年死闘をくりかえした。そして米西戦争が起こって、キューバは独立したのである。

フィリピンの革命では、壮士十人が銃を六、七挺たずさえて、スペイン軍の兵営を襲って銃五百挺をうばった。激戦数年、フィリピン駐留のスペイン軍はおよそ二万だったが、どうすることもできず、ついに二百万ドルの賠償金を支払った。その後スペインの威信は失墜し、ふたたび戦争になり、米西戦争ではアメリカの〔アジア艦隊〕提督がアギナルド[13]を船に乗せて再びフィリピンに入った。アメリカ軍と協力しつつ、アギナルドは数千人の兵で、スペイン軍数万を捕虜にし、ついには政府を樹立した。その後、アメリカ側がふたたび不信をつのらせたので、フィリピン側はスペイン軍から鹵獲《ろかく》した一万挺の銃のうち、使えるもの六、七千挺で武装し、アメリカ軍の精鋭七万と戦って、数年間もちこたえた。もし豊かな武装に恃んでいたなら、アメリカはフィリピンの敵ではなかったはずである。

イギリスとトランスヴァールとの戦争では、後者はオレンジ自由国と連合して二、四万の軍だったのに対し、イギリス軍は四十万、それで前後三年戦ってようやく停戦した。

以上のように、国民軍が正規軍と戦えば、おおむね十倍の敵と互角にわたりあえるのである。まして中国の人口はフィリピン・トランスヴァールの比ではない。恃むべき武装もはるかに豊富だ。外国の侵略が激しければ激しいほど、民心はいよいよ堅く、男子たる者、死すとも不義に屈したりはしない。干渉の論はわれわれが耳にすれば、士気があがりこそすれ、そのために意気阻喪することはありえない。

何と勇ましい言ではないか。ここまで読み進めてきて、わたしも大杯に満たした酒を飲みたくなった。

しかし惜しむらくは、発言は事情とまったく対応していない。「正規軍は国民軍を征服できないのは、歴史の明示するところだ」というが、その例示した歴史には、スペインに対するキューバ・フィリピン以外、適した事例がひとつもない。いったい積弱のスペインなど、取るに足らない。それなのに、キューバ・フィリピンがスペインを駆逐できたのは、アメリカの助けを得たからである。自力だけでできた功業ではない。そのほかの戦争についても、モルトケははたしてガンベッタを屈服させたのではなかったか。アメリカはフィリピンを征服したし、イギリスがトランスヴァール・オレンジを征服したではないか。国民軍の力はたしかに侮れない。しかし現代は物質文明を利用して、戦術の飛躍的な進歩をみている。そのうち鋭利な兵器および戦争に附随する各種の機械は、一国の力を借りなくては、用立てることのできないものが存在する。だから一九世紀の後半以降は、いかに勇猛な国民軍でも、正規軍に最終的な勝利を収めることはできないのである。世の不公平なことというべきながら、やはり限りある勢力でしかない。

わが国の恃むべき資源は、フィリピン・トランスヴァールのような蕞爾国《ちっぽけな》では、とうてい望み得ないほどに豊富である。それでも、鋭利ならざる兵器・不備な機械しかない反乱軍の兵隊で、世界で武名とどろく列強の連合軍と対決しても、なお不敗の位地を占めることができるというのは、大言壮語である。

少し強がるだけなら、別にかまわない。しかし実践するとなれば、話はべつである。中国はわが四万万〔四億〕同胞みんなの国であって、あなたたち一人二人の賭け金ではない。どうして中国全体を賭け事に投ずることが認められよう。だから論者が、外国が絶対に干渉しないと証明できたのなら、ようやく少しは説得力が出てくるけれど、干渉は恐るるに足らないというのなら、人を欺くのでなく、きっと自分を欺いているのである。

それでも、外国の干渉の結果がもし瓜分になるのだとしたら、わが国家を滅ぼして、反抗がすべて平定され、民政が確立しなくては、成功だとはいえない。もしそうなったら、たしかに「わが国が亡び種が滅ぼうとする時は、またとりもなおさず各国の民が窮して財が尽きる時でもある」。これはわたしもそう思う。しかしその政策は決して、それだけにとどまらないことを知っているだろうか。

あるいは国際自衛権に託して、守備兵を勢力範囲に派遣するだろうか。その場合、革命軍はまさに戦々兢々として戦時法規の慣例に合わせるのに追われて、みだりに戦端を開いて相手に干渉の口実を与えるようなマネもできまい。向こうは安んじて軍政・民政を布いて、まったく戦力を行使することなく、莫大な効果を上げてしまうだろう。

あるいは協議し、その結果として、干渉を実行するだろうか。その場合、ただ革命軍の武力を粉砕するだけで十分である。革命軍の武力さえなくなれば、後でどう処置しようと、もちろん傀儡の旧政府があって代わって折衝してくれるから、それでわずらわされることはない。

またいわゆる革命軍の武力の粉砕とは、わたしがさきに述べたとおり、二つあって、一つは大軍で北京を保護することである。こうすれば、革命軍は中央政府をまったく動かすことができなくなる。いま一つは大軍で武漢をおさえることで、こうすれば、革命軍がどこに猪突しようと袋の鼠にひとしい。相手がもっぱら守勢で攻勢をとらないから、損害も微々たるもの、軍費にしても、財政難の現政府が犒《ねぎら》えないことを憂慮する必要もない。だから論者のいうように、各国は決して、憚るところがあってあえて干渉しようとしなくなるわけではないのである。

いったい革命軍が自ら干渉を招く道をとるのは以上のとおり、各国が勢い干渉をせざるをえなくなるのもまた、以上のとおりである。しかも干渉がどのような方面から進むにせよ、どのみち革命の事業をこわし、国家の地位を危険にさらすのもまた、以上のとおりである。

それなら、今日革命軍を起こそうとさかんに言い立てれば、その結果は小にしては自ら滅亡の道をたどり、大にしては中国を滅亡させることになり、しかも満洲人にはまったく損害を与えずに、ただ外国人にはかりしれない好機を授けることになる。これはやむをえないものなのだろうか。中国滅亡という結果を生じるかもしれないと明らかに知りつつ、なお無理矢理そうしようというのなら、それは国家に叛逆する逆賊である。自ら滅亡の道をたどって、滅亡したのち国家の利益になることもできずに、かえって国家に害をなす結果になるかもしれないと明らかに知りつつ、なお無謀にもそうしようというのなら、「死後も名は残らない、愚者のきわみと称せられるだけ」(『史記』司馬相如伝)。愛国の君子たるもの、やはりそれには耐えられまい。

嗚呼《ああ》、どうかひたすら熱誠をつくし、満天下の愛国君子に訴えさせていただきたい。

わが国民に対する現政府のやり口、わが国家に対する列強のあしらいは、少しでも人の心があれば、憤慨にたえないものである。しかしただ憤慨して終わりにできるものでもないし、感情に走って一か八かの勝負に出れば、鬱憤を晴らし溜飲を下げられるようなことでもあるまい。

列強が勢力均衡を維持しているこの時機を利用して、全国民の力を合わせ、あらゆる方面からあらゆる手段を使って、この政府を監視、改革するのが、まことに広大で安定した王道であろう。そこを通っていけば、到達できないところなどあろうか。もし到達できれば、異種族の圧迫など、政治の圧制など、これ以上どこに存在しようか。国内が自立できるようになれば、外人も誰があえて侮ることがあろうか。

そうならないのは、絶対に目標に到達できない行き止まりの道に入って、挽回のかなわない悪しき因果に陥ってしまうからである。あたら俊英・有為の才能を蔵しながら、誤った感情にかられて、天下の物笑いとなっては、何とも哀しいことではないか。

(1) アドルフ・プラン(Adolphe Prins 一八四五～一九一九)は、ベルギーの刑法学者・社会学者。当時はブリュッセル大学教授。以下の引用はその著作 *Science pénale et droit positif*, Paris et Bruxelles, 1899 を和訳した『最近刑法論』(アドルフ・プリンス原著／勝本勘三郎・

浅見倫太郎共訳、早稲田大学出版部、一九〇三年）の漢訳である。

（2）以上の訳文は、日本文の原文の逐語訳ではなく、省略と加筆があるので、漢訳文からあらためて訳出したものである。たとえば「加入した者がその秩序的性質をにわかに変えて〔驟変其秩序之性質〕」にあたる一節は、原文にない。また「全体」「個人」は、日本語原文にしたがった。これを梁啓超は、当時よく用いていた「拓都《トータル》」「么匿《ユニット》」という術語で訳している。

（3）「申論種族革命与政治革命之得失〔種族革命と政治革命の得失を再論す〕」『新民叢報』第七六号、一九〇五年三月九日所載（『文集』一九、一～四五頁に再録）。後文の引用も同じである。

（4）南昌教案とは、一九〇六年二月二五日に南昌で起こったキリスト教教会襲撃・宣教師殺害事件。南昌のフランスカトリック教会から出された布教権の拡大要求を、清朝政府の県知事が拒絶し、争いのすえ殺害されたことから、ストライキと暴動がおこって、群衆が英仏の教会・学校を破壊し、宣教師ら九名を殺害した。英仏が鄱陽《はよう》湖に軍艦を集めて示威をおこなった結果、六月二〇日、清朝側による関係者の処罰と賠償で妥結した。

（5）未詳。一九〇六年一月末、粤漢鉄道の回収運動で広州の地方当局・在地有力者が騒擾を起こした事件はあるけれども、各国が「軍艦をよこした」かどうかは確認できない。さらにさかのぼれば、一九〇三年に粤漢鉄道の建設にあたり、広東で米国人技師が襲撃され、それを受けて日米の砲艦三隻が派遣されて工事の安全を保護したことがある。当局が列強側について、官民は対立したから、あるいはその事件をさすのかもしれない。

(6) 一九〇五年一二月一八日、上海の中国商人たちが清英当局で構成する会審衙門(混成裁判所)の審理を不服として、暴動事件を起こし、まもなく共同租界全体におよぶ三日間のゼネストに発展した。

(7) 松本君平については、本書二―6、注(2)を参照。この時期は立憲政友会に属して衆議院議員であった。以上の文章は、立憲政友会の機関誌『政友』第七五号、一九〇六年に収録する松本君平「旅順要塞の経営を論す　附　ジブラルタル要塞と英国」からの引用だが、ここでは梁啓超の漢訳からあらためて訳した。梁啓超の訳文がかなりの節訳、かつ意訳だからである。とりわけ「列強の憲法」云々は原文になく、立憲派の立場と考え合わせて、注目すべきところかもしれない。

(8) 第二次日英同盟は一九〇五年八月一二日、ロンドンで締結。「前文」に「清帝国ノ独立及領土保全並清国ニ於ケル列国ノ商工業ニ対スル機会均等主義ヲ確実ニシ以テ清国ニ於ケル列国ノ共通利益ヲ維持スルコト」とあって、「門戸開放」という語句は見えない。おそらく当時は「領土保全」と対の組み合わせで、一つの成句のようになっていたので、このような表現になったものだろう。

(9) この訳文は、梁啓超の漢訳からの日本語訳である。典拠の「『大日本』第六号・第七号」は、日本に現存の所蔵がなく、和文の原文をつきとめることができなかった。同じ『大日本』第一〇巻第一一号(明治二九年一〇月)の「東洋論壇」欄に、同論文の漢語バージョン・

板垣退助「論東洋之平和及清国之採用立憲制」が掲載されており、梁啓超の引用した漢訳とは、かなり出入がある。なかんずく「革命」という語がなかったり、「支那」を多用しているのは、和文原文どおりだろうから、そこを修改した点は注目される。

(10) レオン・ガンベッタ(Léon Gambetta 一八三八～八二)は、一九世紀フランスの政治家。皇帝ナポレオン三世の反対派として活躍し、一八六九年に立法院に入った。一八七〇年、普仏戦争でナポレオン三世がセダンの戦いで敗れると、共和国政府の樹立宣言に参加し、臨時国防政府の内務大臣となる。

(11) この一文、原文は「不敢出訶南一歩」で、とりわけ地名と思われる「訶南」が未詳。プロイセンを勝利に導いたプロイセンの参謀総長モルトケ(Helmuth Karl Bernhard Graf von Moltke 一八〇〇～九一)は、当時ヴェルサイユに構えていたプロイセン軍の大本営にいて、ほぼそこを動いていないので、ひとまず上のように訳出した。

(12) マキシモ・ゴメス(Máximo Gómez y Báez 一八三六～一九〇五)は、キューバ独立戦争での将軍。一八九五年の第二次キューバ独立戦争で指揮をとり、一八九八年には島の半分以上をスペインの支配から解放するのに成功した。同じ年に退役し、そのまま引退している。

(13) エミリオ・アギナルド(Emilio Aguinaldo y Famy 一八六九～一九六四)は、フィリピンの革命家で、のちフィリピン第一共和国の初代大統領となった。

8　国民はすみやかに財政の常識を求めねばならぬ

【初出】『国風報』第六期、宣統二年三月一日(一九一〇年四月一〇日)。

【解題】辛亥革命前夜は、中国の経済景況が逆境を色濃く示していた時期である。貿易収支は統計上、赤字が続き、政府財政も巨額の外債・賠償金の弁済をかかえ、また各省が独自に通貨や内債を発行する情況だった。経済の心臓部・上海で大きな恐慌も発生して、経済危機も取り沙汰されたのである。

そうした苦境に応じた政府当局の経済政策も、目立った効果をあげた様子はなかった。それでも、各省財政の調査や政府予算の編成、国税・地方税の弁別、幣制統一の試みなど、のちの中華民国以後の経済改革につながるような動きも、この時はじまってはいる。

こうしたなか、梁啓超による財政経済関係の著述は、この一九一〇年に集中している、といっても過言ではない。本書一―4でも述べたように、かれはかねて、マンチェスター学派の自由貿易論にもとづく国民経済の形成を旨として、中国の経済改革を訴えてきた。またそのバックボーンとなる西洋経済学の学説をも、積極的に紹介している。ところがこの年、そうした思想・構想に合致しない事象や政策が、とみに続出したことで、おびただしい論説をものせざるをえなかったのであろう。予算・幣制・公債・恐慌など、目前の財政経済の事象・制度に論評を加え、対策を建言する文章を次々に発表するとともに、将来的な国家財政・国民経済の建設に向けて、理論的啓蒙的な論著も著している。

ここではその一例として、かれが刊行を予定していた『財政原論』に関わる本文をとりあげた。題名の「常識」とは「世界の常識」であり、梁啓超が当時の言論活動でとりわけ重視していた概念である。中国人に対する「常識の注入」が、この論文を掲載した『国風報』創刊のねらいでもあった。梁啓超は同じ一九一〇年の一一月には、国民常識学会を発足させている。本文も「財政」方面の「常識の注入」をめざす著述の一環だった。

ただし『財政原論』そのものは、刊行をみることはなかったようで、梁啓超の全集にも、収録がない。ともあれ国民経済のなかで、財政学の重視を説いた梁啓超は、のち一九一七年、中華民国中央政府の財政総長に就任するのである。

古今数千年の歴史、東西五大陸の地理をみわたすと、そこでは限りなく国家が興亡をくりかえしてきた。おびただしいその盛衰は、錯綜複雑を極めているので、いちいち知りつくすことはできないけれど、その契機を左右してきたのは、財政ではなかろうか。

かつて赧王が「台を築きて債《ふさい》を辟《のが》れて」〔『漢書』諸侯王表序〕周王朝は滅び、霊帝が「官を鬻《う》りて帑《ふところ》を充たして」〔『三国演義』第二回〕漢王朝は滅んだ。下って唐・宋・元・明の滅亡も、いずれも財政が困窮したことによる。なすすべもなく、ただ四方に苛斂誅求ばかり、まるで水が干上がっても魚を求め、豺狼《さいろう》が獲物を求めて横行するようなありさま、いたるところに餓死者が出て、民はとにかく死を免れようと、善人も悪人もこぞって、危地にとびこんでしまうので、国家もそれにともなって亡ぶのである。ゆえに堯は「咨《ああ》舜よ、四海《てんか》困窮せば、天禄《てんのめぐみ》は永《つい》に終わらん」といったばかりか、「舜も禹に命じて」、誠心慎むように、といったのである〔『論語』堯曰〕。

イギリスに目を向ければ、ジェームズ・チャールズ二朝で財政が紊乱したために、クロムウェルの反乱が起こり、フランスはルイ十五世・十六世で財政が紊乱したために、天地を揺るがす大革命が起こって、民の六、七割にものぼる、おびただしい死者がでた。日本では徳川時代末期の財政紊乱のために、三百年つづいた幕府の事業は、その歴史もろとも灰燼に帰した。さらにエジプトがイギリスに従属し、朝鮮が日本に支配され、ラテンアメリカ諸国が列強のくびきから逃れられないのも、そのもとをたどれば、みな財政の不振に原因がある。しかも外国がその首根っ子を押さえて、永遠に浮かび上がってこれなくできるのも、その要諦はやはり財政にある。このようにみてくると、国家が天地の間に自立していける中枢がどこにあるか、火を見るより明らかだろう。『易』(繋辞下)に「天地の大徳を生といい、聖人の大宝を位という。何を以て位を守るや。人という。何を以て人を聚むるや。財という」とあり、昔から家・国を切り盛りしてきた人は、みなこれを最も重要だとしてきたのである。

いま国家の歳入は一億三千万元だが、歳出の半分にもあたらない。そしてそのいわゆる歳出額を調べてみると、外国への債務履行が二十パーセントを占め、戦闘にたえない軍兵への費用が二十五パーセント、行政をまともにやらない官吏に搾取されるのが五十パーセント、国政・民政をまかなうのはその残りなので、ほとんど余りはない。

国政・民政はもとより、治めないまま捨て置いてよいものではない。ところが庶民の嘱望を受ける当路者は、今まさに日夜つとめて、粉飾して太平を装うため、あくせくと「礼を議し文を考え度を制し」(『中庸』第二十八章)ており、支出先は日々ひろがっているのに、収入源はずっと枯渇したまま、中央の財務省と各省の長官は財源の奪い合い、まるで子供がお菓子の残りを取り合っているようなありさまである。

政府が手をこまぬいて何の事業も興さないにもかかわらず、官僚たちが空腹のまま公務に従事し、とても十分な手当ができているとはいえない窮状にあり、しかも新政の看板ばかり追いかけるに忙しく、その費用は十倍百倍にものぼりながら、なお天井知らず。

それが今日の中国の財政の実態ではなかろうか。民から徴収しないで、どこから取るのか。取るのに適切なやり方でないと、〔中国史上でいえば〕漢末・唐末・宋末・明末の二の舞になることまちがいない。さもなくば〔外国の〕エジプト・朝鮮・イラン・トルコの後を追うことになるだけだ。変法といい、立憲といっても、それでかえって国家の滅亡を速めるだけで、ほかに何も得るものがなくなってしまう。「矛の先でコメを研ぎ」、「目の悪い馬に乗って池に臨む」〔『世説新語』排調〕ようなもので、危険をこのように想像するだけで、思い半ばにすぎるものがあろう。

「人有れば此《ここ》に土有り。土有れば此に財有り。財有れば此に用有り」と『礼記』〔『大学』伝十章〕にいう(1)。わが国のように国土が広く国民が多くとも、「なお貧困が心配な」〔『史記』貨殖列伝〕のは、天がわれわれを貧しくしているのではなく、われわれのほうがすすんで貧困と一体になっているからなのだ。財産づくりのうまい人は、いい牧者のようなもの。羊をたくさん殖やして定期的に毛刈りをする。羊毛はまったくムダにならないし、羊も病気にならない。だから古人も「羊二百頭」あれば「素封〔無冠の大名〕」になぞらえた〔『史記』貨殖列伝〕。財産づくりが下手な人はその逆で、羊毛を殖やすことができなくて、羊一頭からとれる羊毛のうち、使えるのは二、三割にもみたないから、得られる羊毛が少ないのに懲りて、やる水・草を減らし、子羊ができても面倒をみなくなる。ひどい場合は、利益を確保するため屠殺して売り払うこともあり、年々羊が生まれるのに減っていき、仕事もたちゆかず、牧者も共倒れとなる。わが国の財務当局も、どうやらこの類いのようである。

いったい財政というのは、一種の技術であるが、あらゆる技術の造詣・進歩は、すべて学問に根ざしている。だから「学ばざれば術無し」(『漢書』霍光伝)といい、「操縵《ちょうりつ》を学ばずんば、安絃《えんそう》する能わず」(『礼記』学記)というのであり、包丁の持ち方を学ばないと、鶏を捌くことはできまい。こんな至って瑣末なことでも、学びを捨てるわけにいかない。国家収支・国民生活の命運を託する財政であれば、なおさらのことではないか。

先人も「来《みらい》を知らずんば、諸《これ》を往《むかし》に視《み》よ」(董仲舒『春秋繁露』精華)といい、また「他山の石、以て錯《たまをみがく》と為す可《べ》し」(『詩経』小雅)という。財政を学ぶ者は、実に古今内外の成功・失敗の事例を総合的に観察して、なぜそうなったのか、因果関係を追究し、信頼できる原則を打ち立て、要路者が納得する方針を示すことにある。各国の国勢・民情は千差万別だし、こうした原則を応用する方法も、決して同じではない。けれども応用のしかたが違うからといって、原則を軽んずることはできない。

これはあたかも、戦上手な者がもっぱら軍学に恃むわけではないけれど、軍学の原則に明るくない人が決して不敗の地に立つことができないのと同じ、また機械作りのうまい人がすべて工学に頼っているわけではないけれど、工学の原則を学ばない者は決して創作ができないのと同じなのである。これに準じて語るなら、一国で最もハイレベルな財政機関を管掌する国の大臣は、財政の学問の虚実をみきわめて調整し、国を大きくし民の利益になるように考える者である。いやしくも財政学に暗いまま、安閑としていてよいはずはない。

最もハイレベルな財政機関ばかりにとどまらない。国家の一切の政治は財源がなくては動かない。だからどんな職掌をあずかるにせよ、財政学の梗概にまったく無知では、その職務がつとまるはずがない。もし国家の財力が及ばないのを量らずに、みだりに事業をおこしては、中絶して成果を出すにいたらないし、あるいは国家の先延ばしにできない急務も、相応の財源が求められない、というただそれだけの理由で、とりやめになってしまったりする。いずれも理由はそこにあって、そのために国が危うくなる。

それればかりではない。一国の財政官庁は、一人二人だけですべて直接に担当できるものではなく、補佐分担する下僚たちが、中央地方に何万人と散在する。その職務は法令に服従するにあって、すすんで粉骨砕身するには及ばないけれど、それでも会計出納にあたっては、規律を維持すべくすべてに一定の原則が存在する。その原則に暗いと、どうしても誤りを犯してしまう。

ましてや財政の主体をなすのは国家ばかりではない。国内多数の地方自治団体には、いずれもそれぞれの財政がある。この地方財政は一方で地元の利害に関わっているし、他方では全国の利害にも関わっているから、およそ各地方の大小の官吏は、みな財政学の原則について、その梗概を大づかみでも知っておかないわけにはいかない。これはどんな国でも同じことながら、わが国にあってはとりわけ重大である。何となれば、わが国の中央集権の実はまだ挙がっておらず、財政出納はその九割は各省の掌握するところだからである。各省の財政が紊乱すれば、中央財政はいっそう整理する機会を失ってしまうだろう。だから各省の官吏にはみな財政学を理解させることが、まことに国家運営の目前第一の急務なのである。

しかも官吏だけにはとどまらない。財政政策の可否は国民生計《こくみんけいざい》の利害に対して、「影」がつき随うように、打てば「響」くように、文字どおり「影響」を及ぼすのである。たとえば、租税の賦課・廃止は、民間の生業の発展をうながしたり、打撃を与えたりする。またたとえば、公債の募集・償還は、金融(「金融」というのは、一国の資本・財産が流通し変動している状態をいう語彙である。日本で通用する名詞で、うまい訳語がみあたらないので、ひとまずこのまま用いる)に緩急変化の動きを生じさせる。そのほか大小の項目も、すべて逐一庶民の苦しみに関わるもので、初めは些細でも、最終的には巨大になってしまう。個人の負う義務は、ごくごく微細だから、数えずともよい、とみてしまうものだが、それは浅薄な見識ではないか。大いなるものとは、微細なものの集合体であって、個人の利害が集まってようやく国民全体の利害となることに気づいていないのである。だから、現代の立憲国家で最も重要な精神とは、国民に財政を監視させるにほかならない。

いま中国では公開の勅命を奉じて、期日を切って立憲政治を実施しようとしている。それなら将来、上は国会両院の議員から、下は各省の諮議局議員(2)や各州県・村落・市場町などの役員・議員はみな、それぞれ職位に応じて中央財政・地方財政を監督する責務をになうことになる。もし財政学にまったく無知だったら、適切な監督ができるわけはない。賛同すべきでないものに対し、軽率に同意を与えてしまったり、反対すべきでないものに対し、ことさらに妨害を加えたりしてしまう。いずれにしても、国家の大計を誤らせる。

したがって、憲政実施以後は、およそ国民の代表たる者、絶対に財政の学識を欠かすことがあってはならない。そして国民を代表する人は、選挙によってその資格が生じる。その選挙権は一般の国民が共同で行使するものである。もし財政の一般的な知識がひろく国民全般にゆきわたらなければ、選ばれる人々もそれにふさわしい人物たりえまいし、財政を監督するという成果も、実の挙がらないまま終わってしまう。こうしてみてくると、財政を学ばなくてはならないのは、当局の官僚ばかりにとどまらないのである。

いったい財政学がすでにかくも重要なのだとすれば、今日の中国全土、上は執政から、下は庶民に至るまで、財政学の常識をあらかた備えている人がはたして、いかほどいるのだろうか。俗吏・愚民ばかりに限らない。先覚のエリートとよばれ、一国の言論をリードする人士でも、好学沈思して学問の意義を深く会得できるのは、希有な存在である。

それなら、この学問を専門とし、先生に就いて受講するのでなくては、その深奥をうかがうすべはないので、みなどうしようもない、と嘆くばかりになってしまっていないだろうか。そんなことはない。財政学は種々の科学のなかでも、実は簡明でわかりやすく、またおもしろくもある。もし良書を一、二冊入手して独学すれば、その原理に明るくなって現実に応用するのも、決して難しいことではない。先生がいないからといって、やめてしまうにはあたらないものなのである。愛国の君子には、どうか努めていただきたい。

わたしはつとに、この財政学がひろまらないのを憂慮し、国家の大なる損失だと発言してきた。ここ二年来、あらゆる仕事そっちのけで一書を書き上げ、『財政原論』

と名づけた。[3] 百万字あまりある浩瀚なものなので、印刷に手間どり、刊行までもう数カ月かかりそうなので、その要旨をかいつまんで、あらかじめ公にするものである。〔財政の〕常識が浸透する一助となれば幸いである。著者しるす。

（1）梁啓超の経済論・経済改革構想が、『大学』を典拠のひとつとしていたことについては、本書一―4を参照。

（2）「国会」は原文どおりの表現。当時の立憲政治導入で設立の気運が高まっていたものである。本文発表の半年後、資政院がその試行機関として北京に設けられ、召集された。「諮議局」は前年、各省に設立された地方議会の試行機関というべきものである。

（3）解題にも述べたように、『財政原論』は公刊をみなかったけれども、同書の目次および例言の稿本は、北京大学図書館に所蔵されている。

第四章　民国にて　一九一二年～

晩年の梁啓超

1　言論界に対するわたしの過去と将来

【初出】『庸言』創刊号、一九一二年一二月。

【解題】辛亥革命後、梁啓超は神戸に留まって、帰国のタイミングを伺っていた。一九一二年九月末、神戸を去り、天津に上陸、一〇月二〇日に北京入りした。北京の滞在期間は十二日間だったが、その間、かれは十九回の演説をこなした。共和党や民主党(当時、この両党の合併が計画され、梁啓超は副党首就任を打診されていた)はもちろん、国民党すら歓迎会を開いた。北京での歓迎のありさまは「国を挙げて狂するが若し」で、梁啓超は「北京の中心となった」と自ら述べるほどであった。本文「言論界に対するわたしの過去と将来」は、一連の歓迎会の一つ、報界歓迎会での演説である。

一〇月二二日のこの演説は、北京で民主党歓迎会・共和党歓迎会と並んでおこなわれた演説のなかで、最も長く重要なものだった。まず辛亥革命が「黒血革命」であったとして、言論＝立憲派の功績を、武力＝中国同盟会の上に置いた。かつて清朝を支持した立憲派に民国で発言権はないという批判に対して、国体を擁護しつつ政体の変革を目指す立憲派の政治手法を、国体の変革を目指す革命派と区別し、革命派と立憲派は補完しあう関係にあったのであり、新共和国は両派の合作であると主張した。民国における立憲派の政治的立場は、この主張によって確定されることになる。かつての立憲派がめいめい勇気百倍になったと述べているように、その効果は絶大だった。

梁啓超のジャーナリズム活動は政治活動と一体であった。この演説もジャーナリストとしての活動を紹介しつつ、自らの政治的立場を明示するためのものだった。かれは翌一九一三年二月、共和党に入党し、国会議員選挙に臨んだが、国民党に大敗を喫した。

初出の『庸言』は、梁啓超が帰国後、天津で創刊した半月刊の雑誌で、創刊号の巻頭にこの演説を掲載する。本文の前に、「この文章は、一〇月二二日にわたしが北京の報界歓迎会の席上で演説したもので、いまこれを収録して本報の発刊宣言に代える。この文章は当時仲間が筆記してくれたもので、今回手を入れることはしていない。一一月一五日、啓超識《しる》す」という注記がある。

わたしは今日この報界《ジャーナリストたち》の歓迎会に出席することをえて、多士済々、百数十人に達するという盛況に、感慨無量、言葉に尽くすことができません。

昨秋の武漢の蜂起から数カ月経たずして、国体は大きく変わりました。その成功の速やかだったことは、古今東西にいまだなかったほどです。南方ではなお多少は戦争に煩わされましたが、北方では一人の兵も煩わさず、一本の矢も折ることがありませんでした。どうしてそのようなことが可能だったかといいますと、報館《ジャーナリズム》の宣伝による功績が最も大きかったこと、これは天下の公言するところです。世の人々は、わが国がこれほど大きく、数千年にもわたって帝政がおこなわれてきたというのに、流血が至って少なく、払った犠牲も至ってわずかだったことをいぶかるかもしれません。なんとそれは、革命の前後を通じて、哲人傑士の心血が計り知れないほど報紙のなかに染みこんでいたからなのであります。そうであるなら、わが中華民国の成立は、黒血《インク》革命を以て紅血《りゅうけつ》革命に代えたといってもよいのです。

わたしは遥か海外にいて、あなたがたの労苦を少しも分かつことができませんでした。これを言うと益々恥ずかしくなります。しかしながら、わたしはもとより二十年来、報館を職業としてきました。さらに、今後も死ぬまで報館の仕事から離れないことを願っております。いま幸いに同業の諸賢と一堂で手を取り合えたのですから、わたしのこれまでの報館の事業に対する関係と今後の抱負を諸君にお話ししたいと思います。

わたしが報界《ジャーナリズム》に身を投じたのは、上海の『時務報』に始まります。同人の多くがご存じの通りです。しかしそこに至るまでのちょっとした歴史は、今日では語ることのできる人は少ないでしょう。

日清戦争に敗れて後、国人の敵愾心はたいそう高まりましたが、世界の大勢にはまったく無知でした。乙未〔一八九五年〕の夏秋の間、先輩方が強学会という政治結社を設立しました。いまの大総統である袁〔世凱〕公もその時の発起人の一人でした。当時、われわれは世界に政党なるものがあるとはつゆ知らず、ただ国政を改良しようとすれば、どうしてもこの種の団体が必要だということを知っていたにすぎません。

最初に手がけた事業は、図書館と報館を運営することでした。袁公は真っ先に五百金を寄付し、さらに各所で募金して、千金余りを得ました。そこで後孫公園に会所を設け、上海から翻訳書数十種を購入し、報館の経営をわたしに委ねたのであります。もちろん当時は機械を購入する力もありませんでしたし、北京にそんなものがあると聞いたこともありませんでした。そこで官報の販売所に委託して、粗末な木版で印刷してもらいました。『中外公報』〔『万国公報』と『中外紀聞』を混称、意図的か〕と名づけて、毎日一部を刊行しました。論説一篇があるだけで、ほかに記事はありませんでした。わたしは日々数百字の短文を一篇執筆しましたが、その文章の浅薄で無用なことは、今から考えると汗顔の至りです。当時は購読者を期待することはできませんでしたから、販売所の人にお願いして、官報を官吏たちの家に届けるついでに配ってもらいました。お金を払って、ようやく配達を引き受けてくれたのです。一月余りして、なんと一日三千枚内外を出すようになりました。ところが、流言が巻き起こって、各家に送り届けると睨みつけられるようになり、配達人は禍を恐れて、高い報酬を提示しても配達しようとしなくなりました。その年の十一月、ついに強学会は閉鎖され、わたしの持ち物や書籍がすべて没収されてしまいました。寺院を流浪してまわること数カ月、ますます時局に感慨を覚えました。自ら考えてみるに、言論のほかに力を尽くす手段もなく、報《ジャーナル》をやりたいという気持ちはますます切実になりました。

翌年二月に南下し、同志数人の援助を得て、上海で『時務報』を創刊しました。その経費は張文襄〔張之洞〕が賛助してくれました。数カ月後、『時務報』が民権を大いに語ったことから、文襄は激しく干渉しました。当時、わたしと文襄の関係はあたかも雇用者と資本家のようでしたが、わたしは年若く気盛んだったので、衝突はますます激しくなりました。

丁酉〔一八九七年〕の冬、わたしはついに湖南時務学堂の招聘に応じて、数カ月間報館と関係を絶つことになりました。『時務報』は存続しましたが、以前のような活気はもう見られませんでした。当時学堂をどのように運営するか知りませんでしたので、ただ学生に読書ノートを書かせ、自分でそれに批評を加えて返しました。批評は毎日数千から一万言にも及び、報館で文章を書くのと変わりませんでした。当時学生は四十人いて、日々わたしが出す独特の体裁の返書を読んで、精神はほとんどそれに同化してしまいました。この四十人は、この十年余りの間に多くが国事のために死に、いまは五、六人が生き残っているにすぎません。この四十人分の返書は、学堂ではすっかり慣れてしまって怪しむものもいませんでした。

しばらくして正月休みとなり、学生たちがそれを携えて故郷へ帰り、ついに世間に流布し、湖南を挙げての大騒ぎとなったのであります。みなわたしを、一粒の薬で人の心を操るキリスト教の人眩ましの術を会得した者だとみなしました。学生たちも二毛子〔キリスト教徒〕と疑われ、社会から排除されました。その後の戊戌政変で、最も効果を上げた弾劾文は、当時批評した読書ノートの文言を集めて罪状としたものでした。

思うに、当時わたしが学生たちに語ったのは、民権に心酔する言葉だけではありませんで、種族〔民族〕に対する感情もはばかるところなく語ったのです。この種の言論はここ数年来はたしかに見慣れて珍しくなくなりましたが、当時の人がこれを聞けば、耳を覆わないではいられませんでした。これを罪としたのも、怪しむに足りません。

戊戌〔一八九八年〕の八月に亡命し、十月〔正しくは旧暦十一月〕に横浜で『清議報』を創刊しました。大っぴらにはばかることなく政府を攻撃したのは、この時が最も激しかったのです。政府もまた激しく憎んで、輸入を禁止し、ついで中国内地の発行機関を断絶するに至り、停刊を余儀なくされました。

辛丑（一九〇一年）の冬[1]、新たに『新民叢報』を創刊しました。常識を植え付けることから少しずつやっていこうとしたのですが、予想以上に社会の歓迎を受けました。当時は義和団事件の後で、政府は創痍から回復し、旧態がふたたび表れはじめていました。見聞きするものは、憤慨をあおるばかりで、雑誌の論調は日々激烈に赴きました。

壬寅（一九〇二年）の秋、さらにこれと並行して『新小説』を創刊し、もっぱら革命を鼓吹しようとしました。わたしの感情の高ぶりは、この時が一番ひどかったのです。いまなお覚えているのは、「新中国未来記」と名づけた小説を書き、同誌に十回あまり連載したことです。その理想の国号は「大中華民主国」でした。その理想の建国年はまさしく今年でした。その理想の初代大総統は羅在田という名で、第二代大総統は黄克強という名でした。当時はもちろんなにか思うところがあったわけではなく、壬寅年に雑誌を創刊したので、十年後に大業が成ると計算し、それで大中華民主国建国五十周年記念を西暦一九六二年に当てたまでのことです。今から思えば、その理想の建国年がちょうど今年に当たります。羅在田は清朝の徳宗の名（載湉《ツァイティエン》。在田《ツァイティエン》と同音）を寓したもので、かれが位を譲る（皇帝を退き大総統に就く）ことを意味していました。黄克強は黄帝の子孫が自ら強く立つことができるという意味から取ったものです。恐らく、この文章は在席の諸君の多くもご覧になったことでしょう。意外にも、その多くが事実と対応し、ひいては革命の偉人の姓と字《あざな》〔黄興、字は克強〕にピタリと符合することになったのは、まさに占いのようで、不思議ではありませんか。

その後、革命思想が伝播したことで、留学生の間や〔中国〕内地の学校でしばしば騒ぎが起こるようになるのを見ました。ひそかに思いますに、学生が勉強するのは国家の建設に資せんがためであり、破壊の学説が青年の脳裡に深く浸透することはもとより望んでおりませんでした。際限なき自由平等の学説が大きな弊害をもたらしているのを見て、びくびくと恐れました。また人民のレベルを考察してみると、その向上は容易なことではありません。いったん秩序が崩壊すれば、権力は空白状態となり、凶暴な民が次から次へと立ち上がり、革命を提唱している諸賢ですら、収拾するのに苦しむでしょう。くわえて近年、国家財政と国民生計《こくみんけいざい》は、困窮が頂点に達しています。なにかのはずみで、他人に乗っ取られ、亡国に至ることがあるやもしれません。現にチベットとモンゴルが分離したという凶報(2)がもたらされておりますが、これは当時わたしが日夜心配し、憂えていたことでした。こうした考えが頭を巡るようになってからは、極端な破壊をあえて主張しなくなりました。

したがって、癸卯・甲辰の年〔一九〇三、〇四年〕以後の『新民叢報』はもっぱら政治革命を論じ、種族革命は二度と論じませんでした。簡明に言えば、国体については現状を維持することを主張し、政体については一つの理想を掲げてその達成を求めたのであります。

丁未〔一九〇七年〕の夏から秋にかけて、同人と政聞社を発起しました。その機関誌は『政論』という名称で、わたしが主任を担当しました。政聞社は清政府に差し押さえられ、『政論』も廃刊となりました。

そこで最近また『国風報』を経営して、もっぱら各種の政治問題から具体的な研究討論をおこない、国民に政治常識を教え込もうとしました。当初は温和にやって、激烈なことをするつもりはありませんでした。ところが、清末の政治は日々乱れ、国が亡ばないかと恐れるあまり、かえって国が亡ぶのを速めているかのようでありました。わたしは驚くばかりで、もはや我慢することができませんでした。

一昨年の十月から去年まで一年間の『国風報』は、政府と戦わない日はほとんどありませんでした。『清議報』の時代と比べても、いっそう甚だしかったのです。いまなお覚えていますが、国会請願運動が国を挙げて最も激しくおこなわれていたとき、政府はなおも日々先延ばしすることを考え、宣統八年、宣統五年などと言い逃れをしていました。わたしは怒り心頭に発して、政治の状態がこのまま変わらないようであれば、将来世界の辞典のなかで「宣統五年」の四文字が一つの単語をなすことは絶対にないだろうと誌上で大いに叫びました。この言葉は『国風報』に何度も見えますが、いまや予言となったのです。

十八年来、わたしが経営してきた報《ジャーナル》を数えると、七つになります。自ら省みましても、学識は浅く、文章は飾り気がないのですから、著述という職分を十分に果たすことができたとは思えません。ただ、わたしはいつもその時々に心のなかで信じるものを示して、誠実かつ真剣に国民の叱正を請うたにすぎません。

いま中国で報館は非常な勢いで発展しています。北京だけで申しましても、すでに百を越えています。十八年前、一軒ごとに『中外公報』を読んでくださいとお願いしてまわった時を思い起こすと、まさに隔世の感があり、高遠な議論は津々浦々にまで知れ渡っておりますが、それはわたしなどが到底なしうるものではありません。しかしながら、わたしは今回帰ってきて、やはりかつての商売に従事しようと考えています。人には情として、習熟した仕事を捨て去ってしまえないところがあるのではないでしょうか。

著述の目的は、依然として、民智を啓発し、民徳を薫陶し、民力を発揚し、共和国・法治国の国民の資格の養成に努めることにあります。これは十八年来の初志であり、かつ終身依拠すべきものであります。

しかしながら、輿論は次のように申します。わたしはかつて君主立憲を主張したのだから、現在の共和政体のもとで発言権を持たないはずだ。もし発言したければ、まず自らの過失を認め、かつての革命派に許しを乞うべきだ、と。はては、われわれが共和に不満を持ち、破壊を目論んでいるとデタラメを捏造するものもいました。仲間のうちでさえ、以前から主張してきたことが今日の時勢にそぐわず、かといって己を捨てて人に従うのも変節に近いと考え、そのため口ごもって忌憚なく意見を表明できないものがいます。わたしはこれらはみな正しくないと思います。

これまでわが派がどれほど共和主義に尽力してきたかはさておくとして、近年主張しているところだけを申しましても、国体については現状を維持することを主張し、政体については一つの理想を掲げてその達成を求めてきました。この志は、天下がともに目にしてきたもので、はっきりとしています。

そもそも国体と政体が別だということは、少しでも政治常識があるなら、すぐにわかることであります。去年の九月以前、君主の存在はなお動かしがたい事実でしたが、政治の腐敗堕落はすでに極点に達していました。そこで憂国の士は政治の将来を発展させる方法について二派に分かれました。

そのうちの一派は、政治の状態が日々腐敗に赴き、君主が民の怨みを集めて自ら滅亡を早めることを望みました。諺にいう苦肉の計です。したがって、その失政を匡正しようともせず、ただ秘密の運動に従事するだけでした。

もう一派は人民が苦しむのを見るに忍びず、ことあるごとに救いの手を差し伸べようとし、立憲という言葉を満洲政府の頭上にかぶせて、種々の法を設け民選機関を作ることを余儀なくさせました。これを民権の武器とし、拠り所として政府と戦ったのであります。

この二派が用いた手段は異なりますが、相互に補完するものだったのです。去年の蜂起から今に至るまで、両派の人士の協力を頼みとしなかったことはありませんでした。これがそのなによりの証拠です。

そうであれば、これまで君主立憲を言っていたものは、果たして国民にいかなる責めを負っているのでしょうか。今日、なにを疑って国のために力を尽くそうとしないのでしょうか。かつての立憲派が共和に不満を持っていると強引にこじつけることに至っては、理由もなく騒ぎ立てているというほかありません。

立憲派の人が国体を争わず、政体を争い、国体については現状の維持を主張したことは、すでに何度も触れてきました。したがって、国体については現在の事実を承認し、政体については将来の理想を貫徹することを求めます。これまで障害がはなはだ多かった君主国体ですら、なお現存の事実とみなしてこれを承認し、己を屈してこの事実のもとで活動してきました。神聖高尚な共和の国体にどうして異議を挟みましょうか。そもそも国体を破壊するというのは、革命派だけが訴える手段にほかなりません。立憲派が国体を動揺させることを主義とするというようなことは聞いたことがありません。したがって、今日では共和の国体を擁護し、立憲の政体を実行することが、論理上必然の結果であり、節操問題を言われる筋合いはどこにもないのです。

われわれがかつて心配していた革命後の種々の危険な兆しは、不幸にして十中八、九が的中しています。事実はみなが見聞きしているように明らかであり、かくすわけにはいきません。中国はいまやすでに治まり安定しているのだから、愛国志士の責任はこれで終わりとでもいうのでしょうか。公平に論じれば、現在の国勢と政局は約十年来、激烈・温和両派の人士が苦労して一緒に築きあげてきたものです。功績があるというなら、どちらにも功績がありますし、罪があるというなら、どちらにも罪があるのです。

要するに、これらの人士は、国家を危険な境地から救い、楽土に至らせようとしたのですが、いままさに流れの中にあって、まだ向こう岸に達していないのです。すでに手をつけたのですから、収拾する方法も考えねばなりません。今後の責任の大きさは、以前に比べて十倍にもなるでしょう。誰もその責任から逃れることはできないのです。

いま激烈派の一部の人はこう考えています。すでに国家のために大功を立て、大業を成した、これまでは自分が義務を尽くす時だったが、いまや権利を享ける時となった、これまで清政府から迫害や陵辱を受けてきたが、いまやそれに十倍、百倍する富や栄誉を民国から得て償いとしたい、と。この種の人々は自尊心がはなはだ低く、責め立てるに値しません。

激烈派のなかでも身を慎む人はこう考えています。これまですでに一定の責任を果たし、国家を今日の地位まで進めた、今後は一息入れて、超然と何事にも関わらないでおこう、と。

いわゆる温和派は、自分がもともと政体を争い、国体を争わなかったことを忘れて、国体が変わったことで主張も失敗したと考え、甚だしくは節操の問題が生じたと考えています。また現在の政治がいまだ改良されず、自分が昔抱いていた希望がいまだ貫徹されていないのを忘れ去り、何も言うことはないと感じて、闘いに敗れた鶏のようにしょんぼり頭を垂れ、結婚したての花嫁のようにもじもじしています。

両派の人がすでにこうだとすると、国家のことをいったい誰が構おうとするでしょうか。すでに治まり安定している時に人々が国事に構わないのですらよくはありません。

いわんや今は危急存亡の折りであります。もし、共和国体の成立後、かつて立憲を口にした人に政治に容喙《ようかい》するのを許さないというのでしたら、いったい、古今東西、そのような法律のある共和国が存在したでしょうか。

われわれはただ、中国は中国人の中国であり、すべての人に責任があり、一部の人が私し得るものではないということを知るのみであります。かつての清政府は国家を私産とみなし、政治を私権とみなして、われわれを政治に容喙させないために、あらゆる極端な手段を用いて迫害しましたが、われわれはそれに怯《ひる》んで責任を放棄することはありませんでした。いま共和国体のもとで、どうしてこの縁起でもない言葉が出てきたのでしょうか。

だからこそ、わたしはかつての仕事を継続し、つねにその信じるところを示し、言論を以て天下に相まみえようとしているのです。かたじけなくも盛会に列席を許され、ご厚意を深く心に刻んで、いささかこれまでの経歴と今後の抱負を述べて、御清聴を煩わしました。言葉は粗雑ですが心情は切実ですので、どうかご容赦下さい。

（1）『新民叢報』の創刊は、光緒二十八年正月一日（一九〇二年二月八日）である。

（2）辛亥革命後、チベットとモンゴルでは、それぞれイギリスとロシアの支援を受けて、中国から事実上の独立を宣言した。梁啓超は本書三—6・三—7などで、革命が外国の干渉を招き、中国が分割されかねないと主張していた。

2　大総統に上《たてまつ》る書簡(国体問題)

【初出】中華民国大総統袁世凱にあてた私信の体裁をとった文章で、『梁啓超年譜長編』は一九一五年「四月下旬」の作とする。同年一二月下旬、梁啓超が南下したさい、上海の各紙に本文が掲載されたため、その時に書かれたという説もあるが、従えない。

【解題】内容は副題どおり、いわゆる「国体問題」と深く関わっている。「国体問題」とは、共和制か帝制かをめぐる問題にほかならない。

辛亥革命を経、一九一二年に帝制の清朝が倒れて、共和制の中華民国が成立した。孫文の後を受けて、その臨時大総統となった袁世凱は、次第に独裁色を強め、正式に大総統に就任したのち、一九一五年に入ると、帝制への回帰・自らの皇帝即位をめざすようになる。その意を体して、袁世凱の即位を望む名士や、中国に共和制が適していないことを訴える識者があらわれ、同年八月、帝制・即位を支持する輿論形成をになう御用団体たる籌安会が発足した。これを機に、いわゆる帝制運動はいよいよ盛大に赴く。

梁啓超は一九一二年に亡命から帰国した後、一貫して袁世凱に近い立場にあった。その政権を支持し、閣僚も歴任している。しかしこの帝制への移行には反対し、籌安会発足後まもなく、帝制運動を強く非難する「異哉所謂国体問題者(異なるかな、いわゆる国体問題とは)」(『大中華』第一巻第八期、一九一五年八月二〇日。『専集』三三、所収)という論文を発表した。これを皮切りに、全国的な批判が起こって、梁啓超自身も反袁運動の中心的存在となる。

上記論文が公に輿論を動かそうとしたものだったのに対し、ここに紹介する書簡文は、袁世凱個人に直接訴えて、翻意を促そうという私的な方向をとるものだった。長短・公私のちがいこそあれ、両者はほとんど同じ動機・趣旨である。

にもかかわらず、その後も皇帝即位の準備が着々と進むに及んで、梁啓超は同年末ついに北京を離れて南下して決起、広西・雲南で反対派の首領らと軍事行動におよんだ。護国戦争、あるいは第三革命と呼ばれるこの反対運動により、袁世凱はいったん皇帝に即位しながらも、翌一九一六年三月に退位、まもなく病死した。

梁啓超が袁世凱の帝制運動に反対したのは、「国体」「政体」をめぐる自身の政治理念にもとづいている。本書四―1でも述べたとおり、「国体」を維持し、理想の「政体」をめざす、「共和の国体を擁護し、立憲の政体を実行する」のが、かれの基本的な立場であった。たとえ理想の「政体」実現のためであっても、「国体」を変える手段をとるのは容認できなかったのである。

大総統鈞鑑《どの》　さきに心温まるご来示をいただきました。ご謙遜とお心遣いの心情がともに文面から溢れ出ており、お応えのしようのないほど、衷心より感動いたしております。

すぐにでも誠心誠意、お力添えをしたいところですが、思いなおしてみますに、簡単に申し上げるだけでは、意を尽くせませんし、詳しく述べましては、万機を決せられるお方に、冗舌でお耳を汚すことになりまして、よろしくありません。それに啓超《わたし》が申し上げたいのは、ほとんど杞憂にすぎませんが、あくまで大総統としての過失を正したいという意図からでございます。ご納得をいただけなかったり、過ちを重ねたりしてはいけませんので、何度も筆を執っては、そのつどやめてまいりました。

折しも帰省のため南に下り、都を遠く離れることになり、あらためてお目にかかれるのは、いつになるかわかりません。平生の知遇を感謝しておりますし、また最近の世情の変化が憂慮されますので、公の道義からも私的な感情からも、黙過するわけにはまいりません。とりいそぎ僭越ながら愚見を申し上げる次第です。どうかご賢察いただきたく存じます。

国体問題は、すでに騎虎の勢いになっておりますので、啓超《わたし》も重ねて思い止まるようお諫めすることで、ますますご不興を買いたくはありません。ただ、平静に大局・前途をみてみますと、考えれば考えるほど危険で、寒くもないのに慄然としてしまいます。友邦の非難や党人の敵対は、紛糾を招いても、まだ防ぐことができましょう。最も心配でならないのは、わが大総統がこの四年にわたり、国のために尽力されてきた本懐が、永遠に天下に明らかにならずに終わるのではないか、これから以後、天下の信望は失墜して国家の根本が揺らいでゆくのではないか、ということです。〔『大学』〕伝〔第三章〕にも、「国人と交わりては、信に止まる」とあるではありませんか。上に信が立てば、民はおのずと心服します。ひとたび信に背けば、他日あらためて自分から民と結ぼうとしても、天に登るほど難しくなります。何度も公に誓っておきながら、(1)その舌の根も乾かぬうちに、一朝にして行動がことごとく言に反しては、今後どうやって天下に号令するのでしょう。これでは、義をもって始まり、利をもって終わるも同然だと人民は言いつのり、私利に走る心をいっさい憚らなくなってしまいましょう。同時にわれわれには、もう寄辺もなくなってしまいましょう。

そもそもわが大総統に、天下を私する気持ちなどありません。それは啓超《わたし》なら信じられますが、しかしどうやって諸国を説得し、人民に納得させるのでしょうか。宮殿の奥深く、拱手して鎮座ましまし、接見なさるのは左右の側近ばかり、阿諛追従の輩は、争って功を求め寵を得ようと、挙国一致で推戴します、などと虚言を並べておりますが、事実がその正反対なのを知っているのでしょうか。首都では、官僚知識人エリートでさえプライベートでは、この話に談論が及ぶと、ほとんど嘲笑軽蔑していますし、しかも北京以外では、報紙《ジャーナリズム》の口吻が、聞くに堪えないまでになっています。山奥であれ海浜であれ、田舎であれ都会であれ、人民はみな、今にも大乱が起こるかのように、日々不安におののいています。

そもそも力だけに頼って国のトップに立ってゆけるのであれば、秦の始皇帝や隋の煬帝の後継者は、天とともに永遠に続いたはずです。力に加えてさらに人心に頼って、国をまとめてゆくのであれば、わが大総統におかれましては、今こそ目を覚まして自省され、迷うことなく自制なさらなくてはなりません。「事前に慌てふためくばかりか、中途で突如、二の足を踏んでは物笑いになって、いたずらに尊厳を傷つけるだけだ」という人もいるかもしれません。しかし最近の情勢についていいますと、ここ数カ月間のドタバタに、もとより大総統は関与なさっておられません。ましてや実地の記録をみましても、大総統がもともとその地位を敝履のようにお考えなのは、すでに公然とくりかえしお天道さまに誓っておられます。今その高潔な約束を実践され、不義の帝位奉戴をお断りになれば、ご仁徳はますます盛んで、嫌疑など消え失せるでしょう。

また「この皇帝即位は元来、軍人からの提案なので、強いてその意向に逆らったりすれば、見放されてしまう恐れがある」という人がいるかもしれません。愚見では、軍人が元首の大義に服しているのは、もうかなり以前からみな明らかなことであり、自分一人の虚栄のため、大総統を不義に陥れることなど、誰にもできません。わが大総統が誠心無私に胸襟を開いて、正しい大義と厳しい言葉で、かれらを教導さえなされば、誰も命に背こうとはしないでしょう。もし今日、民国元首の声望で「陳橋の謀」を食い止められなかったとすれば、将来、帝国元首の武威をもってしても、「漁陽の変」を防ぐことはできません。(2)「阿を倒《さかさま》にして柄を授く」〔『漢書』梅福伝〕ように大権を他人に与えては、災禍がいよいよひどくなりますが、わが大総統が日ごろ訓練し養成してこられた軍人たちが、まさかそんな行動に出るでしょうか。昔の人も「およそ事を挙ぐるに、親厚せる者の痛むところと為り、讐《にく》まるる者の快とするところと為るなかれ」と言っています〔『文選』四一、朱浮「幽州の牧と為り彭寵に与うる書」〕。いま水害・干魃の災害が、あいついでいまして、警戒せよ、との天意はすでに明白です。くわえて汚職はやまず、盗賊も絶えず、不公正な刑罰に苛斂誅求、冬は厳寒、夏は長雨、人民の不満は沸騰しています。内は敵対する政党が力を蓄えてスキをうかがい、外には強力な隣国が「狡焉として啓かんことを思」い〔『左伝』成公八年〕、虎視眈々と中国を狙っている情勢です。わが大総統におかれましては、その玉体を衆矢の的とし、磐石の安定を捨て、虎の尾を踏む危険を冒し、お慕いする下々を幻滅させ、盗賊の志をのさばらせるようなことをなさるにはおよびません。

啓超《わたし》が願うのは、わが大総統がその身で中国将来の新しい英雄の紀元を開いて下さることであって、中国過去の旧い奸雄の最後を飾られる身になられることを願いません。わが大総統の栄誉が中国とともに長らえることを願うものであり、中国の命運がわが大総統とともに断ち切られることを望みません。かくて「心を椎《う》ちて血に泣き」(『文選』四一、李陵「蘇武に答うる書」)て、この最後の忠言を申し上げる次第です。愚見が当を得た、すぐれたものでないことは重々承知しておりますが、危ういとわかっているのに申し上げないなら、いよいよ大総統にそむくことになります。どうかご判断いただければ幸いです。

さてまだいくつか、ご忠告いたしたいことがございます。

現代に国を立てるには、当然に現代に生存してゆくやり方があります。世界の潮流に逆らって自らの殻に閉じこもると、最後には必ず淘汰されてしまうでしょう。願わくば、少しでも復古の念をお捨てになり、新たな国づくりをお謀りいただくよう努力なさってください。

法というものは、上下ともに遵守してこそ、破綻なく維持できます。法令がひとたび効力を失えば、人民はどうしようもなくなり、政府の威信も失墜します。願わくば、つねに法によって自らを正し、小役人・悪人に法律を悪用させないようになさってください。

参政権と愛国心とはきわめて密接な関係にあります。国民が政治に発言できないのに、国家と一体となって苦楽をともにするよう求めても、かなうはずはありません。願わくば、大総統には、本物の民意機関を創設して、自由に表明される輿論を育成ください。冤罪抑圧で民意が伸ばせず、憎悪に一変させてしまうようなことは、くれぐれもなさいませんように。中央と地方の関係は、幹と枝の関係に似ています。枝はすっかり衰えたというのに、ひとり幹だけ栄えることなどあり得ましょうか。願わくば、中央の権威を顧慮すると同時に、地方が発展する余地も残してください。

礼・義・廉・恥こそ、いわゆる「四維」(『管子』牧民)、国を維持する四つのモラルです。これをさかんにしないと、国は亡びます。国を挙げて「妾婦の道」(『孟子』滕文公下)をゆくようにひたすら従順にすべく、アメとムチで権勢になびかせては、国家はどうやって立ちゆくのでしょうか。願わくば、名節を重んじ、品行を正しくするよう呼びかけていただき、貪欲な下衆を抑えて硬骨な善人を受け入れてください。さすれば、国家の元気《エネルギー》が消尽することもなく、危機に遭っても、頼みにするところがなくなりません。

以上数カ条は、もとより凡論で、お見通しでないはずもありません。それでもあらためて申し上げるのは、啓超《わたし》としましては、何の寄与にならなくとも、自らの誠意を押し止めておくには忍びないからですし、大総統にとりまして良薬の投与となれば、常に服用くださるにちがいないからです。お聞き届けくだされば、この上ない幸せでございます。

日々北京から遠く離れ、いつお目にかかれるかわかりません。書面をしたためるにあたり、哀傷がつのり、墨に涙が混じります。くれぐれもご自愛をお祈りし、ご高覧をお願い申し上げる次第です。

(1)袁世凱は臨時大総統就任にあたって、「共和が最良の国体」であり、「永遠に君主政を中国に再現させない」と宣言した。また一九一三年一〇月一〇日、北京故宮の太和殿でおこなわれた正式の大総統就任式で「国慶紀念日宣言」を発表し、そこでも「専制」「帝制」を否定している。共和制を尊重し君主制に回帰しないことを誓っていたのである。

(2)「陳橋の謀」とは、宋の太祖・趙匡胤が陳橋駅で配下の武将たちによって皇帝に推戴された事件、「漁陽の変」とは、唐の玄宗が臣下の安禄山に叛乱を起こされた事件をさす。部下の推戴を止められないなら、帝位に即いても部下の謀叛を止められないであろう、という意味になる。

3 『曾文正公嘉言抄』序

【初出】『曾文正公嘉言抄』上海商務印書館、一九一六年五月。

【解題】『曾文正公嘉言抄』は一九世紀半ばの太平天国の乱を平定し、清朝第一の名臣と称せられる文正公・曾国藩の名言を集めた箴言集で、曾国藩の同僚だった同郷・湖南人の胡林翼・左宗棠の名言も、巻末に附録する。本文に記すとおり、困難な世に処してゆくため修養に資するのが、編纂の動機・ねらいであった。既刊の『曾文正公全集』のうち書簡・家書・家訓・日記・文集から選りすぐった章句を収録してある。

曾国藩は自省癖の強い人物で、ことさら自らの反省や修身を記録して、門弟や友人に披露していた。かれが功業をたて名臣に列せられるに及んで、その記録がエリートを志す若者の修養書の役割を果たすようになったのも自然であり、梁啓超もその一人だったとみることができる。この時期、類書は少なくない。

梁啓超自身の曾国藩への傾倒は、『梁啓超年譜長編』によれば、つとに一九〇〇年当時に確認でき、若気の至りで上滑りな外国かぶれを反省しようとした、という文脈で書簡にみえる。もっとも当時は、ただ個人的な「修身」だったのに対し、「新民説　私徳を論ず」で称揚を公言した(本書三―6)のにくわえ、さらにそのおよそ十年後、ここで書物にして世に問おうとしたのには、やはりそれなりの契機がありそうである。

本文が書かれた一九一六年は、袁世凱の帝制運動をはばんだ護国戦争のあった年であり、梁啓超はその立役者の一人だった(本書四―2を参照)が、その機に乗じて、自分だけに限らない、中国人すべての人心のたてなおしを念願したと思しい。帝制運動で人心の混乱・頽廃が露呈したと考えたからであろう。軍事面で袁世凱に対抗した、もと教え子の雲南都督蔡鍔に、梁啓超はまめまめしく指示を出し、曾国藩の軍隊指揮を軍事のみならず教育にも応用できると述べていた。その趣旨は『曾文正公嘉言抄』に記すところと一致し、当時のかれの危機感をうかがうことができる。

曾文正公〔曾国藩〕なる者は、近年ばかりではなく、有史以来ほとんど見ない傑物である。またわが国だけではなく、全世界でも稀にしかいない傑物である。そうはいっても、文正公は絶世抜群の天才ではもちろんない。同時代の諸賢のうち、最も魯鈍とみられていた。その遭遇した転変は、生涯およそ逆境のなかにあったにもかかわらず、仁徳をたて、功業をたて、文章をたて、いずれも不朽だったのは、空前絶後の業績で、余人の追随を許さない。

その生涯にあずかって力のあったのは、志を立てたことにある。自ら俗流を脱却して「困《くる》しんで知りて、勉めて行」ってきた(『中庸』第二十章)。千百の艱難に遭っても挫折せず、目先の効用を求めず、コツコツと積み重ねてきた。虚心に受けとめ、勤勉にいそしみ、しっかりと自立し、志操は不易、教導は誠実で、倦まず弛まぬ敢然たる精進、尋常ならざる刻苦勉励とは、まさしくかれのことをいうのだ。

孟子曰く「人はみな堯舜になれる」(『孟子』告子下)と。いにしえの聖人の堯・舜が、ほんとうに誰もが学んでたどりつける境地なのかどうかは、わたしには答えられない。しかし曾文正公なら、誰でも学んでたどりつける境地だと、あえて申し上げたい。なぜか。文正公の天からさずかった才覚に、別に人とちがったところはないからである。

向上を欲しない人などいないだろう。しかし学問が絶え道徳が失われ、人心が放埒で秩序の崩潰した時代にあっては、すさみきった習俗には、全力でフタをして抑えつけようとしても、よほど強くしっかりしないと、容易に染まってしまう。荀子も「凡俗魯鈍だったなら、師友によって支える」(『荀子』修身)といっているが、厳しい師・畏るべき友は、やはり末世ではおいそれと得られるものではありえない。だとすれば、世上の堕落衰乱が日ましにひどくなりゆくのも、まったく怪しむに足りない。

有志の知識人には、自らを鍛え助け養うべく、ひたすら典籍に通じて、一言一句その真理を守って、なお堕落せずに少しずつ向上できている者もいないわけではない。古人が「一善を得れば、則ち拳拳服膺《ふくよう》して」〔『中庸』第八章〕日々くりかえし反復暗誦し、死ぬまで忘れなかったゆえんである。そもそも先人・聖人が教義をささえ人心を正すにあたっては、四書・六経がそなわっていた。しかし経典は字句が簡潔なのに意義が深奥なので、浅学菲才では往々にして会得できないし、幼少から習っていても、古くさいと思って、たちまちあらためて考えようとしなくなる。一昔前の諸賢による解説も、いよいよ汗牛充棟ながら、内容はおおむね専門的に失して、わかりやすさに乏しい。

いったい人生の数十年間、属する群《しゃかい》のおかげで生きていくことができる。その群《しゃかい》に報恩しようと思わないはずはないだろうが、その報恩にあたっては、必ずや事無かれではすまない。俗世から逃避して静謐《せいひつ》を守れば即、罪がないとはいえないのは明らかである。それなら日々外界と交わっていかねばならない。しかも己の信じるところで天下を動かそうというのなら、その身の終わるまで、この濁世《じょくせ》で転戦すべく生きていくことになる。

それなら、どうすれば自分の心身を鍛え上げて、不敗の位地に自立できるようになるのか。どうすればどんな事物に遭遇しても、うまく適応して挫折しないようにできるのか。天下最大の学問とは、これ以上のものではありえまい。それも一定の公式があるわけではなく、素《タブラ・ラーサ》から作り上げていくものである。それなら、そんなことができるのは、いったい誰なのか。

曾文正公が没してから、まだ数十年もたたない。国内の風尚・形勢も、いまと大差はなかった。にもかかわらず、文正は素朴な姿のままで生涯を送った。良家名門の出身でもなく、いやというほど苦難を経験した。人心のすさんだ時世に遭って終生、挫折と誹謗・嫉視のくりかえしながら、自己の心身のみを頼みにして、曲げず阿《おもね》らず、倦まず弛まず、ついには世全体の空気を一変して災厄の時代を挽回したのである。かれの発言は一字一句すべて自らの実体験にもとづくものなので、切実にして滋味に溢れており、われわれの目前の役に立つものばかりである。この点は唐宋以後の先儒の語録など、およびもつかない。

孟子は「伯夷の風を聞く者は、懦夫《いくじなし》も志を立つる有り」といい、さらに「百世の上に奮いて、百世の下、聞く者興起せざる莫《な》し」ともいった〔『孟子』尽心下〕。〔「百世」も昔の「伯夷」という聖人でさえ、耳にすればみな奮起するという。〕まして〔曾国藩から〕まだわずかに一世代しか隔たっていないので、その遺沢は途切れていない。模範はすぐ近くにあるのである。それならこの書物は、全国の人が衣食のように、片時も肌身から離せないものになるだろう。

4　中国人の自覚

【初出】『欧遊心影録』第一篇「欧遊中之一般観察及一般感想」下半篇、『時事新報』一九二〇年三月一四〜二五日(北京の『晨報』にも同時掲載)。

【解題】『欧遊心影録』は『飲冰室合集』に収録されるにあたり、一部が省略された。ここでは、『時事新報』版を参照しつつ、『専集』所収の節録版(『専集』二三、二〇〜三八頁)をもとに訳出した。

『欧遊心影録節録』は「欧遊中の一般的観察及び一般的感想」「欧行途中」「ロンドンへの最初の旅」「パリ講和会議鳥瞰」「西欧の戦場の形成と戦局の概観」(蔣方震「ドイツ敗戦の諸因」が付される)、「戦地及びアルザス・ロレーヌ二州紀行」「国際連盟評論」「国際労働条約評論」の八部で構成される。本文「中国人の自覚」は「欧遊中の一般的観察及び一般的感想」の下篇に当たる。

一九一七年末に財政総長を辞し、著述と研究の日々を送っていた梁啓超は、一九一八年一二月二八日に上海を出航、一年余りにわたるヨーロッパ遊歴に出かけた。遊歴の目的は二つあった。一つは、私人の立場からパリ講和会議で中国代表団を支援することで、もう一つは、大戦後のヨーロッパを観察して視野を広め、あわせて学問を探究することであった。同行者は蔣方震・劉崇傑・丁文江・張君勱・徐新六らであった。

パリ講和会議で中国は山東省のドイツ権益を取り戻すことに失敗したが、梁啓超が国内に送った会議関連の電報は、五四運動勃発の引き金の一つとなった。その後、イギリス・ベルギー・スイスなどを回り、一〇月にパリに戻ると、パリ郊外のベルヴィルに二カ月ほど滞在し、『欧遊心影録』を執筆した。一九二〇年一月にパリを出発、三月五日に上海に戻った。

大戦直後のヨーロッパでの見聞や体験は、梁啓超の思想に大きな影響を及ぼし、晩年の活動を規定した。影響の第一は、西洋の科学・政治・文明に対する批判的評価に現れている。影響の第二は、帰国後、政治活動から完全に撤退し、教育研究活動に全力を注いだことに現れている。梁啓超は青年時代から西洋文明を摂取することに努めてきたが、今回の遊歴によって西洋文明の長所と短所をはっきりと認識するに至った。西洋が目指すべき唯一の目標でなくなったことは、中国に対する再評価と期待を生んだ。そして中国文化の研究に残りの生涯を捧げることになる。

本文「中国人の自覚」はその言葉どおり、中国人に自らの責任を自覚させることを目的に書かれた。中国人の責任とは、中国という国家・文明を発展させることで、人類全体の幸福に貢献することである。ここでは、弱肉強食の世界観は影を潜め、東西文明の調和が語られている。南北の軍閥が対立する現状を打破して真の民主主義国家を実現する手立てとして、「尽性主義」を提唱する。国民がそれぞれの個性を発展させることで、はじめて国家は存立しうる。ではどうやって個性を発展させるのか。梁啓超の処方箋は思想解放であった。

第八節では中国人の欠点として組織能力と法治精神の欠如が挙げられる。これらの欠点を克服するために、自治の精神を養成することを提唱する。第一二節では、尽性主義を実践する手段として、国民運動を挙げ、時間はかかるがやがては全国が「理想の新民」に変わるだろうと主張する。最後の第一三節では中国文化の特質と可能性に触れ、西洋文明の良いところを取り入れつつ、中国文化と「化合」させて、新しい文化を創造し、人類に貢献するよう呼びかけている。

一、世界主義の国家

第一に、われわれは世界の大同がまだ先のことで、当面の間、国家は決して消滅することはないということを理解しなければならない。しかも各国は戦いが終わって消耗した活力の埋め合わせを、外国から得ようとしている。世界を見回せば、丸々太った中国が残るだけだ。当然、遠来の客も近くの隣人も、われわれの様子をうかがっている。もし自ら立ち上がることをせず、ただ国際連盟を頼りにして用心棒になってもらおうと期待するなら、夢を見ているにすぎない。とはいえ、われわれは決して国際連盟なるものがいかなる価値も持たないと考えてはならず、自分たちの力を尽くして、その進歩を促さなければならない。今回の国際連盟は世界主義と国家主義の調和の始まりと言えるもので、国家互助の観念を深く人心に刻みこみ、国家の意志が決して無限ではなく、外部から大きな制約を受けねばならないことを理解させた。単刀直入に言えば、国家と国家の間はこれよりますます親密を加えることになる。われわれはこの現状の下で、一種の「世界主義の国家」を建設しなければならない。

「世界主義の国家」とは何か。国とは愛すべきものだが、保守的で偏狭な古い思想を愛国と考えてはならない。なぜなら、現在の国家はそのような愛国によって発達しうるものではないからである。われわれの愛国は、国家が存在することは知っていても個人が存在することを知らないというものであってはならないし、一方で国家が存在することは知っていても世界が存在することを知らないというものであってもならない。われわれは、この国家の下で庇護を受け、国内の各個人の天賦と能力をできる限り発揮し、世界人類全体の文明に対して大きな貢献をなさねばならない。将来各国の趨勢はみなこうなる。われわれがこの主義を提唱するのも、この効果を狙ってのことである。

二、中国は亡びない

第二に、われわれは決して、中国が滅びそうだといって悲観すべきではない。やれ財政が困難だとか、経済が困難だとか言っても、人様の困難はわれわれより何十倍、あるいは百倍も勝るかもしれない。われわれは少しでも暮らしがうまくいかないとしょげこんでしまうが、ヨーロッパ人は相携えて大西洋に飛び込むしかなかったのだ。もし軍閥の専横や政治の腐敗のために、なすすべがないと言うのなら、一九世紀前半のヨーロッパの歴史がどのような状況だったかをご覧になられよ。イギリスとフランスの両国はいまや民主政治の模範とみなが認めているではないか。かつて門閥の専横腐敗はわれわれと同じだったのに、どうして今日のようになったのか。遠い昔のことはさておき、いまの資本階級の専横はどうだろうか。かれらは深くどっしり根を下ろし、知謀にも長けていて、われわれの見かけ倒しの軍閥や権勢を恃むばかりの官僚と決して比較しうるものではない。われわれがなすすべがないと言うなら、かれらの大多数は座して死を待つほかあるまい。

もしいま人心が堕落し悪党が横行しているために根本的悲観が生じるというなら、物事の一面しか理解していないことになる。混乱の過渡期には必ず罪悪が表に出てくる。これは各国いずれも同じで、わが国だけのことではない。それでもなお、いまの人心がかつてと比べて堕落していると言い張るのなら、わたしはそれを承認することはできない。これまで罪悪がなかったためしがあるだろうか。あるいは認識が異なるためにそれを罪と認めなかったか、あるいは社会の輿論がとるに足りない些末なことだとみなしたために、その罪悪が発覚しなかっただけなのだ。

政治に関して言えば、中華民国の政界はむろん混濁しているが、清朝の政界が清く明らかだったと言えるのか。以前は罪悪を気にとめる人がおらず、夢うつつの中でその抑圧を受けてきたにすぎない。現在、まだ抑圧から抜け出ていないとはいえ、その罪悪は洗いざらい暴露された。そのためにますます驚き動転し、あたかも以前に比べて悪くなったように見えるだけなのだ。そのほか家庭や社会の罪悪もみなこのようである。その実、過去も現在も罪悪は同じであって、違うところは、ただ暴露したか否か、認識しているか否かにある。罪悪の質と量が同じであれば、堕落と見なすことはできない。

しかしながら、暴露し、認識するというのは一種の進歩である。どうしてか。なぜならそれは国民の自覚心の表れだからである。古人は「病を知れば即《ただ》ちに薬《いや》す」と言っている。以前は全身が病気であったのにまったく気づかなかったが、今はそれを知っている。この「知る」ということから、自ずと手立ても出てこよう。いまヨーロッパ人は日々「世界の末日」だとか「文明の破産」だとか大声で疾呼している。かれらが語っていることが度を越しているかどうかはさておき、この危機を憂える気持ちこそが、蘇生の証拠なのである。

一人の人間が最も恐れるのは現状に満足することである。もしそうなれば、その人は退歩あるのみで進歩はなく、死んだも同然というほかない。現状に満足できないことを認識すれば、自然と努力が生み出され、この努力が活路となるのである。われわれはいま自分たちが罪悪にまみれていることを知っている。また、自分たちが住んでいるのが極悪の社会であることを知っている。中国はここから活路が切り拓かれるのである。これは良い現象であって、悪い現象ではない。病気であることがわかりさえすれば、急いで医者にかかればよいのであって、病気だからといってしょげかえり、自衛の本能を減却させる必要はない。この病気は何もたいしたことはないのだ。わたしはかねて天下になすすべがないというようなことはない、何もしないから、本当になすすべがなくなるのだと言ってきた。われわれはまず辞典から「没辦法〔なすすべがない〕」の三文字を消去しよう。なすすべはたくさんあるのだ。

三、階級政治と全民政治

第三に、かつて愛国の士には二つの派があって、それぞれ誤った道を辿った。甲派は国内の既存の勢力に頼り、より秩序ある現状の下で、漸進的に改革をおこなおうとした。この考えが完全に誤っていたとは誰が予想しただろうか。結局は他人に利用されただけで、何らの改革も見られなかった。乙派は既存の勢力を打破しようとした。何と戦ったのか。「君たちは駄目だ、われわれがやるのを見てなさい」と言って、かれらと同じ勢力と戦ったのである。この考えも完全に誤っていたとは誰が予想しただろうか。

軍閥を打破すると言っても、軍閥を打破する人はやはり軍閥ではないのか。官僚を排斥すると言っても、官僚を排斥する人はやはり官僚ではないのか。一人の強盗すら取り除けないだけでなく、かえってかれらにたくさんの助っ人が加わり、同時に別のところからも多くの強盗が加わった。この数年間の軍閥や官僚の魔力は、この両派の人々が直接もしくは間接に引き立てた結果できたものではなかったか。

両派ともその本心は愛国である。愛国がなぜ国に災いをもたらすような結果を生むのか。そもそも両派は共通の謬見を持ち、「一二三の豪傑、時の為に出づ、乾坤を整頓し、時を済《すく》い了《おわ》れり〔二、三人の豪傑が時代を救うべくして現れ、天下を立て直した〕」という杜工部の詩〔杜甫「洗兵馬」〕が示すような旧社会の思想の悪弊に影響されていたから、民主主義の国家とは徹頭徹尾、大多数の国民に依拠するもので、数人の豪傑に依拠するものではないことを知らなかったのである。

かつての立憲派は自らの憲法を立てたが、国民のために何をしただろうか。革命派も自らの運命を革《あらた》めたが、国民のために何をしただろうか。ビールの瓶を開けると、表面に泡が吹き出て沸き立っているかに見えるが、しばらく経つと泡さえもなくなってしまい、瓶の中身は冷たいままというのと同じである。これは民主主義運動の原則に根本から背馳している。二十年来のさまざまな失敗はすべてこれがためであった。

今日、もしみながこの誤りを認めて心から懺悔し、甲派は軍人や官僚を利用する卑劣な手段を放棄し、乙派も軍人や土匪に働きかける卑劣な手段を放棄し、各自がそれぞれ信じるところのものを、手立てを講じて多数の市民の脳裡に注ぎ込むなら、それこそが天下を平定する本道である。単刀直入に言えば、国民全体から考慮するのであって、自分が利用できる一部分の人から考慮するのではない。そうであってこそ真の愛国であり、救国の最上の方法である。これまでやってきた一部の人のための政治から目を覚まそう。チャンスが生まれるのは全民政治しかないのだ。

四、急いてはならない

第四に、世の中の事は急いてはならず、速やかな効果を求める気持ちを捨て去って、はじめて効果を口にすることができる、ということを知るべきである。「時局はこれほどまでに危険な状態に達しているのに、なんとか取り繕って暫時持ちこたえようともしない。一旦滅びてしまったら、どうするのか」と言う人に対して、わたしはこう答える。中国は決して滅ぶはずがないというのはしばらく置くとして、誰かがこんな大きな国を滅ぼそうと思っても、決して容易ではあるまいと考えるだろう。もし国が滅びたとしても、たいしたことではない。ポーランドは数百年間滅んでいたではないか。それが今日ではどうだろう〔ヴェルサイユ条約で独立を回復した〕。「暫時持ちこたえる」というような言葉こそ真の亡国心理だということを知らねばならない。もし滅びないとすれば、頑強な砦に立てこもり死に物狂いで戦うしかない。こうした方法はそそくさとやるものではは絶対にない。わが国の民主主義は、そもそも歴史的にその基礎が浅く、地域的にもそれを養成する機会を持つところは非常に少なかった。だから欧米諸国に比して、その発達は遅かった。いま突然にこの看板を掲げても、ロバが虎の皮を被るようなもので、さまざまな醜態が起こるのを避けることはできない。ただこれらはいずれもたいしたことではない。というのも、人間の特性は硬直したものではなく、融通がきくものである。時間をかけて努力しさえすれば、自然と自らを変化させ、環境に適応するようになる。

これは、新進の青年に期待すべきことであり、老輩に要求すべきことではない。われわれは決して老輩を軽視しているわけではない。なぜなら、かれらはかれらの時代に、かれらに適した事業をすることができるだけで、いまや年老いて、生理上も心理上も、新陳代謝の機能はすべて停止しているからだ。どうしてかれらに対して、われわれと同じように要求することができるだろうか。かれの地位はまもなく現在の青年たちに取って代わられるだろう。かれの地位は自ずから軽くなるが、逆に青年たちはかえって大きな責任を双肩に担うことになる。自らこの責任を認めこの責任を果たしさえすれば、この世になしえないことはなにもないのだ。わたしは、多数の愛すべきわが青年たちに、このような見識とこのような志気があると信じている。

ただ現在はまだ鍛錬が十分ではなく、交代の時期もまだ来ていない。それゆえ、今のところ決して急いてはならない。急いても仕方がないのだ。もし急かねばならない時は、うまくやっても、その場しのぎか小さな成果が得られるだけで、うまくやらなければ、堕落して一切が無駄になるだろう。このことを見抜いているからこそ、われわれがいま着手している国民運動は、二、三十年後を見据えてやらねばならない。これっぽっちのわずかな時間で、成功を見届けることなど期待できない。その実、二、三十年の時間は国史教科書では半ページか一ページを占めるにすぎず、ものの数ではない。われわれはひたすら思う存分にやればよいのだ。

五、尽性主義

第五に、国民が樹立する根本の道理は個性を発展させることにある。『中庸』（第二十二章）にはそれを最もよく言い表した言葉がある。「唯だ天下の至誠のみ能く其の性を尽くすことを為す（天下の聖人だけが徳を余すところなく発揮できる）」。われわれはここから名を拝借して「尽性主義」と呼ぼう。この尽性主義とは、各人の天賦良能を余すところなく発揮させることである。私人について言えば、こうすることで、はじめて世間の厄介者にならずにすむのである。人はみな自立すべきで、他人を煩わせてはならないし、他人の鼻息をうかがってはならない。社会国家について言えば、こうすることで、はじめて各人がそれぞれの長所を用い、自発的に進化を創造し、それが合わさって強固な国家、進歩的な社会となるのだ。

　このたびドイツが敗北した原因は、国家主義があまりにも偏って発達したために、人民の個性がほとんど国家に呑み込まれてしまったことにある。だから、イギリス・フランス・アメリカなど個性が最も発達した国民にぶつかると、到底対抗できなかった。というのも、「人自ら戦いを為す」（『史記』淮陰侯列伝）という効用が失われたために、勝つことはできても、負けることは許されなかったからである。ドイツ式の国家主義は国家自身の目的を基準として、全国の人々を一定の型にはめて国家に役立たせようとする。結果は、やはりその弊害に堪えられなかったのである。

　わが国はいわゆる国家目的すらなく、徒に奇形的な社会組織や惰性的な学術権威によって、各人の本能を幼い頃から束縛し傷つけてきた。いまの人たちは口を開けば中国は民智が開けていないとか、人材が欠乏しているとか言うが、まったくその通りなのだ。ただ、こうした旧社会の束縛や使役の下で、才智は生まれないということも知っておくべきだ。というのも、旧社会にもやはり一つの型があって、中国人を一様に鋳造する。もし型から外れると、社会に居場所がなくなるので、いかなる人であっても、必ず迎合した態度を取って調子を合わせなければならない。これでは絶対に天賦良能を極限まで自由に発達させることはできない。近来、中国人の才智が欧米人に及ばないのも、みなこのためである。

今日最も重要なことは、人がみなこの尽性主義をしっかりと奉じて、陸象山のいわゆる「必ずわたしも堂々とした人でなければならない」(『象山先生全集』巻三十五)のように、自分の天賦の才能(大小を問わず、人はみな必ず持っている)を思う存分発揮し、いささかもためらう必要はなく、少しも迎合してはならない。これこそが個人の自立の第一義であり、国家の生存の第一義である。

六、思想解放

第六に、個性を発展させるには、思想の解放から着手しなければならない。どのようなことを思想の解放と呼ぶのか。誰かがわたしにある道理を語ったとすると、わたしはどうしてもそれを徹底的に究明し、ひとしきり考えて、正確な見解を求めなければならない。考えを巡らす時には、自らを束縛するような先入観をいささかも持ってはならず、曇りのない鏡が物を映し出すように、頭のなかを空っぽにしておく。こうして考えた末、正しいと思えばわたしは信服し、正しくないと思えばわたしは反抗する。「曾て聖人の手を経、議論安くんぞ敢えて到らん〔聖人の手を経ているので、どうして軽々しく議論できようか〕」というのは韓昌黎の非常にくだらない言葉であり〔韓愈『薦士』鑑賞〕、聖人の学問とは、このようなものではないのだ。孔子は、善を択んで従うよう人に教えた〔『論語』述而〕。択ぶことをしなければ、それが善であることがどうしてわかろうか。この「択」という言葉こそ、思想解放の要点なのだ。

ヨーロッパの現代文化は、物質面であれ、精神面であれ、すべて「自由な批判」から生み出されてきた。社会で影響力のある学説に対して、それがいかなる人の手によろうが、いつの時代のものであろうが、必ず人が自らの見解の及ぶところに依拠して厳しく批判するのを認める。批判はことごとく正確である必要はないが、ひとしきり審査し選択したうえで批判しなければならず、それでこそ自己の思想を解放する道が開かれるのである。この批判はさらに他の人の審査と選択を引き起こし、そうして社会の思想を解放する道が開かれるのである。

互いに熟慮して意見を述べ、互いに正していけば、真理は自ずから日々明らかとなり、世の気運は自ずから日々良い方向に進む。もし一個人の思想を金科玉条として世の人心を制限すれば、その人が今の人であるか昔の人であるかを問わず、凡人であるか聖人であるかを問わず、かれの思想が良いか悪いかを問わず、結局は他の人々の創造力を抹殺し、社会の進歩を止めてしまうのである。その人はあれこれと考えを巡らしたからこそ、この金科玉条を創造できたのではなかったか。われわれはその人を尊敬するからこそ、その人に学ぶのだが、最初に学ぶのはかれが用いた思想の方法なのである。必ずやかれは自らの思想を古代の思想や同時代の思想の束縛から解き放ち、独立して自由に研究し、ようやく一家の学説を立てることができたのである。さもなくば、この学説はかれのものとみなすことはできない。そうであるなら、どうしてわれわれはかれのこの点を学ばず、かえってかれの他の側面を学ぶのか。わが中国で千年余りの間、学術が堕落し、進歩が停頓したのは、すべてこのためである。

思想がいったん解放されれば、人々は経典を離れ道理を踏み外すのではないかと言う人がいれば、わたしはこう答えよう。これはまったくの杞憂だ。もしそれが経典や道理でないなら、離れたり踏み外したりするのは当然ではないか。もしそれが本当に経典や道理であれば、まさしく「本物の金は鍛冶炉の火を恐れない」という俗諺の言うとおりである。誰かが自由な批判でそれを攻撃すれば、当然別の誰かが自由な批判でそれを擁護する。こうして垢が落ちてぴかぴかに磨き上げられ、その真価はますますはっきりと現れるだろう。もしある学説に批判を許さないなら、かえってその学説は批判に耐えられないかのような印象を与える。

だから、わたしは全国の老師宿儒に勧告する。決してこのために慌てることがあってはならない。青年たちが自らの思想を思う存分に羽ばたかせ、古今東西の学説に自由に疑問を抱くに任せよ。度が過ぎて「堯舜を非《そし》り」〔『孟子』滕文公上〕、「湯武を薄《かろん》ず」〔龔自珍「己亥雑詩」〕るようなことになってもかまわない。かれらの主張にもし価値がなければ、自ずと日月〔聖賢〕を傷つけることはなく、構っても仕方がない。もしかれらの主張が人の心や世の道理にとって憂えるべきものと認めたならば、どうか徹底的に反駁してもらいたい。双方が思弁の公共ルールを適用し、真っ向から微に入り細を穿って反論しさえすれば、いずれが是でいずれが非かは自ずと明らかになる。もし批判を禁止するだけで道徳を守ろうと考えるなら、それは「私語を交わしただけで死刑とする」秦の始皇帝のやり方〔『史記』秦始皇本紀〕であって、成功するはずもない。

さらに忌憚のない話をさせてもらいたい。思想を解放すると、道徳の条件はそれに伴って必ず動揺を来す。同時に、社会にはさまざまな罪悪が現れる。これは不可避の法則である。ただ、これを人の心や世の道理にとって憂えるべきものだというのは、どうだろうか。道徳の条件は、本来社会の状況に合わせて作り出されるものである〔孔子のいわゆる「時に中《あた》る」〔『易』蒙〕や「時に宜し」は、この道理を最も良く明らかにしている〕。社会が変遷すれば、古い条件は自ずと適用できなくなる。適用できない条件は、自ずと社会に対して拘束力を失い、干からびた装飾品となる。古い条件の多くが適用できなくなる一方で、新しい社会組織で必要となる多くの新しい条件がまだ規定されていないとすれば、道徳観念の動揺はどうして避けられようか。われわれが思想の解放を主張するのは、まさしくこの動揺の刺激を受け、困難を克服して新しい条件を求め、人々に精神上の拠り所を提供しようと考えてのことである。

かれらは思想を解放することは道徳を破壊することだと言う。「道徳」の二文字をどのように解釈するかはしばらく置いておこう。試しに聞くが、かりに思想を完全に封鎖したとして、かれらのいわゆる道徳を人々が実行するだろうか。古い道徳はつとに空文と化したうえに、新しい道徳は議論することを許さない、これこそまさに道徳の破壊ではないのか。

罪悪が現れることには二つの原因がある。第一に、思想解放の影響が及ばないことによる。古い道徳がすでに権威を失い、もはや社会を拘束することができないために、悪人が悪事の限りを尽くす。軍人・政客・匪賊・チンピラが多くの悪事をなすのは、まさか新しい思想が提唱したことではあるまい。第二に、思想解放の影響を受けたことによる。思想解放を提唱する人は、自ずと〔古い道徳の〕壁をこじ破る話を好んでするが、時に言い過ぎることがあるために、悪人たちは都合のいい部分だけを取り上げて護符とし、公然と悪をなすのだ。これまた思想解放が良くないためではないことを心得ておくべきだ。なぜなら、かれらはもともと罪悪にまみれており、以前はそれを隠していたが、いまや恥も外聞もなく、思う存分にさらけ出し、挙げ句の果てに大罪を犯したのであり、思想解放はやはり社会に有益なのである。したがって、思想解放には長所があるだけで短所はない。わたしは口を酸っぱくして世の道徳や人心に関心を寄せる人格者たちを諌める。この潮流に反抗する必要はないのだ、と。

七、徹　底

第七に、思想解放の提唱は、自ずとこれら愛すべき青年に依拠することになる。ただ、わたしはいくつか忠告をしておきたい。「解放する以上、徹底的にしなければならない。不徹底なら、依然として解放とは言えない」。

学問について言えば、「自らを束縛するような先入観をいささかも持ってはならない」ということを原則とする必要がある。中国の古い思想の束縛はもとより受けないが、西洋の新しい思想の束縛も受けない。目の前の学説を虚心に研究し、大胆に批判しなければならない。このことは、言うは易く行うは難しである。というのも、われわれの学問の基礎はもとより浅いものであり、いくらか価値のある学説を目の前にすると、魔力が発生し、知らず知らずのうちにそれに束縛されてしまうからだ。

孔子・孟子・程子〔程顥・程頤〕・朱子の話を金科玉条となし、神聖不可侵だと言うのはもとよりすべきではないが、マルクスやイプセン(1)の話を金科玉条とみなし、神聖不可侵だと言うのもまたすべきではない、ということを心得ておくべきである。また、現在われわれの言う「新しい思想」は、ヨーロッパではそのほとんどがすでに時代遅れとなり、批判を受けて過去のものとなっており、たとえそれらが本当に新しいものであったとしても、「新」だから「真」であるとは言えない、ということを心得ておくべきである。さらに、西洋の思想界は依然として混沌とした過渡の時代にあって、かれらはその中でしゃにむに光明を探し求めている、ということを心得ておくべきである。多くの先覚の士はまさに中国やインドの文明を輸入して東西の調和を図ろうとしている。このような大事業はおそらくわれわれの手によらなければ完成できない。われわれ青年は将来、全世界の人類に代わって、この大きな責任を担わなければならない。

さしあたりの準備としては、自ずと西洋思想を研究することから着手することになろう。一つは、かれらの研究方法がたしかに精密であるから、われわれはそれを採用しなければならない。いま一つには、かれらの思想は解放されてすでに久しいので、思潮の内容は豊富で、種々の方面を参考にすることができる。けれども、ひたすら研究するだけで、盲従してはならない。あたかも経験豊富な裁判官の裁判と同じく、古今東西に関わらず、いかなる学説も供述や証言を取り、それを参考にして判断するのであって、判断の権利をただちにその学説に預けてしまってはならない。これこそ解放を徹底するということの第一義である。

徳性について言えば、束縛を解くという作業はさらに骨が折れる。徳性がしっかり定まっていないと、そもそも身を正しく持することすらできず、そのうえどのような思想を講ずることができようか。ただ、われわれのこの徳性もまた無数の束縛を受けており、ことごとく解放しなければ、打ち立てることができない。祖先の遺伝や社会の環境はいずれも巨大な力を持ち、人はそれに抑圧されて身動きすらとれない。さらに凶悪な大敵がいる。すなわち四肢五官である。それは自身から一刻も離れることなく、至る所で自身に干渉し自身を誘惑し、いずれ自身をその奴隷に変えてしまうのである。

われわれは自分の個性を完成させねばならないが、周囲を怨敵に囲まれている。だから、家の中にいても奮闘しなければならないし、家を出ればあらゆる人間関係や社会の中で奮闘しなければならない。他人と闘うのではなく、自分自身と闘うのである。少しでも気を緩めれば、一敗地に塗れ、捕虜となって、永遠に自由を失ってしまう。

青年が数々の正念場を乗り切るのはさらに難しい。というのも、かれらは生理的衝動の作用が最も強く盛んな時期にあり、心のはたらきを抑えつけると、そのために気持ちがますます激しく高まるが、堕落もますます速くなるからである。思想のない人ならもとより惜しむに足りないが、思想のある人が堕落してしまうようなことになれば、その国家の活力はこのような損耗に堪えられない。この病気を治そうとすれば、やはり解放から着手し、つねに内省に取り組み、「真の自己」を認識し、この「真の自己」を束縛するすべての事物を、一つひとつ取り除いていく。これこそ解放を徹底するということの第二義である。

八、組織能力と法治精神

第八に、われわれ中国人の最大の欠点は組織能力がなく、法治精神がないことにある。一人ひとりの中国人と欧米人を比較すると、学生であれ、兵士であれ、商人であれ、技術者であれ、われわれの成績はいささかも、かれらに劣りはしない。ただ、かれらが十人合わされば、その力は十倍になり、十倍大規模な事業をなすことができ、百、千、万人合わされば、その力は百、千、万倍になり、百、千、万倍大規模な事業をなすことができる。

中国人はそうではない。一人合わされば、その力が倍にならないばかりか、衝突や掣肘の結果、彼我の能力は相殺されて以前より減じてしまう。合わさる人が多くなればなるほど、その力はますます減じて零に至る。だから個人で店を開くと、みな金を儲けることができるが、株式会社は九割方が掛け倒れになる。勇敢な兵士が合わさって軍隊となれば、みな堕落者となる。立憲や共和は似て非なるものになってしまう。

要するに、組織が必要なあらゆる事業は、中国人の手にかかると、いつもめちゃくちゃになってしまう。組織のない社会と組織のある社会が出くわせば、とても張り合い続けることはできず、その結果淘汰を免れない。であれば、かれらの組織能力はどこに由来するのか。われわれはどうしてそれを持たないのか。

わたしが思うに、差が生じるのは、ただ「法治精神」があるかないかの違いによる。一群の人々がどのようにして結合することができるのか。かれらが依拠するのは一種の共同生活の取り決めである。みなはこの取り決めの範囲内で分業し協力する。もし一貫して取り決めがなかったり、あるいは取り決めがあってもお咎めなしだったり、あるいは取り決めを利用してやろうという気持ちがあったりすれば、各人はこれまでと同じく自己の便宜を図ろうとする。このような集団は成立しえないし、共同生活もできない。

欧米人の社会は、大は国家の政治から小は団体の遊戯まで、人々はともに守るべきいくつかの規則があることを心の中で認め、それを神聖不可侵と考えている。法律と呼ぼうが、章程と呼ぼうが、公約と呼ぼうが、また文章化されていようがいまいが、要するに最初は軽々しく公認しようとしないが、いったん公認されれば、違反することは許されず、また利用することも許されない。一群の人々がこれに依拠する有様は、まるでエンジンがかかると一つひとつの歯車が自ずと順を追って作動する機械のようである。

　わが国の人々にはこの種の観念は一貫して養成されてこなかった。近来、世界に「法治」という言葉があることを知り、取り込んで外観を繕おうとしたが、法治精神についてては一向に理解していない。国会や省議会で日々、その条項が議論されているのが見られるが、その実、政府はそれを端から問題にしておらず、人民もそれを端から問題にしておらず、議員自身も輪をかけてそれを問題にしていない。会社であれ、協会であれ、みなそれぞれ何十条にも及ぶ立派な章程を持っているが、実際には白紙に印刷された何行かのインクにすぎない。

　多くの人が日々大声で「一番大事なのは人を集め団体を結成することだ」と疾呼している。だが考えてもみよ。このような性質の下で、どうやって人を集めることができようか、どうやって団体を結成することができようか。その実、提唱者が真っ先に自らこのような性質の奴隷となっており、もはやどうにもならない。

　そこでわたしは最初こう考えた。これはひょっとしたら、わが国民の天賦の劣った根性ではないか。そうだとすれば、最終的に淘汰されてしまうことは免れない。まったく恐ろしいではないか、と。のちによく考えて、そうではないことがわかった。すなわち、この種の良能は、これまでの歴史によって抑圧され、長らく発達してこなかったのだ。なぜなら、これまで過ごしてきたのは、共同生活ではなく単調な生活であり、当然、みなが守る合理的な取り決めは存在しなかった。これまでの国家と家族はいずれも命令と服従という二つの関係で構成されていた。命令する人の権力はこの上なく強く、公認の規則に縛られる余地はなかった。服従する人は、随時命令が下るのを待ち、その通りにするだけで、やはり公認の規則を必要としなかった。このため、「法治」の二文字はかつての社会において、まったく意義がなかったといえる。

人類の開化は共同生活に向かって進み、組織がなければ生存することはできないとわれわれに感じさせる。もし組織の良能を改めて掘り起こさなければ、この身はいったいなにに命を託せばよいのか。良能とはなにか。法治精神にほかならない。

九、憲法上の二つの要点

第九に、いま一度政治の問題について論じる。現在、南北の軍閥の蹂躙の下で、もとより政治の名に値するものはない。とはいえ、軍閥はいつかは倒されるはずで、軍閥が倒されたあと、政治が良くなるかどうかは、国家の根本組織がどうであるかを見なければならない。国家の最も重要な機関として、当然まず国会が挙げられる。ただ数年来、国会の価値は議員によってすっかり汚されてしまった。国民の国会に対する信頼はすでに地に墜ちている。国会を回復する以外に方法はない。どうやったら回復できるのか。そもそも国会はどうして価値があるのかといえば、国民を代表しているからではないか。現在の議員はいったい誰を代表しているのか。しかしながら、現在の状況は、政治で飯を食う無職の遊民の一群を集めたにすぎず、かれらは肩書きをつけ、厚かましくも全国の主人を以て自任している。どうしてかれらに対して信頼を生じさせることができようか。たとえ改選したとしても、選出されるのはやはりこの手の人々であって、形は変わっても中身は変わらず、結果は以前と同じなのだ。

このように言うと、民意機関はいつまで経っても実現せず、政治はいつまで経っても改良されず、国家は葬り去られてしまうことになる。国会が価値を取り戻すには、もとより国会を真に国民を代表するものとすることが必要である。わたしは一種の職業選挙法を実施するのがよいと考える。二つの議院のうち一つは地方を代表するやり方を踏襲してもよいが、もう一つは職業を代表するやり方を取る必要がある。全国の種々の職業団体に国家が法人の資格を与え、選挙の実施を委任する。選挙権と被選挙権はいずれも職業を有するものに限定する。われわれのような高等遊民は公権を剝奪される部類に入るほかない。もし公権を回復したければ、大急ぎで自分で職業を探してくるしかない。この方法を用いれば、政治を食い物にしている政客は、ただちに一掃されるとまではいかないにしても、少なくとも八、九割は除かれ、ともかく政界のために厄除けの札を手に入れたことになる。この方法を用いれば、農工商など各種の職業者は、切実な利害という見地から政治問題を取り上げ、それは自ずと急所を突いたものになるだろう。もしこの方法を用いれば、かの「国の石民〔国家の礎石となる人々〕」〔『管子』小匡〕と国家の間に密接な関係が生まれ、民主政治の基礎は自ずと確固たるものになる。もしこの方法を用いれば、将来、生産事業が発達しても、資本階級と労働階級はともに適当な代表を最高機関の中に持ち、随時意見を交換し利益を譲り合える。あるいは社会革命の惨劇を免れることができるかもしれない。

わたしは、この方法は将来世界各国で採用されるはずだと考える。ただ、資本家の勢力はあまりに大きく、手を尽くして妨害するから、激しい戦いをすることなしに実現するのは難しいだろう。現在われわれは無一物で、階級間の利害衝突はまったく存在しない。みなで努力して、なんとか実行してみてもよいではないか。内に対して国家の基礎を固めることができるだけでなく、さらに外に対して先進国の栄誉を得ることができる。もう一つは、スイス式の国民投票制度を採用すべきことである(第一七篇で詳しく述べる)[2]。この制度は小国だけが実施できると言う人がかつていたが、そんなことがあろうか。現在ドイツは広く実施しているではないか。アメリカは憲法を改正する前の数年間、この制度を極力提唱する人がいたではないか。国民は主人であり、国会は主人の代表である。代表を派遣したからといって、自分の権利を売り渡したというわけではない。代表が主人の仕事を果たさない場合もある。その時は主人自らが出馬しなければならない。

たとえば、今回の南北和議で真の民意がどこにあるかは一見してわかる。至極公平には、国民投票を一度実施しさえすれば、一刀両断に解決されるのに、かえって南北の軍閥が「総代表」やら「分代表」やらを派遣して陰でこそこそと利益を分け合うにまかせている[3]。国民が見るに見かねて口を挟もうものなら、新旧の議員の先生がたは「これは国民代表たるわたしの権限だ、余計なことを言うな」といって睨みつける。そんな道理があるかと思わないだろうか。だからわたしは、職業選挙と国民投票がわれわれ中華民国憲法の最重要点であり、着実に実施しなくては政治の根本は確立できない、と言っているのだ。

一〇、自治

第一〇に、新鮮味のない話がもう一つある。すなわち、地方自治である。わたしは今回ヨーロッパを実地に考察して回り、はじめてヨーロッパの国家が「市府〔市政府〕」を拡大してできたものだということを知った。もともと人民は地方の公務に参与する権限を持っていたが、徐々にこの権限が拡大されて集中し、国家的民主政治となったのである。かれらの最大の信条は、「わたしはこの地に住んでいるからには、この地を管理する必要がある。どうしてか。なぜなら、わたしと利害関係があるからだ」というものである。地方に対してもこの通りで、国家に対してもこの通りである。だから、政治上の興味と責任心が自ずと生じる。愛国は人に教えてもらうものではないのだ。

われわれはどうだろうか。民国の看板を掲げて八年余りになるが、京師《しゅと》にも各省の省都にも、一つの市議会すら存在しない。二十二省《ちゅうごくぜんこく》をあまねく歩いても、一つの郷議会すら存在しない。わずかに最高級の行政官庁の所在地に、人がやるから自分もやるという具合に国会や省議会をつくっているが、まったく以前の清朝の倣官思想〔官僚になるのが最上だという考え〕から議員になり、自治の観念などいささかも持ち合わせていない。

さらに、「宋版の康煕字典」(『康煕字典』は宋代にまだ存在しなかった)式の笑い話がある。すなわち、「官辦自治」である。賢明な督軍や省長が配下の冗員何人かを派遣して、自治の仕事をやらせて、一丁あがりというわけだ。一番大切なのはその省の出身者がその省の督軍となり、全省のポストを独占して、飯の種の排外主義を実行することで、これこそ自治の実践だ、という人がいる。さらに、こうしたことすら構わず、ひたすら扱いの難しい偉人や政客にそれぞれ地盤を与えて、幽霊が依り代を得て悪さをしないようになるのを待つことを、「連省自治」と呼ぶ人もいる。

唉《ああ》、民国という立派な看板の下で、自治という二文字すら誰も認めない。これではお話にならない。われわれ国民に、もし北京市会や豊台村会(豊台は北京西南の地名)を建設する能力があるなら、中華民国を建設する能力も自ずとあるはずだ。さもなくば、飾り立てた政治の議論は無駄でしかない。政治活動をするなら、ここから着手してはどうだろうか。

一一、社会主義の検討

第一一に、国民生計《こくみんけいざい》に説き及ぶなら、当然、社会主義が現在最も価値のある学説ということになる。国内で新思潮を提唱する人たちもこれに注意し、研究するようになり始めたのはよい現象である。ただし、わたしの意見では、この主義を提唱するのに、精神と方法を一緒くたにしてはならない。

精神は絶対に採用すべきである。この種の精神は外から来たものではなく、もともとわれわれが有していたものである。孔子の言う「均しければ貧しきこと無く、和らげば寡《すくな》きこと無し〔平均していれば貧乏はなく、平和であれば人が少なくなることはない〕」〔『論語』季氏〕や、孟子の言う「恒産恒心」〔『孟子』梁恵王上〕は、この主義の最も重要な論拠である。わたしは決してこじつけをしているわけではない。実行の方法は、国や時代によって異なる。欧米の学者はこの旗印の下で、すでに無数の派閥に分かれている。どれをどの程度まで採用するかは、必ずその国の現時点での社会状況にあわせなければならない。

どうしてヨーロッパで社会主義が起こったのか。それは工業革命から生み出されたのである。工業組織があまりに偏って発達したために、発達すればするほど弊害が生まれた。社会主義者はさまざまな方法でこれを是正しようとし、いずれも具体的な状況に応じて問題を解決することを論じた。工業の存在しない中国で、それらをそっくりそのまま適用しようとしたら、弊害が生じるかどうかはさておき、最も心配なのは、肝心なところに手が届かないことである。いくつか例を挙げよう。

たとえば、向こうのように労働組合を組織して資本階級と対抗しようとしても、そもそも国内に資本階級があるかどうかがまず問われねばならない。もしなければ、的もないのに矢を放つことになる。数百万元の財産を有する軍閥や官僚は資本階級と見なせるだろうか。各国の資本家は国民経済という一つの大きな単位において、生産方面で非常に重要な存在となっているのに対して、軍閥や官僚は、人をだまして無理矢理奪い取った金を、非生産的な方面に思う存分つぎ込んでいる。これを資本家と呼べるだろうか。まっとうな商人たちはと言えば、苦労して会社を経営し、ちょうど外国製品と競争して散々な目に遭っているところだ。われわれがあくまでかれらを資本階級と呼んで、総攻撃を実施するなら、良心に問うて忍びないものがある。

また、マルクスの一派が提唱している生産手段の国有化は、欧米では世の弊害を救う良薬となろうが、中国で採用しようとすれば、なにが生産手段なのか、それがわが国内にこれまで存在したのかがまず問われねばならない。かりに存在するとして、国家の手に帰さねばならないというなら、わたしは真っ先に反対する。鉄道をご覧なさい。鉄道の国有化は欧米の社会党が最もこだわる大問題だが、われわれはとっくにやってみたではないか(4)。結果はどうであったか。この種の政治組織の下で生産の集団化を提唱しても、羊を殺して虎を育てるようなものではないか。以上、例を挙げて喩えとしたのは、その方法の善し悪しを論じるためでなく、ただわれわれに役立つかどうかを論じるためである。

現在の中国が重視しなければならないのは生産問題であって分配問題ではないという人がいるが、わたしはこれには完全に同意することができない。わたしの主張は、全力で生産を奨励すると同時に、分配にも目配りをしなければならない、というものである。

第一次世界大戦後、各国は懸命に輸出を拡大し、国際間の生産物の競争は以前と比べてさらに激しくなった。これを阻止することを図らなければ、生き残ることはできない。ただ、工業はいまだ幼稚な段階で、新たな芽を踏みにじってはならず、労働者を煽動して工場主と対抗させるのは、自殺に等しいとわたしは考える。ただし、工業が始まったばかりの時に、将来発達した後、どのような影響が出て来るかは考えておかねばならない。ヨーロッパは工業革命の時代に、将来の禍を考えて予防の措置を取らなかったために、いまや積弊を改めがたい状況に追い込まれ、あらん限りの力を尽くしても、わずかしか是正することができない。

ちょうどわれわれは後進国で、かれらが歩んだ道がどのように誤っていたかをすべて目にしている。かれらが用いた処方箋は、一枚一枚並べられ、参考にすることができる。われわれは人を迷わせたその道を避け、病気を予防するその処方を用い、工業の組織を最初から合理的に健全に発展させれば、将来社会革命という難関を免れることができるだろう。

革命はやむを得ずして起こるもので、もとよりめでたいことでも善いことでもなく、免れうるなら、それに越したことはない、ということを心得るべきである。だから、目下の産業にかかわるわたしの意見は、資本と労働の互助精神を発揮することを主張するものである。

現在、各国の工場が労働者に与える利益と便宜をわれわれは詳細に調査し、できるかぎり実施する。一方で、税率やその他種々の立法の面から、つとめて分配を公平にするよう国家に求め、一方で生産組合や消費組合などを力の限り提唱し、小資本家から赤貧の労働者に至るまで、みなが正当防衛の武器を持つことができるようにする。労働者自身の自治精神もまた学校や工場で手立てを講じて養成しなければならない。公共企業であろうと、民間企業であろうと、いずれも思う存分互助精神を発揮しなければならない。これこそ目下の平らかな道である。あまりに深遠で新奇な学説は、学問上の思想解放の資料とするほかなく、実行についてはゆっくりやればよい。

一二、国民運動

　第一二に、わたしは読者諸君がきっとわたしに対してこのような質問をすると考える。

「あなたは、政治やら経済やらたくさんの話をしてくれましたが、どれも題目とずれています。いまわれわれにとって最大の災難は、南北の軍閥が憎々しげに居座って権力を独占していることです。やつらを打破する手立てがあるのですか。やつらを打破しないで、手をつけるところはあるのですか」。

　わたしはこう答える。

「方法はある。ただ、諸君に頼らねばならない」。

「どんな方法ですか」。

「当然、国民運動だ」。

「国民運動とはなんですか」。

「第一に、政客式の運動であってはならない。第二に、土豪式の運動であってはならない。第三に、秘密結社式の運動であってはならない。全国の真正で善良なる人民の全体運動でなければならない」。

「ハハハ、これは全くもって無駄ではないでしょうか。善良な人民はおのれの本分を守って、余計な事に関わりたがらないものです。誰があなたと一緒に運動するでしょうか」。

「おそらくあなたは青年ではない。青年なら、きっとそんなことを言ったりしないはずだ」。

「わたしは青年ですが、どうしろというのですか。まさか次から次へとストライキを起こして、運動を仕事にしろとでもいうのですか。わたしが勉強の時間を犠牲にするのは惜しむに足りないことですが、いったい効果があるのですか」。

「ちがう、ちがう。わが愛すべき青年よ。あなたは国家の宝物だ。あなたの国家は、意味もない運動をさせて、あなたをむざむざと犠牲にすることは決してない。第一に、あなたはあなたの現在の精神を維持しさえすればよい。決して過去の青年のように、瞬く間に堕落してしまってはならない。第二に、あなたはあなたの精力をなんとかして同輩の間に流布し、多数の人をあなたと同じにしさえすればよい。第三に、あなたはさらに、思想を着実に解放し、意志を着実に錬磨し、学問を着実に養成し、尽性主義を堅持し、徹底的に自我の実現を目指さなければならない。ご覧なさい、いま社会を動かしている市民はあなたと交代する準備をしているではないか。その時が来たら、全国はみな理想的な新民に変わるのではないか。運動せよ、誰も抵抗することはできない」。

「おっしゃることはもっともですが、かなり時間がかかるのではないでしょうか」。

「それは当然だ。だからわたしは急いではならないと言っている。現在社会を動かしている市民は、積極的であれ消極的であれ、罪業を積んできた。いまはちょうどその報いを受けているところだ。数年の災難は免れない。数年などたいしたことではない。フランスは一七九三年に大革命をやったが、一八七一年になお大敗戦〔普仏戦争〕を喫し、それでようやく共和が成立した。いまや凄まじい勢いで、世界の第一等の国家になっているではないか。もう少し視野を広げ、力をつけなさい。そうすればこの世に悲観すべきことはなにもない。目の前で黒犬が白犬にかみついているからといって、弱気になることはないのだ」。

一三、世界文明に対する中国人の大きな責任

以上の十二節は、いずれもわたしが手当たり次第に書いたもので、配列や構成はとくにない。ただ、われわれがこれによって自己のこれまでの欠点を反省し、自己の今後の

精神を奮い立たせ、この道に従って国家を救い建設するのは、決して難しいことではないとわたしは思う。われわれの責任はこれですっかり果たしたといえるのか。わたしは、われわれの責任はこれに止まるものではないと考える。人生の最大の目的は、人類全体になんらかの貢献をすることである。なぜか。人類全体こそが「自我」の極限であり、「自我」を発展させようとするなら、この道に従って進んで行かねばならないからである。

なぜ国家が必要なのか。国家があってはじめて、その国内の人々の文化力を結集し、継続し、発展させることが容易になり、人類全体の中に加わってその発展をよりよく促すことができるからだ。それゆえ、市府や郷村の自治的な結合が国家成立のための一手段であるのと同じように、国家の建設は人類全体が進化するための一手段である。こうしてみれば、人は自らの国家を富強にすればすむというものではなく、自らの国家が人類全体に貢献するようにしなければならない。さもなくば、その国家は無駄に設けられたということになる。この道理がわかれば、われわれの国家の前途には大きな責任が横たわっていることが自ずと明らかになろう。

どのような責任か。西洋の文明によってわが文明を拡充し、さらにわが文明をもって西洋の文明を補完し、両者を化合して一種の新しい文明をつくることである。

わたしがパリで大哲学者ブートルー(5)（ベルクソンの師）に会った時、かれはこう言った。「一国民にとって最も重要なことは、自国の文化を輝かせ盛んにすることである。ちょうど子孫が父や祖父の遺産を継承したら、それを保ち、それを活用しなければならないのと同じである。たとえ浅薄な文明であっても、それを輝かせればみな優れたものとなる。というのも、文明には必ずその文明の特質があり、その特質を別の文明の特質と化合させれば、両者と異なるさらによい特質が自ずと生み出されるだろう。あなたがた中国はたしかに愛すべき敬すべき存在である。われわれの祖先が鹿の皮にくるまり、石の刀を持って、森で狩りをしていた時代に、あなたがたはすでに数多くの哲人を輩出していたのだ。わたしは最近中国の哲学書を翻訳で読んだが、中国の哲学は広くかつ深いと思われてならなかった。残念ながら、年老いて中国語を学ぶことはできないが、わたしは中国人がいつまでもこの財産を失わないことを望む」。わたしはかれの言葉を聞きながら、たちまち肩に何百斤もの重荷を負わされた気がした。

またある時、数人の社会党の名士と閑談したが、わたしは孔子の「四海の内、皆兄弟なり」（『論語』顔淵）や「寡《すくな》きを患えずして均しからざるを患う」（『論語』季氏）について語り、あわせて井田制や墨子の「兼愛」、「兵を寝《や》む」（『管子』立政）に説き及ぶと、かれらはみな跳び上がって「あなたがたの所にはこんな宝物がありながら、隠してちっとも分けてくれないなんて、相手に申し訳ないというものではないか」と言った。われわれは外国人に申し訳ないと言うまではいかないが、やはりまず祖先には申し訳ないと思う。

近来西洋の多くの学者が東方の文明を輸入し、〔西洋文明を癒す〕薬にしようとしている。わたしがよく考えてみるに、われわれにはたしかにこの資格がある。どうしてか。かつての西洋文明は理想と現実を分けて両端となし、唯心と唯物がそれぞれ極端に走るのを免れなかった。宗教家は来世ばかりを重んじ、唯心派の哲学はとらえどころのないことを大いに語ったが、いずれも人生の問題から遠く離れてしまった。科学は一種の反動で、唯物派が天下を席巻し、高尚な理想が投げ捨てられてしまった。だからわたしはかつて「大いに流行している社会主義も、結局のところパンを奪って食べることにすぎない」と言ったのだ。これが人類の最高の目的と言えるだろうか。

それゆえ、近年提唱されている実用主義《プラグマティズム》哲学や創造的進化の哲学(6)はみな理想を現実に帰納し、心と物の調和を図ろうとしている。わが先秦の学術はまさしくこの道筋に沿って発展してきたとわたしは考える。孔子・老子・墨子の三人の偉大な聖人は、学派を異にするとはいえ、その行きついた先はいずれも「理想と現実の一致を求める」ということであった。たとえば、孔子の「性を尽くし化を賛《たす》く」〔『中庸』第二十二章〕、「自強して息《や》まず」〔『易』乾〕、老子の「各其の根に帰す」〔『老子』第十六章〕、墨子の「天に上同《しょうどう》す」

は、いずれも「大なる自我」「霊的自我」とこの「小なる自我」「肉的自我」が一体であることを見抜き、小より大に通じ、肉を霊に合しようとしている。われわれが三人の聖人の辿った道に沿って、「現代の理想と現実の一致」を求めれば、どれほど多くの境地を切り拓くことができるだろうか。

さらに、仏教はインドで創始されたが、実際には中国で盛んになった。現在の大乗の各派は、インドでは完全に途絶え、正法《しょうぼう》はみな支那にある。ヨーロッパ人はますます盛んに仏教学を研究し、サンスクリット語のあらゆる経典をほとんど翻訳しているが、サンスクリット語の文献に大乗を求めても、どれほど得られるだろうか。われわれが自ら創始した宗派はさらに論ずるまでもない。われわれの禅宗のようなものこそ真に応用の仏教、人の世の仏教と言うことができ、たしかにインドの外でしか起こりえないもので、たしかに中国人の特質を表現したもので、矛盾を来すことなく出世法と現世法を並行して実施している。現在のベルクソンやオイケンらはこの道筋を歩もうとしてまだ歩みきっていないのである。わたしはいつも思うのだが、もしかれらが唯識宗の書物を読むことができれば、その成果はきっとこんなものにとどまらないだろうし、もしかれらが禅宗を理解できれば、その成果はなおさらこんなものにとどまらないだろう。

考えてみなさい、先秦の諸賢・隋唐の諸師は、みなわれわれの慈悲深く聡明善良なる祖先であり、われわれにたくさんの遺産を積み残しておいてくれたではないか。われわれは不肖なためにそれを享受することができず、いまやかえって学問の貧困に苦しんでいる。文学と美術の各方面についてみても、われわれはどうして人に劣っていようか。国じゅうの老輩が新しいものを受け入れようとせず、西学はみな中国がもともと有するものだと言っているのは、実に笑止千万である。西洋に心酔する人たちが、中国のものはなんであれ一銭の価値もないと、あたかもわれわれが数千年来、野蛮人の部落のようになにひとつ持ってこなかったかのように言うのは、なおさら笑止千万ではないか。

いかなる思想も、必ずその時代を背景にしていることを心得ておかねばならない。われわれが学ばねばならないのは、その思想の根本精神であり、その思想が生じた条件を学ぶのではない。なぜなら、条件ということになれば、時代の影響を受けないものはないからである。たとえば、孔子は貴族的な倫理をたくさん語ったが、今日にあってはもとより適用できない。だからといって孔子を見下すべきではない。プラトンは奴隷制度を保存すべきだと主張したが、まさかそのためにプラトンを抹殺するだろうか。この点がはっきりすれば、中国の古い学問を研究するさいにも、公平な判断をすることができ、その取捨を誤ることはないだろう。

さらに、もっと重要なことがある。われわれの文化を輝かせるには、かれらの文化にやり方を学ばねばならない。なぜなら、かれらの研究の方法はたしかに精密で、いわゆる「其の事を善くせんと欲すれば、必ず先ず其の器を利くす《するど》」(『論語』衛霊公)だからである。〔われわれは〕そうではなかった。これまで中国人は孔夫子〔孔子〕を読まなかった、あるいは李太白〔李白〕を読まなかったことなどないはずである。にもかかわらず、どうして誰もその良いところを得られなかったのか。

したがって、わたしがわが愛すべき青年に希望することの第一歩は、それぞれが自国の文化を尊重し愛護する誠意を持つことである。第二歩は、西洋人が学問を研究する方法を用いて自国の文化を研究し、その真相を得ることである。第三歩は、自己の文化を綜合し、他者の文化で補完し、化合の作用を生じさせて、一個の新しい文化系統をつくることである。第四歩は、この新しい系統を外に拡充し、人類全体がその良いところを得られるようにすることである。

われわれの人口は全世界の人口の四分の一を占める。われわれは人類全体の幸福に四分の一の責任を負わねばならない。この責任を果たさねば、祖先に顔向けができず、同時代の人類にも顔向けができないが、実は自分自身にも顔向けできないのである。

わが愛すべき青年よ、気をつけ! 前に進め! 海の向こうにはほんとうにたくさんの人たちが、物質文明の破産を憂え、悲痛で息も絶えんばかりに助けてくれと叫んで、あなた方が救い出してくれるのを待っている。われわれの亡き祖先・三人の偉大な聖人・多くの先輩は、自分たちの事業をあなたが完成させることを切に望んでいる。まさにその精神であなたに加護を与えているのだ。

(1) ヘンリック・イプセン(Henrik Johan Ibsen 一八二八〜一九〇六)はノルウェーの劇作家。『新青年』第四巻第六号(一九一八年六月)はイプセン特集を組み、戯曲「人形の家」などを紹介した。

(2) 第一七篇は結局執筆されなかったようである。

(3) 一九一七年六月、大総統黎元洪が国会を解散した。張勲の復辟を挟んで、段祺瑞が国務総理に復職すると、国会を回復するのではなく、新たに選挙を実施し、一九一八年八月に新国会が召集された。旧国会の議員の一部は広州で国会非常会議(護法国会)を組織し、国内に二つの国会が併存することになった。

(4) 中国の「鉄道国有化」とは、清朝政府が一九一一年に実施しようとした主要鉄道の国有化のこと。一九一一年五月に清朝は民間資本により建設された粤漢線・川漢線の買収を発表したが、強い反発・暴動を招き、辛亥革命勃発の一因となった。

(5) エミール・ブートルー(Etienne Emile Marie Boutroux 一八四五〜一九二一)はフランスの哲学者。科学を批判し、唯心論的存在論を説いた。

（6）創造的進化はアンリ・ベルクソンが著書『創造的進化』の中で提唱した哲学の概念。因果論的、目的論的な生命観を否定し、生命は予見不能な飛躍によって進化する創造的活動だと論じた。『創造的進化』は張東蓀によって中国語に翻訳され、一九一九年に『創化論』として商務印書館から刊行された。

5　張東蓀への返書にて社会主義運動を論ず

【初出】『改造』第三巻第六期、一九二一年二月（書簡自体の日付は一九二一年一月一九日）。

【解題】梁啓超は清末に、いち早く社会主義に注目、紹介したことで知られている。一九〇一年末に『清議報』に発表した「南海康先生伝」（師康有為の思想を「社会主義派哲学」と呼び、西洋の社会主義が遠くギリシアのプラトンに淵源することを紹介）、一九〇二年に『新民叢報』に発表された「進化論革命者頡徳《キッド》之学説」などがその代表的なものである。当時、かれは将来の人類社会の発展の遠い彼方に社会主義の世が実現するだろうという肯定的な見通しをもち、その紹介に当たっていたが、その後一九二〇年代はじめに社会主義思想が流行し、現実の運動となるにつれ、中国での社会主義の可能性に対して、懐疑的、否定的になっていった（本書四―4の「第一一、社会主義の検討」を参照）。

本文は、当時梁啓超派（研究系）の若手として、論壇で活躍していた張東蓀《ちょうとうそん》（一八八六

〜一九七三、『解放と改造』主編)が発表した社会主義尚早論(「内地旅行より得たるさらなる一教訓」(『時事新報』一九二〇年一一月六日)・「現在と将来」(『改造』一二月一五日))を受け、その筆者に対して書簡を送るという形で、自らの社会主義観を披瀝したものである。社会主義の価値は認めながら、中国にはまだ早いとするこの文章は、おりから社会主義・マルクス主義の鼓吹に力を入れていた中国共産党の結党グループから批判を浴び、社会主義の可否を巡る論戦を引き起こすことになる。

なお、本文は書簡の形をとってはいるが、中間部分は論文に相当するものなので、冒頭部分と末尾のみを「です」「ます」調で訳し、論文部分は「である」調にした。

東蓀我兄　お手紙、ならびにご大著「現在と将来」の稿本、すべて拝領いたしました。愚見をたまわりたいとのことですが、わたしは目下、別の方面の著述に精力を注いでおり、この問題には明確で詳細な回答を持ち合わせておりませぬゆえ、思うところをかいつまんで申し上げることにいたします。

この一、二年来、わたしはこの問題(社会主義の可否)については、終始さまようごとくに苦悶してきましたが、心から納得し、それに従事していけるだけの道筋というものを、いまだ見いだしかねております。苦悶というのは、その主義自体の由来・方針についてまだ疑問が残っているというものではなく、まさにこの主義は実行しなければならず、そして実行のさいにある事実を避けては通れないことによるものです。

その事実とは、〔資本主義が〕一面において本主義の敵であり、一面においてさらに本主義の友でもあるということです。われらがこういった事実に対してとる態度、つまり敵視するのか好意をもって見るのかによって、きわめて大きな利害が関わってきます。そして、その利害を慎重に比較検討し、重をさけ軽につくとなれば理論はたちまち紛糾し、その真実を容易に手に入れることができなくなります。わたしはこのことを考えるたびに、激しく悩んでしまうのです。ここでは、何とか俗論を超えて信念を固めようとは思いますが、それでも結局は自信が持てませんので、謹んでお伺いする次第です。

わたしは、中国の現在の社会主義運動と欧米のそれとは、大いに異なる点が一つあると思っている。それは、欧米での最も差し迫った問題は、多数の労働者の地位を改善するにはどうしたらよいかだが、中国の今の最も差し迫った問題は、多数の人民をどうすれば労働者に変えることができるのかだ、ということである。

それゆえ、欧米でこの主義を唱える場合、旗印はきわめて単純かつ明快、つまり無産階級と有産階級の抗争だけである。これに対して、中国では、仕事があるかないかが第一の問題なのであって、有産無産は副次的な問題になってしまう。欧米では、心から仕事を求めれば、その人はほぼ就職の機会に恵まれるが、その就業にさいして得るべき利益の一部が別の人に略奪されている、それゆえ社会主義運動は正義を取りもどそうというものであって、ゆえにそのことは多数の人々の地位の要求に合致しているわけである。したがって、そうしたものに対しては、親しみと意義を感じることができよう。

これに対して、わが国の今日の大患は、全国の人民の八、九割が生きていくための仕事を求めているのに、それが得られないということにある。つまり、欧米で無産といっても仕事のある人の境遇は、わが国の一般の人から見れば、もうそれだけで天国にいるようなものなのである。そして、すでにこうした境遇を得ている者が必死にそれを守ろうとし、地位の失墜を怖れ、何とか上昇していこうという運動なのだから、〔中国人が〕聞いたら、耳を覆って逃げ出してしまうだろう。

そもそもそういった人は、〔中国なら〕ごくごく一握りしかいないのである。われわれがもしこうした人たちのことばかりを考えて、他の人のことを忘れてしまうならば、いったい社会全体でどれほどの人を救うことができるだろうか。それゆえ、「労働者の地位改善」というセリフは、欧米で言えば、急所をつくものではあっても、中国では隔靴掻痒の感を免れないのである。つまり、〔中国では〕工場に入って毎日十二時間もぶっ通しで働かされるような仕事ですら、さまざまに手づるを使ってようやく得られるわけだが、〔そうした人に〕「お前さん、どうして「八時間〔労働〕同盟」に入らないんだね」と言うとしたら、あるいは身を寄せる場所もなく町をうろつく者に、「お前さん、労賃の値上げを要求したらどうだね」と持ちかけるとしたら、それは「〔食べものがないなら〕どうして挽肉を食べないの」〔『晋書』恵帝紀〕というようなたぐいのことなのである。ゆえに、今日の中国における社会運動とは、まず多くの人に労働者の地位を得させることを第一義とすべきであり、地位の獲得あってこそ、はじめてその改善を口にできるのだ。

では、中国人は何故に労働者の地位を持てずにいるのだろう。むろん、その原因の一部は、政治の混乱が引き起こしたものだが、やはり最も主要な原因は、外国資本の搾取と圧迫を受けたためであろう。つまりは、わが国の人の職業が直接に外国の労働階級に蚕食されている、あるいはわが国の人の衣食のお金が間接的に外国の資本階級の略奪するところとなっているわけなのである。

わかりやすい例を挙げよう。三十年前、生糸やお茶で生計を立てていた人はどれほどいたか、逆に在来の手織り木綿布や砂糖で生計を立てていた人はどれほどいただろう。針や釘を作って生業にしていた人は、またどれほどいただろう。そしてそれらの人々は今どうなっているだろうか。ヨーロッパでの産業革命の結果、それまで手工業や小さな商いで食ってきた人々が次第に失業して都会の工場へと集まり、賃金で生きるある階級へと変わっていった。しかしながら、かれらには身を投ずべき工場があり、もらうべき賃金があるのであり、単に賃金が安かったり、生活が不安定だったり、あるいは労働の成果の一部を人に横取りされているにすぎない。

かえりみれば、わが国の国内で産業革命がどんな状態を呈するのか、だれも夢想だにしていないのに、世界の産業革命の災いで言えば、そのしんがりをわれわれが被ってしまったわけである。

その昔、手織り木綿布で食っていた者は、今は失業しているが、マンチェスターの紡績工場で一ペニーですら稼げるだろうか。その昔、鉄工で食っていた者が今は失業しているが、その者はピッツバーグの鉄工廠で一セントだって稼げるだろうか。はたまた、その昔砂糖作りをしていた者も、今は失業しているが、台湾の製糖工場で一銭でも稼げるだろうか。

それゆえ、外国の場合、自国の労働者に対して資本家はその労働の成果の一部を略奪しているとはいえ、その埋め合わせの分け前を与えることによって、死なせずにおくことができるのに対し、わが国の人の場合は、略奪されるだけでなく、分け前さえ与えられず、飢えるしかない。外国の労働者は、その略奪された分を取り返そうとするなら、直接に本国の資本家に清算を求めればよいが、わが国にあっては、自国人は略奪者というわけにもいかず、間接的に外国の資本家に清算を求めなければならない。かりに外国の資本家に対して清算を求める能力がないなら、本国に資本階級が永遠に現れないとしても、わが民は次第に弱り、死を待つしかないことになるのである。かりに外国の資本が、その全部の勢力をわが国の開港場、ないしは内地に移植して略奪しようとするならば、われわれの側もかれら〔外国の資本家〕に対し、かの国の労働者がかれらに立ち向かうやり方を問題なくまねることができた。だが、今はそうではない。かれらの勢力の扶植は着々と進んでいるとはいえ、その勢いはかなり緩慢であり、現在もしくは最近の将来見通しによれば、かれらはなおロンドン・ニューヨーク・パリ・大阪に安居したまま、われわれの肉をついばみ、血をすすっている。われわれの社会主義運動がどんなに猛烈におこなわれても、かれらは何らの痛痒も感じない。かれらが何よりも望むのは、わが国が生きているのか死んでいるのかわからぬような混乱状態に長く置かれ、生産力が次第に枯渇していくことである。

とはいえ、人が生きていくための消費はなくならず、かつわたしたち自身には自給するだけの力がないから、かれらはかつての勢いをかさにきて、どんどんほしいままに侵略してくるだろう。つまり、かれらは自国において労働階級の反抗によって蒙った損失を、われらの場所で取り返そうとするわけである。この想定が正しいとすれば、われわれが国内の資産をどんなに均等に分配しても、結局は五十歩百歩、大同小異で、われわれの社会の上昇にどれだけ役立つかは、結局はわからないことになってしまうだろう。

　喩えるなら、涸れかけたため池に大きな魚が跳ね回っているようなもので、一匹で何でも独り占めしてしまい、実に憎たらしいが、結局はその池が涸れるのを挽回するような策がない以上は、かりにその大きな魚がいなくとも、遅かれ早かれ雑魚どもは涸死をまぬがれないようなものである。

　中国の状況というものは、かりに昔のままのやり方で革新を図らなければ、結果はいわゆる階級なるものは国内の上下を分かつものではなく、国と国とを横に分けるものになり、圧制階級・略奪階級の大本営はロンドン・ニューヨーク・パリ・大阪などの地に置かれ、われら中国二十一省《ぜんど》に住まいする者は、みな圧制を受け、略奪を受ける階級となるのである。〔その場合〕外部の圧制者や略奪者にまったく抵抗できず、内部の被圧制・被略奪者だけで、わずかな富を互いに奪い合うことになろうが、それに何の益があるだろう。それゆえに、今日の中国で社会主義運動は世の公理であり、それには従うべきなのだという向きには、次のように言いたい。

　生産を奨励するという範囲内で、分配の均分をおこなおうという運動は、もし分配だけに傾注し生産を忘れてしまうならば、そんな運動には何の意味もないのである。これこそが公理であり、このうえさらに説明を加える必要もあるまい。このことは、何人であろうと、みながそれを認めるであろう。そしてそれを認めるならば、それに引き続いて生じる問題は二つある。

第一、一面において極度に衰退し、極度に幼稚な生産事業を蘇生復活させ、他面において、資本階級の発生を防止するにはどうしたらよいか。

試みに、社会主義者たちが提起する何種類かの救済策を一つ一つ比較検討してみるならば、その第一の法とは、もとからの生産機関を、直接にその機関の内部で働いている者たちに委ねて共同管理させることである。このやり方が最良のものかどうかは、深くは議論しないが、このやり方でいこうとする場合でも、まず国内に多くの既存の生産機関があることが大前提となる。今日の中国のように、生産事業が何もないとなれば、労働者に管理を任せようにも、何を任せれば良いのかということになる。

もし仮に、今全国で百数十しかない鉱工業事業所について言えば、受け入れている労働者は多くても数千、少ないところでは数十人にすぎない。共同管理制度を実施した場合、それぞれの現役労働者のもらう利益がどれほどになるかは何とも言えない。本当に有利だということになっても、その利にあずかることのできるものは、どんなに多く見積もっても、数万人にすぎないのであって、全国で何億にものぼる人々の失業と救済の問題には、何の役にも立たないどころか、もともとの生産力はこれ〔共同管理〕によって、大打撃を蒙ってしまいかねないから、決して良策ではない。したがって、このやり方は、他日生産事業が相当に発展を見た後にようやく採択の余地がでてくるものであり、今日は決してその提唱をする時期ではない。

次いで第二の方策は、生産事業を国家または地方の経営に帰するというものである。このやり方をとれば、もともとない産業であっても政治の権力によって創造し、助長できるということになる。産業の幼稚な国には打ってつけのやり方ではあるが、これをやるためには先に政治の面で、完全にして信頼に足る組織があることが大前提となる。これを今の中国でおこなおうとするとどうなるか。鉄道国有こそは前車の轍である〔本書四―4、注(4)を参照〕。

心ある人なら、こんな議を持ち出すはずはない。国を食い物にする連中に利用されるだけだからである。「社会革命が起これば、政治はきっと刷新される」というかもしれないが、この結論が正しいかどうかは、その時になってみなければわからない。かりにそれが正しいとしても、革命が成就するまでの間、生産の問題をまったく棚上げにしてよいだろうか。生産事業が未発達のままでは、どうして労働階級が育つだろうか。労働階級が不在で、真の社会革命など起こるだろうか。となれば、社会革命による政治の刷新を待って、集産主義を実行するという議論は、たちまち堂々巡りの議論に陥ってしまう。

そして、その第三の方法としては、各種の組合が連携し、協力して生産に従事するように提唱するというものがある。このやり方こそは最も妥当であり、弊害もなく、いつでも誰でも実行できる。われわれが全力をあげてこれを提唱すべきこと、言を待たない。ただし、こう尋ねる者がいるかもしれない。第一に、われわれが言論でそれを提唱したとしても、事実がその通りに実現するか、期待通りにいくとは限らない。第二に、このやり方だけで、果たして生産の発展が充分に得られ、「失業せる国民を救済する」という責任を果たせるだろうか、と。

わたしの見るところ、農村にあって、農業・手工業などと関係を持つ組合を立ち上げ、発展させるのは容易なことではない。農村の人々はもっとも保守性が強いからである。ある制度が信頼され、受け入れられるには、非常に長い時間がかかるものである。これに対して、消費の方の組合は、工業の発達した都会でなければ、存在できない。つまりは、労働階級の産物なのである。労働階級が生まれていない国で、消費組合に果たして発展の余地があるかどうか、これは何とも言えないが、われわれがこのやり方を妥当にして無害な妙法と見なすからには、実現の難易や収めうるその成果の遅速や多寡に、あまりこだわってはなるまい。あくまでも全力をあげてこれを提唱し、実行していくのみである。

ただし、このやり方だけで生産を奨励するというわれわれの目的を達成できるとは、決して言えない。つまり、組合に関しては、如何に提唱し、如何に実行したとしても、近い将来において、生産力を一、二パーセントほど向上させることがせいぜいであろう。だが、わが四万万〔四億〕の同胞で、外国資本家の圧迫を受け失業せる者の九割は、今や息も絶え絶えである。

以上の三つのやり方のうち、前二者については、今日おこないうることではなく、最後のやり方も、すぐに効果が現れるというものではない。かりに、中国の生産事業がずっとこのままで終わるのなら、それまでである。だが、もしかりに一縷の転機の望みがあるのなら、その任にあたるのは、九割がたは金や利にさとい種類の人間であろう。だからといって、もしわれわれがそうした者たちの失敗を望むとしたら、それは自国の生産事業を呪詛し、外国の資本家の手先となるに等しい。他方で、そうした者たちの成功を望むとすれば、それは人の膏血《こうけつ》をすするかれらの資本主義を称賛することになってしまうのであり、これまたわれわれの素志とはかけ離れたことになってしまう。

かくて、生来の愚昧も重なり、この問題がはらむ利害衝突の二つの面が長年胸にわだかまったままなのである。人生の苦しみ、これに過ぎたるはないが、さらにここから次のような問題が生じる。


第二、今日中国社会の改造をはかるにあたり、資本階級の発生を何とかして防ぐべきなのか、それとも資本階級の力をかりて、労働階級を養成しそれによって社会主義を実行する予備軍とするべきなのか、そしてその場合、かりに後者の方法をとるとしたら、現在および直近の将来において、資本家にはどのような態度をとるべきなのであろうか。

以前は、われわれはおおむね次のように考えていた。欧米の産業社会の流弊は今や極点に達している。産業後進国に属するわが国は、そうした前車の轍を踏まぬようにしなければならない。その病原がどこにあるかは、今や多くの人によって徹底的に分析されている。つまり、その処方箋はありがたいことにすでにわれわれの前に明示されているのであって、あとはわれわれがそのうちどれを選んで採用するのか決めるだけだ、つまり、われらの将来の産業界が奇形的な発展をしないようにし、今欧米で起こっている紛糾の事態が、わが国で繰りかえされないようにすべきだ〔本書四―4、とくに四三九頁を参照〕、と。

だが、わたしは今日にいたり、この種の見解は九割がた夢想にすぎないことがわかってきた。あらかじめ予防の策を講じておくというわれわれの計画は、あるいは農業の面であれば、やり方はあるかもしれないが、農民というのは最も保守的なので、それを社会改造の先駆と頼むのはまず不可能である。かつまた、今日の世界において、農業は工商業を離れて単独では存在しえない。となれば、問題は工商業へと行き着く。そしてそうなれば、この種のきわめて忌むべき、そして憎むべき奇形的な発展、すなわち労資二階級の対立や労働者の剰余利益を資本家が略奪するといった忌まわしい現象は、恐らくは避けられないであろう。

そして、こういった奇形的発展は、一面から見るならば嫌悪すべきではあるが、他方から見れば大いに歓迎すべきことでもある。歓迎すべき、とはこういうことである。つまり、中国は今、生き延びるために生産事業を奨励しないわけにはいかないが、その生産事業なるものの八、九割がたを「資本を用いて利を追い求める」資本家に委ねざるを得ないということはすでに述べたとおりである。さすれば、今後中国にもしも資本階級が出現したならば、たとえ欧米の資本家と同様か、あるいはそれ以上の略奪行為になるとしても、少なくとも必ずや一部はその余慶にあずかって死を免れることができよう。

これが、歓迎すべきことの一つである。

このほかにも、社会主義運動の立場に立っていうならば、この主義を広め、実現するためには、労働階級を運動の主体とせねばならない。労働階級のいない国で社会主義を実現しようとしても、その方途はないのであり、労働階級の発生はつねに資本階級とセットになっている。それゆえ、資本階級があってはじめて労働階級があり、労働階級があってこそ、社会主義運動は頼みとするものを得られるということなのである。これが歓迎すべきことの第二である。しからば、資本階級をもっぱら社会主義の敵とみるのか、それとも一面で敵としながら他面で友と見なすのか、その境界はきわめて錯綜しているわけである。

社会主義は今日の中国では実現し得ないとわたしが考えるいちばんの理由は、結局のところ労働階級がいないということであるが、あるいは中にはそうではないという向きもあるだろう。つまりは、「中国でほかのものはないかもしれないが、労働階級までないということがあろうか。たしかに、ゆったりとした服に身を包みクルマに乗るような人を除けば、ほかはみな労働階級である。われわれが社会主義を語る場合は、短い裾の服を着て立ち働く人たちと一緒にやっていけばよいのであって、そう考えれば、天下はそんな人で満ちあふれているから、いないなどということはあり得ない」との意見である。

たしかにもっともらしくはあるが、よくよく見るならば、その名と実とは大いにずれている。労働階級というのは、遊民階級の謂いではない。労働階級とは、職業を持つ多数の人によって形成されるものである。中には、一時的にたまたま職を失っている人、あるいは職を求めながらも暫時それを得られぬ人もいて、そんな人はこの有職者の附属と言い得るだろう。それらの人が団体を結成し、仕事によって得たる正当な利益を守り、他人の略奪を許さないというのであれば、それは道徳的にも至当だし、自然な流れである。

だが、無業の遊民というのは、これとは違う。かれらはそもそも仕事によって得たる正当な利益というものを持たないのだから、それを守るなどとは、なおさら言うことはできない。ゆえに、労働階級はその剰余を略奪していると言って人を責め、略奪したものを返せということができるが、遊民階級はそんな権利は持ち得ない。遊民なのに、仕事のある者の利益を分けてもらおうなどというのは、略奪するのと同様である。

いま、世の中には裾の短い服を着て走り回る人が大勢いるが、よくよく見ればそれは大きく言って、労働者と遊民の二つに分かれるのであって、一緒くたにして論ずることはできない。このうち、労働者に属するものは、社会運動の主体になることができるが、遊民に属するものが社会運動の主体たることは、決してできないのである。

労働階級の運動は社会を改造することができるが、遊民階級の運動は社会を破壊するだけである。

昨今、国中に遊民が溢れていることだけを見て、われわれの社会運動にはすでにその主体があるのだと論ずる者がいるが、まったくもって誤った観察であり、ここであきらかにしておく必要がある。

今国内に遊民は確かに多い。けれども農民や臨時雇いも少なくないのだから、どうして労働階級がいないなどと断言できるのか、といぶかる向きがある。こうした問いには、次のように答えよう。

このごろ使われている「労働階級」という言葉には、本来広義と狭義の二つの意味がある。広義で解釈すれば、当然に農民や臨時雇いなどもみなそれに含まれるが、狭義で解釈する場合だと、もっぱら新式の企業組織のもと、賃労働で生きている人のことを指す。社会運動の主体ということになると、この狭義の労働階級を頼みとせねばならないが、中国にあっては、この狭義の労働者がいまだ階級を形成するにいたっていない。故に階級なしというわけである。いわんや、生産が衰退しつつある中、農民や臨時雇いの者たちで、仕事を失う者が日増しに増えてくるにつれ、広義の労働者もまた遊民になってしまう。それゆえ、労働階級が早く生まれてくれるよう渇望するわれらの願いも、切なるものがある。

また他方、今の遊民たちは何も好んで遊民になったわけではなく、職業につけなかったがために、やむなく遊民になってしまったのに、先生はかれらを社会運動から閉め出せとおっしゃるが、どうしてダメなのかと聞く者がいる。これには次のように答えておこう。

わたしは何が何でも、かれらを閉め出せといっているわけではない。連中が遊民という身分を捨てて労働者の資格を得るならば、かれらは自ら進んで社会運動の主体へと進みうるのである。つまり、誰かのせいで閉め出されるわけでもなければ、誰かに勧められて加わるのでもない。

では、どうやれば国中に溢れかえる人々に遊民資格を捨てて、労働者の資格を持たせることができるのか。答えはひとつ、生産事業を発達させることである。生産事業が発達すれば、わが国の人々の消費で必要とするものは、すべてわが国の人が自ら生産し自ら供給することになるだろう。少なくとも、わが国の国内で生産して供給する(これは、外人が中国で生産事業をおこなうべく投資することを指して言っている)ようにして、われわれが必要とするものを、ロンドン・ニューヨーク・パリ・大阪に供給してもらわなくてもよくする。そうなれば、われわれの多数の人の仕事がロンドン・ニューヨーク・パリ・大阪の労働者たちに奪われてしまうということもなくなる。そうすれば、われらが遊民たちを減らすことができるだけでなく、労働階級が成立することになる。労働階級が成立すれば、社会運動に主体が生まれ、新社会が立ち現れてくる見通しもたつ。社会主義運動は段階を飛び越えることができないというのは、だいたいこういうことである。

とは言いながら、それに関して、忘れてはならない重要な事実が一つある。ほかでもなく、労働階級が生まれるということは、資本階級も同時に生まれることを意味する。両者は持ちつ持たれつ、影の形に添うごとく、離れることはない。われわれはむろんわが国に真の労働階級が生まれるよう願うものだが、労働階級と資本階級とはちょうど双子のようなものである。かかる以上、資本階級がもたらすであろう害悪もそれにくっついてやって来るということを、今から充分に覚悟しておく必要がある。しかるのちに、この覚悟にもとづいて、救済の計画を講じていかねばならないのである。つまりは、資本家に対してどのような態度をとるべきかということこそが、実に今日社会主義を語るうえで最も大事な問題なのである。

その場合、大きく言って四つの態度が考えられる。

（一）抵抗の態度　資本階級の発生を極力防止し、その発生の兆しがあれば、その撲滅につとめる。

（二）傍観の態度　われわれは労働の側から働きかけることにし、資本家の行動はそれを捨て置き、悪行のはてに自壊するのを待つ。

（三）矯正の態度　資本家に硬軟おりまぜて働きかけをしてその覚悟を促し、常に労働者の利益に配慮するようしむけ、労資両階級の溝を緩和する。

（四）迂回の態度　生産事業を資本家のみに依存しないよう方法を講じ、次第に社会公共の事業に脱皮していくようにする。

抵抗の態度をとるべきかと尋ねられたら、わたしは無理だと答える。今日にあってこの態度をとれば、必ずや自国の生産を妨害し、あたら外国の資本家をほくそ笑ませてしまうことになる。かつその結果、労働階級の発生を阻害してしまうわけで、われらの主義にとって大いに不利となる。その理屈は前述したとおりだが、それだけにとどまらない。中国では資本階級が立ち現れようとしており、その機運はすでに熟しているのであって、われらの微々たる力でそれに抗うことなどできはしない。

むろん、わが国の資本階級などまだとるに足りないが、全世界をみれば、資本家はその本国ではみな窮地に陥っており、勢い必ずや中国へと逃げ込もうとするだろう。中国の秩序が少しでも持ち直せば、各国の資本は間違いなく荒れ狂う潮のようにわが国土へと押し寄せるのであって、われらが微々たる力でそれを防ごうとしても、労極めて多くして、得るものは何もあるまい。かつまたわれわれも、そうなってもかまわない、と考える。かれらがわが国に投資することは、われわれの労働力の一部を略奪するものではあるが、少なくともわれわれにも余慶が及んでくるからである。

思えば昔は大層な船団がくずのような船荷を積んでやってきて、膏血を絞り取って帰っていったわけだが、それよりはマシではないか。ましてやその結果として、間違いなくわれわれのために労働階級を生み出し、将来の自立の基礎としてくれるのだから。それゆえ、資本階級の発生に対しては、われわれがそれを阻止しようとしても無理であり、同時にまったくそれを阻止する必要などないと考えるものである。

ならば、傍観の態度をとるのはどうか。わたしはそれも無理だと考える。資本主義が国家の最終的目標でないことは、火を見るよりあきらかである。いわば過渡にすぎず、過渡の事物であれば、自然に任せておくと、コントロールが利かなくなって、とりかえしのつかない事態に陥ってしまう。結局は「剝復《うきしずみ》」(『易』)があるとはいえ、そのために活気があまりに損なわれてしまうのは、社会にとって決して良いことではない。

となると、とるべき態度としては、矯正と迂回しかあるまい。いわゆる矯正の態度というのは、将来勃興する資本家がもし「自国のために生産力を増加させる」という一大任務を完遂し、あまたの遊民に職を与えることができるのであれば、かれらが社会において、部分的に功徳を果たしているということを認めてやりたいと考える。かりに多くの取り分を得ても、それを認めてやることとする。ただし、剰余利益というものはすべて略奪してよいものではなく、略奪しすぎると必ず反動が起こるが、それは決してかれらの得にならないということを「深切著明《ふかくじゅうぶん》」（『史記』太史公自序）に理解してもらうようにするのである。

また、働く者に対しては、生計をはかってやり、からだをいたわってやり、知識を与えてやるなど、かれらがいずれにも注意を払うようにしてやる。つまりは、労資協調主義をとるようにし、両階級の溝が過度に広がらないようにするのである。矯正の手段としては、たとえば政府の立法や社会の監督など、おのおののできる範囲でやっていくということになろう。

いわゆる迂回の態度とは、あくまでも目下瀕死の状態にある生産力を高めるために、資本家に希望を托さざるを得ないということであって、元来がやむを得ない方法であり、国内で唯一の生産者として資本家に依存し、その結果として生産と消費とが無関係なまま極端にいびつになってしまってはならない。それゆえ、同時に非資本主義的な生産を資本主義的な生産と並進させる必要がある。一方で政治の面で転機があれば、国家や地方による公営の事業を領域を限って人民の厳密な監督の下に徐々におこなっていき、他方で各種の協同組合を提唱し、キリスト教の布教的精神で進めていくことにする。成果のあがるところがいくつか出てきたら、将来的にはそれぞれが連合して拡充していく。こうしてかりに生産の中心となる力を、次第次第に企業の手から協同組合の手に移していくことができれば、健全なる経済社会も成立することができよう。

つまりは、資本家以外の人にどのような態度をとればよいのかは、くり返して言えば、現在きわめて微々たる存在の労働界に対してどのような態度をとるべきなのか、ということである。現在の大多数である遊民に対してどのような態度をとるべきかは、くり返せば、社会主義の民衆運動は今日おこない得るかという問題である。思うに、われわれは労働階級が将来の社会改造の主体であってほしいと属望するのであるから、現在この方向に向かって努力することは、実に急務であって、その人数が少ないからといって無視してはならない。

着手の方法としては、第一に相応の思想を導入すること、第二にその組織力を引き上げ、まずかれらが切実な利害のある問題から手をつけ、とりあえず一つか二つやってみるように勧めることが考えられる(たとえば、疾病保険のようなもの)。やってみて成果が上がれば、かれらも自ずと互いに助け合うことには実益があることを感じるようになるだろうし、団体のありがたさも感じるようになるはずである。そうすれば、真の工会〔労働組合〕が成立しうるし、一つの場所で成立すれば、他所でもそれにならうようになる。こうして段々と連合、提携をすすめ、全国総工会の結成にいたれば、将来の労働階級は結集の核を得ることになるわけで、あらゆる運動には後ろ盾ができるのである。

現在の民衆運動についていえば、各労働者が自身の働く工場で、もし労働者の利益を損なうような行為があった場合には、立ち上がって反対のデモをすることはやむを得ないであろう。一方、主義のある運動、あるいは他の政治問題のための運動を勧めるむきも今日あるが、わたしはそれはよしとしない。つまりは、戦国時代の烏獲《うかく》のような力士〔『戦国策』燕策〕がここにいたとしても、かりに子供の時分から首も折れよとばかりに、百鈞もある鼎を担ぎ上げさせたなら、大成してその勇をふるうことは、結局できないであろう。つまり、充分な力がついていないのに濫用し、結局はその大事なものを失ってしまうというのは、大概がこの手のことなのである。

今日の労働階級はようやく成長してきたところであり、その力はまだ憐れなほど小さい。強い力のある者を脅して屈服させるだけの力を持つと怖れる必要はない。かりに労働者にしてこうした抵抗をするという事態がおこったならば、工場主は工場を閉じて解雇すれば良いだけの話で、〔労働者の〕再募集に応じる人がいないのではないか、などと気を揉む必要はないのだから、何の心配もない。これに対し、労働者はストライキのさいの支給金にあてるべく、かれらの組織内で積み立てをするということもしていないから、〔資本家たちと〕対峙しようにも、一日二日でバラバラになってしまうだろう。こんなありさまでは運動を起こせば必ず失敗し、その力が一旦削がれてしまったら、意気消沈することとなる。これはまったくもって自殺政策である。

それゆえ、今日われわれが労働階級に臨む態度としては、まず工会を結成させるようにすることが第一義となる。作戦だの勝ち負けだのを言う前に、まずしっかりとした組織の工会をもつ必要がある。〔労資の〕戦の勝負は工会の力で決まるのだが、忘れてならないのは、わが国の労働階級の将来の敵は、中国の資本家ではないということである。中国の資本家など、鳥の細いあばら骨のごときもの、一撃浴びせればそれまでである。

わたしは、そう遠くない将来に、間違いなく世界中の資本家が中国を避難場所としてやってくる日が訪れると確信している。他方、中国の労働階級が最後に勝利を収める時こそは、全世界の資本主義が根こそぎ倒れ、全世界の互助社会が根本的に打ちたてられる時となる。荘子はこう言っているではないか。「水の積むこと厚からざれば、則ち、大舟を負うに力なし」〔『荘子』逍遥遊〕と。わが国の労働階級はこの絶大なる責任を負っているのだから、それを育成しようとする者はあらかじめ心しなければならないし、それを庇護しようとする者は、一心に励まなければなるまい。

またさらに知っておくべきは、わが国の人は組織する能力がきわめて薄弱であるがゆえに、工会の組織はことに一筋縄ではいくまい、ということである。現時点において、工会はまだなお胎教の時期にあるのであって、生まれ落ちた〔赤児のような〕呱々《ここ》たる産声はまだ聞こえては来ない。それをどのようにして生まれさせ、夭逝しないようにどのように育てるのか、そしてそれが自分の力でその責任を負っていくよう、どのようにしむけるのか。これこそが今日社会主義運動家が寝ても覚めても思いをめぐらすべき問題である。

わたしの考えを言うならば、われわれはよろしく精力を集中してこの課題を成就させなければならない。上手くいけば、以後できないことなど何もなくなるだろう。逆に、組織なき大衆による無気力な運動にしてしまうならば、それはちょうど胎児に敵と戦えと命じるようなもので、悲惨な結果となることだけはまちがいない。

遊民階級に対しては、最大限の努力をはらってかれらを漸次労働階級へと変えていき、その後にかれらと協力していくべきである。かれらが良い方向に変わらない限りは、関わり合いを持ってはならない。かりに遊民を使って社会主義運動をおこなおうとするならば、間違いなくその結果は社会主義の壊滅を招くだろう。なぜか。労働階級による運動は、その結果として神聖なる労働者を生み出すが、遊民階級の運動が生み出すのは、遊民の増加にすぎないからである。

瓜のタネをまけば瓜がとれ、豆をまけば豆がとれるのは、逃れようのない世の道理だが、今の社会主義運動家たちは、あるいは余りに熱心なせいか、有産階級や知識階級を逆恨みし、ともに語るに足らぬ存在と見なしている。かつまた、労働階級の人員が少なく力も弱いうえに、その性質も保守性を帯び、働きかけが難しいという。そこで、「目的のためには手段を選ばず」とばかりに、遊民を使用しようなどという考えを起こすのである。

たしかに、天下で最も利用しやすいのが遊民であること、言を俟たない。だが、それを利用することで引き起こされる結果は、期待とは正反対になってしまうだろう。今、かりに共産主義を掲げてあらゆる階級の人に訴えかけても、それを信じて受け入れる人はおるまい。かりに受け入れても、それを実行するとは限るまい。

兵と匪が相半ばする軍隊を例にあげて言うならば、「斯《これ》を聞かば諸《これ》を行わんか」(『論語』先進)、「日を終《お》うるを俟《ま》たず」(『易』繫辞下)(耳にすればすぐ実行して一日も猶予しない)。この数カ月の間に、高陽の兵変だの、宜昌の兵変だのが起こったが、どれも市民の財産を略奪して、山分けしてしまった。さらに連中は、どこが悪いとばかりに、「共産主義を実行しようとしたのだ」とのたもうた。

社会運動の大義名分がもしもこんな連中によってだまし取られてしまったら、どれほどの汚点になろうか。さらには、国の気力もどれほど萎えてしまうだろうか。それゆえ、真に国を愛し、真に主義を愛する人には、どうかこんなことにならないよう、注意願いたい。

以上の大意をまとめ、議論の要点を手短にまとめれば、以下のようになろう。

一、生産事業を奨励しなければ、全国の人は遠からず死を迎えるのであって、そうなったら、どの主義をとるなど、そもそも云々できない。

二、生産事業を奨励すれば、資本階級はどうあっても生まれるが、それに伴って害毒が必ず生まれるわけではない。

三、資本階級の発生は、同時に労働階級の成立をもたらすのであって、そうなれば社会主義運動に後ろ盾ができることになる。

四、全世界の資本主義の存廃は、わが国における労資戦争の最後の勝負によって決する。

五、遊民階級が名を騙っておこなう運動は、真の主義の運動にとって、有害無益である。

以上の事理に照らして、われわれの今後の実行方針を次のように定める。

一、資本家に対しては、矯正の態度をとる。即ち、まず労資協調の状況のもとで、おもむろに健全なる発展を図る。

二、全力をあげて協同組合を提唱し、全国の生産の中枢を次第に公衆の手に移管させるようにする。

三、労働団体の結成、育成、強化を図り、もって全世界の資本階級との最終決戦の準備をおこなう。

以上に論じたことども、ご高論にとって何かお役に立つ点などございましょうか。わたしはこの問題の解決に関して、今なお苦悶のなかで模索を続けている次第にて、むろん何か卓見があるなどと申し上げるつもりはございません。あまねく天下にて主義を同じくする人にご教示などいただければ幸いです。(〔民国〕十年〔一九二一年〕一月十九日)

6　無産階級と無業階級

【初出】『晨報副刊』一九二五年五月一日。

【解題】本書四—5にも見えるように、梁啓超は社会主義そのものの価値は認めながら、それをそのまま中国に導入することには反対だった。中国の資本主義は未成熟ゆえ、まず資本主義を発展させるという苦肉の策が求められている、そしてその資本主義の発展は社会主義への導き手であるプロレタリアートの発生を促すのだ、という主張である。その後、中国で共産党が活動をはじめると、梁啓超はそれが純粋のプロレタリアートによる社会主義運動ではなく、いわゆる遊民による無秩序な社会の騒乱を招くのみであるという批判を強めていくようになった。

無業者を社会主義運動の担い手と見なしてはならないと力説していた梁啓超ではあったが、中国の運動が共産党と国民党の提携、ソ連との協力という形をとると、以前より国民党と多くの衝突・対立を経験してきたかれの批判は、さらに厳しくなっていく。

近ごろ耳にして不快に思うのが、あれやこれやの「主義」というものである。なぜか。どんな主義であっても、中国人の手にかかるや、たちまち羊頭狗肉の体《てい》となってしまうからである。

今日は有名なメーデーであり、この記念日は欧米ではまぎれもなくきわめて大きな意味を持っている。その意義がどこにあるかと言えば、無産階級すなわち労働階級の利益を代表して、自分たちの利益を搾取しようとする、かの階級と闘争することである。

階級闘争が社会において、喜ばしいことかどうか、これは別問題ゆえ今は論じないとして、われわれがハッキリと理解しておかねばならないのは、欧米の社会では、有産階級と無産階級という二つの階級が画然と分かれていて、無産階級の方は来る日も来る日も工場や商店で働くまっとうな職業をもった人であるということである。かれらは働いて得た所得を守ろうとしたり、失業を救済したりしようとして立ち上がり、闘争するのであって、それゆえに闘争は正当なもので、意義もある。

これに対して、中国の社会に階級という区分があるかどうかとなると、わたしは実際何とも言えない。かりに無理を承知で、ある、といえば、それは有産階級と無産階級を対義語だと見なしていないということになってしまう。だが実際には、有業階級と無業階級という対義語があるのみなのである。

有業階級とはどういうものかと言えば、たとえば農民(小地主も小作人もみな含まれる)であり、たとえば商人であり(商店の主人も店員もみな含まれる)、さらには学校の教師、下級役人もそうだし、さらには現場で自分の力を売って飯を食っている色々な労働者もそうである。こうした人々の中には有産の人もあれば、無産の人もあろうが、それを区別するのは簡単ではない。

それに対して、無業階級とはどんな人かと言えば、羽振りのよい役人や軍人、あるいは政党指導者や政党員、地方で言えば顔役、租界で言えばゴロツキ、外国から宣伝費を助成してもらっているような学生[1]、さらには強盗(軍服を着ている兵隊を含む)や乞食(礼服を着ている人士を含む)、およびさまざまなものにたかって生きている連中であって、その中には有産の人もいれば無産の人もおり、それをハッキリと区分するのは、これまた容易ではない。

中国にかりに階級闘争があるとしよう。もしも有業階級が無業階級に打ち勝つことができるなら、天下は太平である。逆に無業階級が有業階級を征服してしまうなら、その時は亡国にして中国人の絶滅である。だが、悲しいことに、不幸なことに、今の大勢は無業階級の勝利という方向に向かっているようだ。

無業階級の人々の面の皮はまことに厚く、やり口もはしこい。さらに連中はいつでも何らかの人民代表におさまることができる。「朕は国家なり」と言ったルイ十四世の伝でいけば、かれらは「我は国民なり」というわけであり、その時々でいちばんはやっている主義をかぶり、その主義を飯のタネにしているのである。

たしか一昨年だったか、上海のある新聞に、洋服姿で金縁メガネの青年が人力車に乗って龍華〔上海の近郊の地名〕へ行った時のニュースが載っていた。人力車に乗っている間中、ずっと車夫をステッキで殴ったり、足蹴にしたりしながら、「労働大会に行かなきゃなんないのに、お前がぐずぐずしているせいで、遅れちまったじゃねぇか。死にやがれ」とわめき続けたという記事だった。このニュースは、あるいは当てつけのためにでっち上げたものかもしれないが、これに類する奇怪な現象は決して少なくない。

数年前にわたしが講演のためにある地方へ行った時のことだが、ある日〔現地の〕農業団体・商業団体・労働団体が合同で歓迎会をしてくれて、何十人もの代表が集まってくれた。だが、見れば、みな農民や商人や労働者には見えず、全部四民の上に立つ「士」のようであったので、一通り謝辞を申し上げた後に、「数年後にもう一度この会にお邪魔する時には、簑を着て鍬をもった農民、工場から駆けつけてきた煤まみれの労働者の姿を拝見したいと存じます」とつけ加えたものである。だが、こんな理想がかなうのは一体いつのことだろう。

悲しいかな、中国にはまっとうな有業階級がどれほどいるか知らないが、かれらはみなあんな連中に代表されてしまっているのも知らず、眠ったままなのである。

悲しいかな、世界の学者たちが心血をそそいで考え出した「主義」も、結局はあんな連中の衣食のタネにされてしまっているのである。メーデーは、たしかに記念すべきではあろう。だが、働かない者どもに絶対に口出し、手出しをさせてはならない。労働している人間にそれを記念する意味がわからず、記念する必要性が感じられないのなら、他の人間に横取りされてしまわないためにも、いっそ記念などしない方がましである。

今日、欧米人たちの運動の大半は「無産階級よ、有産階級を打倒せよ」という旗印を掲げるだろうが、この旗印は中国には合わないからこう変えるべきだろう。「有業階級よ、無業階級を打倒せよ」と。

(1)ミッション系の学校などでは、外国の奨学金を得たり、外国系の新聞社や商社で働く傍ら、外国を褒めそやすような言論をまき散らす外国かぶれの学生もいたから、そういった学生を念頭においているか。

7 十年目の〝五七〟

【初出】『晨報』一九二五年五月七日。

【解題】日本が第一次大戦中の一九一五年に袁世凱政権に突きつけた二十一カ条要求は、中国輿論の激しい反発を呼び、後の五四運動の遠因となるとともに、中国ナショナリズム勃興の引き金となった。中国では以後、日本が最後通告をもって受諾を迫った五月七日、あるいは袁世凱政権がその受諾を表明した五月九日が「国恥記念日」と呼ばれ、毎年のようにこの日に関連の行事がおこなわれるようになった。

本文は、その一九一五年五月七日から十年目にあたって、梁啓超が北京の日刊紙『晨報』に発表した論説である。単なる口先での主義の高唱や現実離れした主張、あるいは一時的な熱狂に頼る限り、中国が国恥を雪ぐ日は来ないという内容を、劇薬・興奮剤の服用に喩えて訴えるものである。

文中に出てくる「五分間の熱度」という言葉は、一時の情熱が長続きしないことを批判するさいの警句として、一九二〇年代初めから使われていた言葉であり、内省の上にたった長期にわたる実力涵養こそが真の救国の道だという主張とともに使われた。これに類似の議論としては、聞こえのよい主義の高唱よりも、一つ一つの具体的な問題の解決に力を注ぐべきだという主張もあって、典型例としては、主義と具体的問題の解決をめぐって、一九一九年に「多研究些問題、少談些〝主義〟(〝主義〟ではなく問題をこそ語るべきだ)」という文章を発表し、主義の有用性と意義を主張した李大釗と論戦を展開した胡適が挙げられる。

光陰矢の如く、かの最も堪えがたき民国四年(一九一五年)の五月七日から、今日でたちまち満十年になる。

国中の多くの人は、もはや今日がどんな日か、忘れてしまっているだろう。ごく一部の学校や新聞社が、相変わらず「年中行事」よろしく、恒例でこの国恥記念を取り上げているくらいである。

「国恥」ですら「恒例」になってしまっている。天下には奇怪なことや痛ましいことが多いとはいえ、これ以上のことがあろうか。だが、わたしは奇怪に思う必要もなければ、痛ましいと思う必要もないと思う。これまた「自然の趨勢、必至の運命」であり、このような移ろいの現象の中に、ある真実や教訓を得る方がよかろう。

「国恥記念」「国恥記念」、これはそもそも薬で言えば、一種の「興奮剤」である。このような言い方を読者が認めてくれるのであれば、この興奮剤の性質と効能とを分析してみよう。

第一、およそ興奮剤というのは、興奮できない人に対して、薬の力で興奮させようとするものである。それゆえ、それは危険な性質のもので、飲んで効き目があってもなくても、服用すればそれだけ、生気が損なわれてしまうのである。

第二、およそ興奮剤の効き目には期限がある。ある時間がたてば、薬の力は消えてしまう。薬の力が消えてしまえば、薬の服用前よりもさらに興奮しなくなってしまう。

第三、およそ興奮剤の効き目というのは、逓減していくものである。同じ質・同じ量の薬であっても、二度目は一度目よりも効きが悪くなり、ずっと服用していくと、効き目はゼロになってしまう。

以前、ある人が「中国人の熱度は五分しかもたない」と言ったが、それは中国人に限った話ではなく、人類というのはみな大概そんなものである。平均的に継続していくものを温度と言い、熱度とは言わないが、およそ一時の衝動による熱度は、それが薬の力を借りたものであってもそうでなくても、その持続時間は五分ほどにすぎない。いわゆる国民の熱度というものは、常に「民衆式」のやり方で表現されるが、その場合の民衆はどんな具合にして熱意を持つのか。一半は外界のある種の突発的事件によって引き起こされるものであり、それゆえ常に大なり小なりの「興奮剤性」を帯びる。そのさい、賢明な政治家はそれを利用して大きな仕事をやってのけるし、小ずるい政治家はそれを利用して世を騒がすような悪行をするだろう。しかしながら、良きにつけ悪しきにつけ、結局は、その興奮は最高潮に達したほんの一瞬こそ役には立つが、それが過ぎればもう効き目はなくなってしまうのだ。

呉王夫差は来る日も来る日も、人に耳元で「夫差よ、越人がそなたの父を殺したのを忘れたか」(1)と言わせたというし、フランス人はアルザス・ロレーヌが〔ドイツに〕割譲されたその日、みな黒い喪章を腕に巻いたという。これは、昂進した一時の熱度を継続的な温度に変えた例であり、服用したのは栄養剤であって、興奮剤ではない。言い換えれば、かれらが用いたのは虚心に思慮を重ねていこうとする理性であって、しゃにむにぶつかっていくという感情ではなかった。長く持久していけたのは、まったくこの点による。

虚心に思慮を重ねる理性とはどのように用いるのか。人に陵辱されても、人の横暴を恨むのではなく、おのれがそれを跳ね返せないことを悔やみ、恨みや憤りは涙とともに血とともに腹でこらえ、恥を雪げる時が来るまでは軽率に表に出さない。おのれがなぜこのような境遇に落ちぶれてしまったのかを日々思い返し、おのれの新たな生命を創造するよう努め、おのれの新たな環境を改造する。つまりは、人をああだこうだと言うのではなく、自分がどうなのかだけを考え、口で言うのではなく、行動によって示し、できないなら最初から言わないということである。

残念ながら、われわれの「五七」の記念の仕方は、まったくそういう筋道にはなっていない。多くの人の怒りを招くのを承知で言えば、「国恥記念」というこの言葉は「義和団式」の愛国心に支えられて存在しているにすぎない。義和団式の愛国心の本質が良いか悪いかは別に議論すべき事柄だが、その効用のあらわれ方は、いうまでもなく、「五分間の熱度」に支えられている。理性を無視したこういった衝動がはたして持続性を持つのか、わたしは絶対に信じることができない。

理性とは、表に出ないもので、重苦しいものである。それに対し、感情は表面的で、賑々しいものである。それゆえ、大衆にあっては、とりわけ若い大衆の場合は、感情さえあれば向かうところ敵なしである。感情の持つ衝動の力でいちばん大事なのは、ある面だけを見て、別の面には目をつぶるということである。さまざまな面を見すぎると感情が制約されてしまうからである。いちばん大事なのは、実行の難しさなど考えずに、威勢の良い言葉で語ることである。困難を口にすれば、感情がたちまち冷えてしまうからである。つまりは、理性をゼロのレベルまで抑え込まない限り、五分間の熱度は沸点に達することができないのである。

満洲族を倒せ、袁世凱を倒せ、張勲を倒せ。民国九年(一九二〇年)には安福系(2)を倒せ、十一年には張作霖を倒せ、十三年には曹錕・呉佩孚を倒せ(3)、そのたびに大衆は、「やってしまえ、やってしまえ」と喝采を送ったが、数年前には大悪人だったはずの人間が突如救いの神になり、また逆に数年前の救いの神が突如大悪人になっても、かれらはそれを忘れてしまっているのみならず、なぜそんなことになるのかを考えもしないのである。これこそが、一面だけを見て別の面には目をつぶるということにほかならない。

「教育権を回収せよ」「資本主義を打倒せよ」「帝国主義を打倒せよ」、これらは近ごろはやりの言葉で、民衆運動の格好の旗印である。これらの旗印の本質が正しいかどうか、弊害がないかどうか、今はひとまず問わないが、「倒すだけの力がわれわれにあるのか」「どうやって倒すのか」と尋ねる者に対して、「議論は無用」と言って、「やってしまえ」と声を張り上げる。声の張り上げ方が足りなかったり、遅かったりすると、それだけで公敵呼ばわりし、言葉の威勢の良さばかりを見て、実行の難しさを考えることを許さない。十数年来のいわゆる民衆運動なるものは、とどのつまり、いつもこんなことの繰り返しではなかったか。

平心に論ずるなら、それは「動か無《ざ》るを大《よ》しと為す」（賈誼『新書』孽産子）としてきた中国人が、何とかしてその動力を刺激したものであって、万やむを得ないことかもしれない。だが、逆の面から見るならば、ちょうど生殖能力の衰えた夫に対して、衛生に気を配り、英気を養うよう勧めるのではなく、来る日も来る日も趙飛燕が漢の成帝のためにこしらえた秘薬(4)を飲ませるようなもので、それではあたら命を奪ってしまうのと何ら変わらない。一歩ゆずって、たとえば元気が出るように人に酒を勧めるとして、酔って調子がよくなったとしても、翌朝に二日酔いでげっそりするほど飲ませて、前よりも悪くさせるようなことになってはいけない。さらにもう一歩ゆずって、たとえばある種の刺激性の薬品で病気を治した人がその薬を常用し、勝手にどんどん飲んだりすれば、そのうちに臓器が刺激で麻痺してしまい、その薬も効かなくなってしまうことだろう。

それゆえ、賢明で篤実な社会指導者というものは、興奮剤を乱用しないが、それは第一におかしなことが起こるのを警戒し、第二に時間が経つにつれて、反動が起こるのを恐れ、そして第三に濫用の結果、あるべき機能が失われてしまうのを恐れるからである。かの義和団のさいの混乱こそは第一の教訓であり、「五七」記念の十年来の変遷こそは第二・第三の教訓である。

わたしが残念に思うのは、近年社会を指導する資格のある人が、わたしとは見方を異にしていることである。「かれらは民衆の弱点を利用して、おのれの野心を遂げようとしている」と言っている人もいる。わたしは決して偉ぶって漫然とこんな批判をしようとは思わぬが、そうした人たちに望むらくは、国民の病根が那辺《なへん》にあるかを詳らかにし、刺激性の劇薬だけで起死回生に至るのかを考え、かりにそうならない場合に備え、やはり少し慎重であってほしいということである。

さらにわたしは、最も情感に富む若者たちに対し、自分の身体に合う興奮剤だけを好んで服用するのではなく、さらにそれがあくまでも薬であって食品ではないということ、人類は薬だけで生きてはゆけないということを知ってもらいたい。

われわれがあの恥ずべき「五七」をなくしてしまいたいのなら、新聞や演説台で悲憤慷慨して日本人を罵倒すれば、それで事がなるほど簡単ではない。皆が頭を悩ませ、歯を食いしばり、中国をひとつの国家に作り上げていくまっとうな道を探すことこそが先決なのだ。

それは「五七」にとどまらない。資本主義を打破せよだの、帝国主義を打破せよだの、不平等条約を打破せよだの、すべてたわごとである。国家がもし今後も長く軍閥・党閥のお偉方によってメチャメチャにされてしまうなら、そのうちに誰かと条約を結ぶことすら、かなわなくなってしまおう。そうなれば平等だの不平等だのも言っていられなくなり、資本主義の帝国にお慈悲の恵みを乞うても恵んでもらえなくなろうに、なおやっつけろもあるまい。

（1）いわゆる「臥薪嘗胆」の故事。春秋時代の呉の王の夫差は、父を越王勾践によって討たれた恨みを片時も忘れぬようにつとめたという。

（2）段祺瑞ら、いわゆる安徽派の政治勢力のこと。その派閥が「安福倶楽部」を称したことにちなむ。

（3）辛亥革命以来の政争を羅列したこの段、概略を説明すると、以下の通り。一九一一年の辛亥革命は反満の民族感情に支えられて清朝を倒したものの、革命の後に成立した中華民国ではかつて清朝の大官だった袁世凱が次第に独裁色を強め、一九一五年には帝制移行を図り、輿論の強い反発を招いた。一九一六年の袁世凱の死によって、北京の政界はさらに混乱の度を深め、その混乱に乗じて一九一七年には張勲が旧皇帝の溥儀を復位させる復辟事件も起こった。復辟は段祺瑞らの反対運動によりあっけなく潰えたが、派閥「安福倶楽部」を後ろ盾にした段祺瑞も、一九二〇年に曹錕・呉佩孚ら直隷派に敗れ、退陣に追い込まれた（安直戦争）。安徽派凋落の後も政界は安定せず、直隷派と奉天派（張作霖）の間で一九二二年、二四年と二度にわたる軍事衝突（奉直戦争）が起こった。こうして連年のように続いた政争と内戦のたびに、輿論は翻弄され続けたのである。

(4)趙飛燕は前漢の成帝の皇后で、秘薬によって美容を得た、あるいは秘薬を皇帝に与え命を奪ったなどの逸話が残る。

8　わたしの病と協和病院

【初出】『晨報副刊』一九二六年六月二日。

【解題】梁啓超は一九二〇年代半ばから尿に血が混じるなど、泌尿器に疾患を抱えており、一九二六年三月に北京の名門病院である協和医院で診察を受けたところ、腎臓ガンの疑いありという診断が下った。ただちに同院で、院長自らの執刀による右腎摘出の手術を受けたが、摘出した右腎の腫瘍はガンではなく、結果として健全な方の臓器を失い、病性の左の腎臓の方を残すという不幸な事態となった。梁啓超は晩年、この腎疾患に苦しみ、けっきょく一九二九年一月にこの病がもとで、協和医院でこの世を去ることになる。

協和医院でおこなわれた手術で、誤って健全な方の腎臓を切除してしまったことは、協和医院の誤診・手術ミスとして、手術後から大きな話題を呼び、識者が新聞・雑誌で論評するなど、西洋医学全般への不信を呼ぶこととなった。これに対して梁啓超は、この一連の診断と治療について、自分の考えを明らかにするとともに、自身の経験したこの診断ミスによって、西洋医学、ひいては科学全般への不信を抱くことにならないよう希望した。

近ごろ、わたしの病気のことが医学界のちょっとした問題になっている。北京の社会でいちばんの流行の読み物――『現代評論』や『晨報副刊』――もこの件を論じており、(1)自分が一言なにか言っておく必要があろうと考えた。まず一つには、多くの友人たちが手術後のわたしの容体はどうか心配してくれており、この機会に報告しておくべきだと思ったこと。次に、協和〔医院〕に対して、社会に誤解が生じていると懸念し、わたしの良心にかけて相応の弁護をしておくべきだと思ったことである。そして三つ目に、今回のことがもとで、医学あるいはそれ以外の科学に対して、反動的なよからぬ考えが生じているように思うからである。そこで、以下にわたしの感想と主張とを順をおって述べることにしたい。

わたしの血尿病は、すでに一年余りになる。痛痒もなく、身体が弱っているという感覚もなかったし、精神的にも衰えのようなことはまったくなかったので、この間特に何とも思わずにきた。昨年の後半は、わが生涯でも仕事にもっとも打ち込んだ時期のひとつだといってもよく、六カ月のあいだに著作約十余万字、毎週の講演時間は平均で八時間内外、本来ならこれだけで働き過ぎといってよいほどである。

陽暦の年の暮れに、小便を〔勤め先の〕清華〔大学〕の校医に調べてもらったところ、血の成分が七十パーセントも混じっているというので、いささか慌て、ドイツや日本の医者に見てもらった。ただ、ひと月余り薬を服用し、何度も注射を打ってもらったが、まったく良くならなかった。

その後、医者たちはそろって、「小便に有害な菌は含まれていないから、淋病の系統ではない。とすれば、考えられる病源は三つ、すなわち、一、尿路結石、二、結核、三、腫瘍で、腫瘍の場合はさらに、良性――瘤腫のたぐい――と、悪性――つまりガン――に分かれる。ただし、痛みがない以上、尿路結石ではないし、また発熱も見られない以上、結核でもない。となれば、残るは腫瘍としか考えられないが、これは入院して反射鏡で検査してみないとわからない」といった。そこでドイツ病院〔北京にあったドイツ系病院のDeutsches Hospital〕に半月入院して、三度検査してもらったが、機械の精度が悪くて検査結果が出なかったため、退院することにした。

わたしはこれまで、自分の身体は丈夫だと思ってきたが、「ガン」という言葉を耳にすると、平静ではいられなかった。というのも、一昨年〔一九二四年〕にわたしの妻がそのガンで世を去ったからである〔本書四―9を参照〕。この病気は体質が強いかどうかとは無関係で、罹ったらもう助かることはないのだ。

なので、それを聞いた後、何日も思案に暮れ、こう考えた。徹底的に検査し、ガンでなかったら最高だし、かりにそれだったら切除し、再発しないうちに、ほかのことはすべてうち捨てて始末をつけ、かの『中国文化史』の仕事を完成させようと(2)。また同時に、アメリカ大陸にいる娘たちに電報を打って呼び戻し、少しでも一緒にいられるようにしよう、と。これが協和〔医院〕に入院する前の日の考えだった。

協和に入院してから、詳しい検査をした。最初は、反射鏡で尿管を検査したが、異常は見つからなかった。膀胱の検査も異常なし。腎臓の検査では、左腎は分泌物があったもののきれいだったが、右腎の分泌物に鮮血が混じっていた。

二回目の検査ではある薬を注射した。医師の説明では、「もし分泌の機能が良好であれば、五分ほどでその薬が小便と一緒に出てくる」ということだった。注射ののち、左腎からは果たして五分で分泌されてきた。一方、右腎のほうは、なかなか出てこなかった。

三回目の検査で、X線を照射したところ、右腎に黒い点がひとつ見つかったが、それは当然に腫瘍だろうということだった。これらの検査は、いずれもわたしがこの目でハッキリと見て確認したものである。それゆえ、医師もわたしも、「罪人斯《ここ》に得たり〔犯人はこいつだ」〔『尚書』金縢〕と疑問の余地なく認定した。ただ、その右臂の黒い斑点が如何なるものかについては、医師は「切除してみないと何とも言えないが、普通に考えれば、恐らくは良性の腫瘍であって、悪性のガンではないだろう。しばらく切らずにおいても悪くはないが、根治するには切るしかない」と言っていた。

医師の診断はおおよそ以上の通りであった。わたしも家族も当然に切除を希望した。むろん、好意からそれをとめようとする親しい友人も数多いたが、わたしとしては、無視するよりほかなかった。

切除の時のことは、麻酔をしていたから当然に何も知らない。切除した右臂に腫瘍はなかったと知らされたのは、後になってからである。だが、切除後の一週間には、尿の中の血はすっかりなくなったように感じた。うれしかったことは言うまでもない。後に医師が説明してくれたところによれば、「その一週間も尿が完全にきれいになったわけではなく、血が肉眼では確認できなかったということに過ぎない」のであった。

一週間後、自分でも色を見てみたが、ハッキリはわからなかった。その後、内科を受診した。内科の医師は何度か再検査をしたのち、「原因不明の出血が見られるが、からだにはまったく害のないものである。ただし、血管の硬化が見られるので、薬を服用してそれを柔らかくすればよいでしょう」と言ってくれた。――以上が協和〔医院〕での三十五日間の経過のあらましである。

退院してから今日に至るまで、協和の薬をずっと服用している。病気の方は、ハッキリしない面はあるが、手術を受ける前に比べれば、間違いなくずっと良くなっている。以前は毎度小便に血が混じっていたが、今は数日に一度、たまに混じる程度である。また、以前は怖いほど赤かったが、今はたまに出るときがあっても、色は濃くない。自分で細かく試してみると、大まかな傾向として、少し多く歩いたり、あるいは睡眠不足の時には、だいたい血が混じるようである。安静にしてさえいれば、普通の人と何ら変わらない。思うに、もし本当にすべてをなげうって徹底的に休めば、二、三カ月後には、完全に元通りになるだろう。このほかには、まったく他の病気などはない。大きな手術を受けはしたが、医師の技術は確かなうえに、わたしの身体も元来丈夫なので、切除後十日ほどで精神的にはすでにいつも通りで、今はどんどん良くなっている。愛しい友人のみなさんには、どうかご心配なくと申し上げたい。

右腎はどうあっても切除すべきだったかどうかについては、医学上の問題なので、わたしのような門外漢には判断できない。しかし、三度にわたって診断してもらった時、わたしは局部麻酔だったため、意識はハッキリしていた。だから、診断の結果は順を追ってハッキリと見ている。当時の見立てでは、問題は右腎にあったこと、それは疑うべくもなかった。あとで思い返せば、あるいは「罪、死に至らず〔切除するほどではない〕」、あるいは「罰、その罪に当たらず〔そこまでやるほどではなかった〕」だったかもしれない。当時、「刀下に人を留む〔切らずに置いておく〕」ということができたかどうか、これは専門家でなければわかるまいが、右腎に問題があったことは、おおむね疑いないことである。医師を軽率だったというのは、濡れ衣ではないかと思う。

「原因不明の出血」という言葉は、もともと確かにやや非科学的だが、病気になって一年あまり、精神も元通りなので、おおまかに言って「からだには全く害のないものである」という言葉は確かであろう。なぜかと言えば、最近のわたし自身の経験から、心身の労働《ストレス》がこの病気と何らかの関係があることは、おおまかにわかるからである。あるいはこれこそは「理由なき理由」であろう。

今回、協和はわたしの病気を、実に丁寧に診断してくれた。医師の先生方は、何度も議論を重ね、誠に慎重であった。入院期間中も、十二分に懇切丁寧にわたしに相対してくださった。わたしは本当に心からかれらに感謝している。協和の組織は完璧で、研究の精神と方法はいずれも最先端のものであり、わが中国の医学の将来にきわめて大きな責任と希望を担っている。一カ月余りに及ぶ入院期間は、わたしにとって感動の日々であった。望むらくは、協和に対して、わが言論界が常に前向きに励ます態度をとり、それを傷つけるような態度をとらぬことを。

科学というものは、もとより果てのないものである。ニュートンは、臨終のさいにこう言ったというではないか。「わたしの知識など、海辺で子供が貝殻を何個か拾ったのと何ら変わらない。大海の「宗廟の美、百官の富」の万分の一すらまだ見てはいないのだ」と。[3] この言葉はまさにその通りである。だが、われわれは、現代人の科学知識がなお幼稚だからといって、科学というものを根底から疑ってはならない。

たとえば、わたしのこうしたちょっとした病で、診断の結果が医師の予期と違っていたとしても、それは偶然の例外に過ぎないかもしれない。診断にこれほど厳密な検査をする必要があるかについても、中国の昔の医者のように「陰陽五行」の当てずっぽうでやるわけにはいかない。このことはまったく比較の余地のないことである。

わたしの今回の病気を口実に、ある種の反動として社会に奇怪な議論が生じ、中国の医学のこれからの進歩を妨げるようなことにならぬよう、わたしは願っている。以上がこの短い文章を発表したわたしの気持ちである。

(1) 梁啓超の腎臓摘出手術(医療過誤)については、雑誌『現代評論』に連載を持っていた西瀅(陳源)が「〝尽信医不如無医〟(医者に頼りすぎるくらいなら、医者がいない方がまし)」(第三巻第七五期、一九二六年五月)を、また梁啓超の弟子の徐志摩が「我們病了、怎麽辦?-(病気になったらどうしたらよいか)」(『晨報副刊』一九二六年五月二九日)を発表し、ともに梁啓超の事案をとりあげて、西洋医学の問題点を指摘していた。このほか、徐志摩が寄稿したのと同じ『晨報副刊』一九二六年五月二九日に、弟の梁仲策が「病院筆記」を発表し、協和医院(西洋医学)の治療に疑義を呈するなど、手術は当時の注目を浴びていた。

(2) 中国文化史は、晩年の梁啓超が精力を注いだ研究テーマで、講演・授業などをもとにして書かれた各論が論説や書籍の形で刊行されている。それらを集成した『中国文化史』については、亡くなる直前まで執筆に意欲を見せていたが、けっきょく完成には至らなかった。

(3) 俗に言うニュートンの臨終の言葉は、「わたしは、海辺で遊んでいる少年のようなものだ。ときおり、普通のものよりもなめらかな小石やかわいい貝殻を見つけて夢中になっている。真理の大海は、すべてが未発見のまま、目の前に広がっているというのに」である。ちなみに梁啓超が意訳で使っている「宗廟の美、百官の富」は、『論語』子張に見える言葉で、孔子の徳をうかがうことを、高い壁に囲まれた屋敷の中をのぞくことに例え、背の低いものには壮麗な屋敷の素晴らしさはうかがうことができないようなものだと言ったことを踏まえる。

9 追　悼

【解題】一九二四年九月一三日に逝去した妻の李蕙仙のための追悼文である。李蕙仙(一八六九年生まれ)は貴州省貴筑の人、清朝の官僚李端棻のいとこにして、同じく官僚であった李朝儀の娘にあたる女性で、一八九一年に梁啓超と結婚した。時に梁は十八歳、彼女は二十二歳であった。

梁啓超は一八八九年に広東省の郷試(省レベルで実施される科挙、合格すると首都でおこなわれる会試への道が開ける)を受験したが、そのさいに都から派遣されてきた試験責任者(主考)が、礼部尚書の李端棻であった。若くして優秀な成績で合格した梁啓超の将来を嘱望して、いとこの李蕙仙との縁談を持ちかけ、二人が結婚する運びとなった。

李蕙仙は結婚後、梁啓超との間に思順、思成、思荘らをもうけた。一九一五年冬に乳ガンを患い、二度の手術をおこなったが、その甲斐なく、一九二四年に亡くなった。

友人・先輩・家族などの死にさいして、墓碑銘や追悼文を書くことは、中国の士大夫・士人では、よく見られることである。梁啓超の妻への追悼文は、伝統的な文体で書かれているものの、かれの家庭観や女性観をうかがわせるとともに、かれの家庭生活がどのようなものであったかを知るうえでも、興味深い文章である。

追悼にあたって。亡き妻の李夫人は、貴筑〔貴州省貴陽〕の人で、もとの京兆公〔順天府尹〕もつとめた李朝儀の末の娘である。〔李家は〕代々の「清門」ともいえる家柄で、家では優れた学問の伝統を伝えていた。

妻は同治己巳〔一八六九年〕に、〔北京郊外の〕永定河の道台の役所に生まれ、幼いころから〔父の〕任地である京畿・山東に同行して成長し、父の朝儀が世を去るに及んで、一家は郷里にもどった。

光緒己丑〔一八八九年〕、〔礼部〕尚書だった苾園先生、諱《いみな》は端棻が、広東の郷試をつかさどることになった。この方が妻の従兄に当たる。わたしはこの年、〔李端棻の監督する郷試で〕合格し、その弟子に連なることになった(1)のだが、先生はそれと相前後して縁組みを申し出られ、婚約とあいなった。かくして、妻は〔数え年〕二十三歳でわたしに嫁いできた。

わたしの実家は貧しく、海辺の田舎に住まいし、代々農業をしながら学問をおさめ、わずか数畝《ムー》の痩せた土地を家中で耕作するのをつねとしてきた。妻は官僚家庭の一員として、北方で暮らしてきたにもかかわらず、暑い土地の一農家の子に嫁し、日々自ら家事をこなし、嫌な顔ひとつしなかった。妻がわたしの実家に来た時というのは、わたしの母が世を去って既に六年、また継母は妻より二歳年上にすぎなかった。妻は愉愉《ニコニコ》として「色養《つか》えた」〔『論語』為政〕ので、大いに〔継〕母に気に入られ、おかげで〔継母は〕実の子以上にかわいがってくれた。

戊戌政変の難に見舞われたさい、わたしは海外に亡命したが、妻は舅や姑とともに、か弱い娘〔梁思順〕をつれて難をマカオに避け、その後、父上とともにわたしを追って日本にやってきて、滞留することになった。わたしはもとより家のことやりくりには無頓着なうえ、あちらこちら活動のために走り回り、大人しく家にいることなどなかった。著述で得た収入を生活費として家にいれるだけのわたしであったが、妻はその苦労に耐えて家政を切り盛りし、「仰事俯畜《いっかのせいかつ》」〔『孟子』梁恵王上〕に飢寒《ふじゆう》のないようにしてくれた。並々ならぬ苦労を通じて節約してためたお金は、賓客のもてなしや貧しい弟子たちの資助にあてるなど、十余年間、献身的な努力をしてくれた。

妻は同情心に厚い一方、意志は堅固にして、常識に富み、さらに事にあたっては果断、子どもたちの教育では義を重んじ、姑息なことを嫌った。われらが子たち七、八人には、幼少より勉強を教え、長じてからは学校の選択や学業の監督、これらはすべて妻が一手にやってくれたことで、わたしがそれに口出ししたことはない。

わたしの年の離れた弟や妹三人は、いずれも十歳かそこらで妻に勉強の手ほどきを受けたが、その場合も妻は隅々まで行き届いた教育をしてくれた。また、先に早世した姉の遺児である趙瑞蓮・瑞時・瑞敬の三兄弟、および母方の縁戚である姪の李桂姝・続忠・福鬘らは、いずれも早くに母を亡くした者だが、妻がわが子同様に面倒を見てやったため、母のいないことを忘れたほどであった。

わたしは結婚してからというもの、常に妻の励ましと助けを受け、何とかひとかどのことを成し遂げることができたが、若いころには貧しく、書物を買うこともままならなかった。そんな時、妻は決まって用立ててくれるのであった。

確か二十一歳の時に、竹簡斎石印の『二十四史』を求めたが、(2) それは妻の嫁入り道具の装飾品を手放して買ったものである。

また、中年となって国事に奔走し、たびたび危ない目にもあったが、妻は常に大義のために勇をふるうよう励ましてくれた。洪憲のおり、わたしは護国軍に加わるべく、深夜に亡妻に別れを告げたのだが、そのさい亡妻は「上は父君・母君から、下は子どもたちまで、すべてわたしにお任せください。あなた様は国のために死すとも、ためらってはなりません」と言ってくれた。(3) その堂々とした様子に、わたしは大いに力づけられたのであった。

他方、日ごろの家政のきりもりはと言えば、万事条理ととのい、おかげでわたしは家事に心を煩わされることなく、なすべきつとめに専心することができたことはいうまでもない。

だが、天は何のはからいか、わが良き伴侶を奪って行ってしまった。こんなにも早く、こんなにもむごく。

妻ははなはだ丈夫なたちで、病気知らずだったが、民国四年〔一九一五年〕の冬に突如乳ガンにかかってしまった。およそ病気の中で、乳ガンほどむごいものはない。世界中の医者たちは、今日に至るもその病因も治療法も解明してはおらず、切除するしかない。だが、切除しても必ず再発し、切除ができないときは手のほどこしようがないのだ。妻は発病以来、二度切除したが、この春にまた再発し、脇から首にかけて転移してしまった。大事な血管に近すぎて切除のしようもなく、半年ほど病床についたまま、やがて起き上がれなくなった。

妻は非常に我慢強い人で、痛みがどんなに激しくても、それを何とかこらえようとした。息子の思成・思永らが清華学校(4)を卒業したのち、アメリカ留学を考えながらも、なかなか踏ん切りがつかないでいると、妻はその学業が中断してしまうのを心配し、「わたしの病気のことなら大丈夫、お前たちが帰ってくるまで待っていられるから」と言って背中を押してやったのだった。嗚呼《ああ》、なのにその愛児たちとも永《とこしえ》の別れとなってしまった。

妻は若いころから気丈な人間で、如何なる宗教も信じたことがなかったが、病気をした後には急に仏教に帰依し、亡くなる九日前には子らに命じて、法華〔経〕をあげさせた。最後の半月は、病が脳に達して痛覚がなくなったため、亡くなる時には病の激しい痛みも去り、安らかであった。顔もいつもの様子にもどり、こんな宿縁もあったのかと思ったことだった。

哀悼の余り、つらつらと自らを慰め、生前のありさまのおおよそを伝える次第にて、度を超えた褒め言葉などは入れなかった。今回、子らの悲しみがやわらぐよう、海内君子《みなさま》から哀悼をいただけることを願ってやまない。

（1）科挙の成績優秀者は、その試験の監督官（考官）と疑似師弟関係（時にはさらに梁啓超のように姻戚関係）を取り結ぶのが習わしで、次の段階の試験や任官後の官界での相互扶助など、さまざまな面で強力な人的ネットワークの基盤となった。

（2）本書三―5「三十自述」に、梁啓超が万木草堂で学んでいた時期に参照した書物として

『二十四史』が挙がっている。一八九二年に浙江省武林にあった石印の出版社の竹簡斎が二百冊・二十六帙の『二十四史』を出しているので、それを購入したものであろう。

（3）洪憲は袁世凱が帝位に就いたときに制定した年号で、一九一六年一月一日より八十三日間つづいた。ここでは梁啓超らがそれへの反対運動（護国軍）に加わるため、一九一五年一二月に秘密裏に天津を離れ、香港・雲南へ向かったときのことを指す。本書四―2も参照。

（4）清華学校はアメリカが義和団事件による賠償金（庚子賠款）を使用しておこなった米中教育事業によって、北京に設立された学校。西洋式の教育がおこなわれ、その卒業生は多くがアメリカに留学した。後に清華大学となり、現在も中国有数の名門大学に数えられる。梁啓超の長男（思成）と次男（思永）は、ともに清華を卒業、のちに思成は建築学者に、思永は考古学者となった。

解　説

はじめに――その史上の位置

梁啓超（一八七三〜一九二九）。字は卓如、号は任公、兼士。室名は飲冰室、筆名は「哀時客」や「中国之新民」など、数え切れない。その一端は、本書でも論述や説明があったものである。

広東省の新会県で生まれ、北京で没した。日本でいえば明治・大正時代の人、中国近代を代表する学者・思想家・文化人である。いまの職業的範疇でいえば、政治活動家・ジャーナリスト・閣僚・教育家に任じるなど、今日的な基準からすれば短かすぎる人生のなかで、実に広汎な活動に従事した。その生涯は波瀾万丈、一八九八年の戊戌変法から、一九一一年の辛亥革命をへて、民国創立・護国戦争など、近代史上の大事件に深くかかわった。

中国では史上の人物評価は、時々の政治情勢から大きな影響を受ける。周知のとおり、梁啓超の存命中・没後の歴史の展開が、国民革命から中華人民共和国建国へ、とあまりにも急激だったため、かれとその事蹟に対する評価は揺れ動いた。というより、中国革命に与することの少なかった梁啓超は、のちに政権を掌握した国民党・共産党のいずれからも、不当にしか評価されないという時期が長くつづいたのである。

その影響もあって、日本でもあまり知られた人物だとはいえない。たとえば、ほぼ同時代の革命家にして中国革命の父・孫文(一八六六〜一九二五)との知名度・関心の開きは、あまりにも大きい。たとえば、司馬遼太郎である。

梁啓超は、中国近代政治思想史のなかで、いまとなれば「保皇」(皇帝制を残すこと)という面がつよく印象されるだけの存在になり、なんの影響もこんにちにあたえていない。さらには、思想というほどには、その論文は現実的・便宜主義的で普遍性にとぼしい。(司馬遼太郎『街道をゆく21 神戸・横浜散歩、芸備の道』朝日文庫、二〇〇九年)

一九八〇年代はじめの文章で、おそらく当時の知識人の平均的な「印象」ではないだろうか。いったい梁啓超のどの「論文」を読んだのかは知らないが、もって従前の一般的な評価もみてとれよう。

もちろん四十年たった今、これが常識的・平均的な「印象」では必ずしもないし、もしそうだったら、たいへん困る。梁啓超は政治家としては、むしろ失敗・挫折が多かったし、業績も乏しい。だからこそ、評価されてこなかったのである。けれども政治だけが歴史ではない。仔細に公平に平心に史実をあとづけるかぎり、政治・思想にとどまらず、中国伝統文明全体が近代にパラダイム転換する歴史過程において、比肩する者のないほどの役割を、かれは演じた。清末民国初年の青年知識人で、その影響を受けなかった者はない、といわれるのも、決して誇張ではない。

しかもそこに、日本の存在が大きく関わっており、したがって日本の歴史・運命にも、小さからぬ影響をおよぼした。内外を問わず、「なんの影響もこんにちにあたえていない」どころではない。いよいよ今日の日本人がみなおさねばならない歴史的人物なのである。

経　歴

変法まで

梁啓超は十五歳の時、故郷に近い広州の著名な私塾・学海堂で学んで、当代の考証学を修め、十七歳で科挙の郷試に合格し、挙人となった。ところが十八歳のとき、康有為と知り合うと、その学問に共鳴傾倒して師事し、以後行動をともにする。師弟で万木草堂という学校を開いて、師説をひろめるにつとめた(本書三—5)。

清朝が日清戦争で敗れ、下関条約を締結した一八九五年は、ちょうど科挙の会試の年で、康有為・梁啓超の師弟も受験のため上京していた。そこで清朝の敗北と講和内容を知ったのである。小国・日本の勝利に驚き、危機感の高まった輿論を背景に、康有為とその門下は抱懐していた改革思想を実現するため、活動を開始した(本書一—1)。

その特色は自分たちと同じ少壮下層の知識人にひろく、自らの思想政見を訴えるべく、宣伝に力を入れたことであり、なかでも言論活動がきわだっている。康有為らはさかんに集会を開き、強学会・保国会など結社をすすめ、その機関誌を発行し、流布させた(本書一—2・一—5)。それまではほとんど開港場のみで、外国人が主体となっていたジャーナリズムを、いわば政治改革運動として独自に展開しはじめたのである。

梁啓超はそこで自らの才能を開花させ、伸ばしていった。一八九五年結成の強学会は、機関誌『中外紀聞』『強学報』を発行し、梁啓超は前者の編集を担当している。上海で発行されていた『強学報』の後継誌、旬刊の『時務報』が一八九六年に創刊されると、その主筆として健筆をふるった。

翌年の秋、『時務報』から離れて、長沙で新たに設置された湖南時務学堂の教員となって、康有為の学説をひろめた。師説にもとづく梁啓超の主張は激烈で、王先謙ら著名な地元の有力知識人と思想学術の論争をひきおこし、深刻な対立にいたっている。

かねて北京政府上層とも連絡をとってきた康有為らは、そうした活動を通じて、光緒帝の知遇を得ることに成功した。折しもドイツ・ロシア・イギリスなどの租借地奪取など、対外的な危機が重なって、皇帝周辺は改革にふみきる決断をしたのである。

康有為の抱懐していた政治改革は、こうして一八九八年六月から「変法」として実施に移された。高弟の梁啓超も、全力で寄与している。ところが、九月に反対派のクーデタで、「変法」派は失脚、捕縛処刑から逃れた康有為・梁啓超は、日本に亡命した。時に梁啓超は二十六歳、北京の日本公使館に逃れて、中国滞在中の伊藤博文に救ってもらったのは、有名なエピソードである。一〇月三日に軍艦大島に乗船、祖国をあとにし、長い亡命生活がはじまった。

日本亡命

この変法挫折と日本亡命がそのまま、梁啓超の生涯の一大転機となった。『清議報』『新民叢報』『新小説』『政論』『国風報』など、次々に新聞雑誌を刊行し、健筆をふるって、旺盛な言論活動に従事する。身を異郷に置きながら、本国の敵対勢力に対抗して、「変法自強」はじめ、自派の政見・思想を喧伝するためであり、一九〇七年ころまでが、そうした活動のピークだった。

自身の政治思想を転変させ、おびただしい著述で中国の青年たちに多大な影響を与えたのも、この時期である(本書二―6・四―1)。そこで何より大きな役割をはたしたのが、日本と日本語のプレゼンスであった。梁啓超は日本語を読めるようになると、師の康有為からの人格的・学術的な影響を脱し、日本語の文献を通じて西欧の著作・思想を積極的に吸収し、自らの言論・著述に反映させてゆく。

西洋を語るにしても、かつて喧伝していた康有為学のように、『公羊伝』や『孟子』に附会《こじつけ》して論ずる(本書二―1)のではなく、ルソー、モンテスキューやブルンチュリを直截に論ずるようになった。同胞にも、日本での翻訳書や日本人が書いた著作を学ぶことを薦めている(本書二―3)。『清議報』でその方法を確立し、一九〇二年に創刊した『新民叢報』で全面展開するにいたった。のちに自ら述懐していう。

このときになってみずから解放されて、つとめて平易闊達な文章をかき、ときには俗語や韻語、さらには外国語をもまじえ、自由に筆をふるって、およそ束縛されることがなかった。学生たちは争ってそれをまね、新文体と称した。老輩たちはこれをいたくなげき、野狐と誹謗したが、しかしその文章は、論理明晰であり、筆鋒はつねに情感にあふれていた。(『清代学術概論』『専集』三四、所収)

以上の自己評価は、おおむね的確である(本書三―3)。この時期、中国の少壮知識人たちは、みな梁啓超に思想・文章を学んだ生徒だった、といっても過言ではない。胡適は自伝のなかで、梁啓超の文章を評して、「あの時代にかような文字を読んで、かれから震撼・感動を受けぬ者はなかった」と述べたし、魯迅も『新小説』の影響が比較を絶して大きかったといい、また毛沢東も『新民叢報』を読んで、その文章を暗誦し、以後も梁啓超のいわゆる「新民体」ばりの文章をつづった、といわれている。

梁啓超の日本亡命は、足かけ十五年に及んだ。日本滞在は時間的にみても、生涯の四分の一を占めるほど、長期にわたったばかりでなく、かれの事績を彩る新思想・新知識の重要な源泉だったという点でも、とりわけ重要である。その核心はやはり、西欧と日本を基準にした国家主義の摂取にあり、梁啓超がその発信と普及に成功したことが、中国そのものの運命をも変えた。

梁啓超本人は後年けっきょく、この国家主義を反省して、ふたたび宗旨替えをした（本書四―4）。そのため「建設」に乏しかった、「破壊活動」に終始した、という自己診断になったのも無理はない。しかしながら、梁啓超なかりせば、現代中国が目前のような形になることはなかった。それだけは確かであろう。

もちろん言論・著述ばかりではない。具体的な政治工作にも従事している。亡命当初は、横浜で大同学校、神戸で同文学校の開校に尽力した。いまも名残をとどめるその学校の設立は、もちろん自派の思想・主義・主張をひろめる目的である。また世界中をとびまわって、自派勢力の拡大につとめた。

こうした活動の動機・帰趨は、もとより言論と相互に作用した。梁啓超の所説が急進化しつつあった一九〇〇年前後の時期には、孫文ら清朝の打倒をめざす革命派との協力が模索され、師の康有為との関係が悪化してもなお、変革の必要を説きつづけた（本書三―2)。

しかし一九〇三年にアメリカを訪問してから、その思想も変化を見せる。将来の近代国家の担い手と期待した華僑社会が、本国と何ほどもかわらないありさまに失望し、むしろ上からの改革をとなえる方向に転じたのである(本書三―6)。

一九〇五年、清朝が立憲制導入の準備をはじめると、梁啓超もその具体的な進捗をめざし、国事犯として亡命中の身でありながら、本国政府当局者とのつながりをもって、憲政視察団の報告書を代作するなど、その政治姿勢は明確に「転向」を示しはじめた。その言論も過激さは次第に影を潜め、一九〇六年以降、清朝を打倒する武力革命は、暴動と帝国主義の干渉を招いて国を滅ぼしかねない、と主張し、「開明専制」による政治改革をとなえるようになる。そうした姿勢は辛亥革命後の民国政治にも接続するものだった。

折しも革命派が大同団結して、東京で中国同盟会を結成している。かれらは機関誌『民報』を発刊、影響力を伸ばし、「転向」した梁啓超・『新民叢報』にあえて論争を挑んできた(本書三―7)。当時の日本での経済学・政治学などの最新学説をとりこんでいたため、この論争が知識人に与えた啓発・影響も、また小さくない。多くの雑誌が創刊され、言論界はにわかに活性化して、変革の気運が高まったのである。

民国政治

一九一一年におこった辛亥革命で、翌年二月に宣統帝が退位、清朝は滅亡し、中華民国が成立した。清朝の政治犯として長く亡命生活を余儀なくされていた梁啓超も、ようやく祖国に帰る自由を手にすることができた。

梁啓超が帰国し、首都の北京に入ったのは一九一二年一〇月二〇日、中華民国が成立してから、半年以上も経った後のことである。もとより機をうかがってのことであって、革命派とはかねて言論で鋭く対立していたため、以後の自らの政治的な立場も慮らねばならなかったのである。

ともあれ本国の不在は十五年にわたり、時に三十九歳になっていた。不足のない円熟の年齢でもあり、帰国はかれにとって、新たな出発であった。

そもそも辛亥革命の進展・中華民国の成立は、革命派だけの勢力で達成したものではない。梁啓超をはじめとする立憲派のほうが、当初はむしろ多数派であった。新たな民国政府は、双方が相互補完的な関係にあったのである。

梁啓超自身も当時、そこに大きな自負があった。以後、言論活動とともに政治の場に復帰する決心をしたのも、自分たちの貢献を主張するとともに、その政見を新たな国家建設に生かそうと考えたからである。その理念は新たにできた中華民国・共和制という「国体」を擁護しつつ、その内実をなす政権を変革し、立憲制という「政体」をめざすことだった。変革・革命の帰趨で苦悩してきた梁啓超の、時代の変化に対応した基本態度であり、君主制かどうかにかかわらず、一貫して「国体」の現状を維持し、理想の「政体」を追求してきた実績と、それを継続する抱負を示した（本書四―1）のである。

梁啓超は翌年二月、革命派の国民党と対立する共和党に入党し、国会議員選挙に臨んだ。ところが共和党が思うように勢力を伸ばせず、大敗を喫したため、袁世凱のもとで進歩党を組織して、熊希齢内閣の司法総長となる。以後一九一〇年代を通じて、主に政治家・閣僚として活動し、その立場はおおむね、政権を掌握したいわゆる「北洋軍閥」を支持するものだった。そのため結果として、国民党に反対し、打撃を与える側に立ったのである。

端的にいって、こうした立場が以後の中国で、梁啓超の評価が低く、無視されつづけた原因だった。中国的な正統史観・党派史観のなせるわざである。しかし同時代の評価は、必ずしもそうではなかった。政権・イデオロギーの帰趨が定まらぬ時代のゆえながら、むしろ客観的で公平に近い。

平心にみれば、行蔵も明快である。梁啓超はその信念に忠実であり、中華民国・共和制という「国体」の存続に躊躇はなかった。袁世凱が一九一五年、皇帝に即位しようとして発動した帝制運動に反対して(本書四―2)、いわゆる第三革命の口火を切ったのは、かれである。かつて湖南時務学堂の学生であった蔡鍔とともに、袁世凱を討つべく護国軍を組織した。こうした抵抗に遭って、袁世凱は翌年、帝制をとりやめることを宣言し、まもなく逝去する。その翌一九一七年には、師の康有為もくわわり、やがて挫折した「復辟」運動、つまり宣統帝溥儀を復位させるくわだてにも、梁啓超は反対を表明した。中国における共和国の枠組みは、これで守られ、現在にいたっているのである。

袁世凱の死後、黎元洪大総統のもとで国会が回復すると、梁啓超は憲法研究会を組織し、いわゆる研究系の指導者として活動した。ついで段祺瑞内閣のもとで財政総長となり、悪名高い日本の西原借款にも関係している。政界で活躍はしたものの、内政外交は多難で、期していた理想の「政体の実行」はじめ、事績は必ずしも抱負どおりではなかったにちがいない。

晩年

一九一八年一一月、第一次世界大戦が終結し、参戦した中国は、戦勝国としてパリ講和会議に参列した。その使節団に対する顧問として、梁啓超もヨーロッパに渡航している。同年末に上海を発ち、翌一九一九年二月、パリに着き、およそ一年あまり、ヨーロッパに滞在し、二〇年三月五日に帰国した。

その間、山東省の権益をめぐる日本との対立と中国の挫折が、五四運動をひきおこし、北京を皮切りに大規模な愛国運動へと拡大していったのは、よく知られたところだろう。梁啓超自身は、戦火によるヨーロッパの荒廃を実見して、少なからず衝撃を受けた。これまで第一としてきた国家主義を揚棄し、政治の世界から離れる決意をしたのもそのためであり(本書四―4)、以後は文化界の名士として執筆講演、学術教育に専念したのである。一九二一年に著した『清代学術概論』で、自身を描いて「梁啓超は日本に住み、ヨーロッパ、日本の俗論に染まり、さかんに偏狭なる国家主義を唱えた」と述べたのが、いわば自己批判であり、かつまた「国家主義」・ヨーロッパ主義との訣別宣言だった。一九二五年には清華大学教授、ついで北京図書館の館長となったが、それまでに各地で講演を重ね、単著だけでも、上の『清代学術概論』のほか、『中国歴史研究法』『先秦政治思想史』『陶淵明』『中国近三百年学術史』などを著している。

一九二〇年代に影響力を強めつつあった社会主義・マルクス主義に対しても、無関心ではなかった。知友にも信奉者が出てきたこともあって、関連する文章を残している。自身の立場としては概して批判的であり、とりわけソヴィエト・ロシアに対する評価は厳しかった（本書四―5・四―6）。

　最も深く関係をもち、久しく暮らした外国である日本には、やはり愛着は深い。しかし愛国主義を標榜する梁啓超は、二十一カ条交渉や山東問題など、日本の大陸政策が進展するにしたがって、自他とも許す親日家から、その立場・評価を改めていった。釈然としない気持ちも大きかったのではないか。日中関係が一九三〇年代、本格的に悪化し、破局に至るのを目の当たりにしなかったのは、せめてもの救いかもしれない。

　このように学術教育に従事するなか、一九二五年あたりから血尿の症状を患った。病症は悪化し、北京の協和医院に入院して、腎臓を摘出したものの、以後も全快には至らない。根治できないまま、症状は一進一退、入退院をくりかえしたのち、一九二九年のはじめ、危篤に陥って逝去した。

　西洋医学がまだまだ普及していなかった当時の中国で、あえてそこに身を委ねて手術をうけたことなど、かなり物議を醸している。そうした自身の闘病をも、弁明や論評の文筆に転化させたのは、いかにも梁啓超らしい（本書四―8）。

本書の構成

方　針

梁啓超はこのように、中国伝統学術の十分な素養のうえに、西洋の新しい学問を日本経由で摂取し、その普及につとめた人物であった。たしかに現代中国の政権・政治と直接にはつながっていないかもしれない。けれどもまちがいなく、文筆・言論・文化で中国の近代・現代をつくった、といってよい巨人である。

当然かれが発表した著述も、多方面にわたって厖大な量にのぼる。単著も無数といってよいほどあり、著名な文章も数知れず。そんな梁啓超の作品をコンパクトな文庫一冊に過不足なく収めるのは、容易なことではない。

したがって本書は、必ずしも梁啓超の代表的な著述を選りすぐったわけではない。それは長文のものが多く、とても収まらない。まずは何より紙幅の都合で、そうした作品の網羅的な紹介・翻訳は、断念せざるをえなかった。ひととおり概観できる足がかりを提供できれば、ひとまず可と考えたものである。

また訳出に当たっては、省略もできるだけ避けた。梁啓超の文章には典故・引用が多いので、節略するのは必ずしも難しくない。けれども、そうした引用が大きな意味を持っている場合が少なくなく、また文体も損ねるので、なるべく全文をあげるようにし、かつまた全文があげられる分量の文章を選ぶことにした。

その結果、日本人にあまり知られていない文章が多くなったかもしれない。それでも梁啓超の時々の関心と感慨がわかるような文をとりあげ、紹介したつもりであって、そこに真面目をかいまみることは可能であろう。

本書は以上のように選んだ文章をおおむね時系列的に排列し、梁啓超の公的な経歴・生涯、とりわけ文筆活動の内容にしたがって、大きく四つの章に分けて構成した。

年数の配分はそれぞれまちまちで、あまりにアンバランスながら、歴史的な影響に鑑みたことであって、それだけわれわれにとって重要で、とりあげるべき文章も、偏って存在していることを意味する。

一目瞭然、『新民叢報』創刊の一九〇二年前後に集中しており、ジャーナリストとして活動した時期にあたる。梁啓超の思想・言論が最も急進化し、またやがて転向する過程の所産だった。中国のみにとどまらない東アジア全体の歴史を転換させたその意義・重要性を知るためにも、あわせて全体をひととおり俯瞰する必要がある。章立てと採録のアンバランスは、それ以外に他意はなく、諒とされたい。

内容

以下、各章のタイムスパンと収録した文章の原題、訳出の主な担当者を列記する。あわせてほとんどが、最も普及している梁啓超の全集『飲冰室合集』所収の『文集』『専集』に収録があるので、該当箇所をそれぞれ付記した。

第一章は一八九八年まで。若き梁啓超が、師の康有為とともに中国の変革にとりくみながら、人間形成をはたしてゆく時代で、その活動は一八九八年の戊戌変法に収斂する。

1　変法通議／自序・論女学　〔高嶋〕『文集』一
2　論報館有益於国事　〔高嶋〕『文集』一
3　説群序　〔石川〕『文集』二
4　史記貨殖列伝今義　〔岡本〕『文集』二
5　保国会演説詞　〔石川〕『文集』三

第二章は、一八九九年から一九〇一年のおよそ三年間。日本に亡命し、日本語の書籍にふれつつ、思想・言論・文章を急転換させてゆく『清議報』時期で、かれの令名を決定づけた。

1　論支那宗教改革　〔岡本〕『文集』三
2　国民十大元気論／叙論　〔石川〕『文集』三

3　論学日本文之益　〔岡本〕『文集』四
4　少年中国説　〔高嶋〕『文集』五
5　中国史叙論　〔石川〕『文集』六
6　清議報一百冊祝辞幷論報館之責任及本館之経歴　〔高嶋〕『文集』六

第三章は『新民叢報』創刊から、辛亥革命前夜にいたるおよそ十年間。縦横に健筆をふるって、史上に最も重きをなした時代。またその思想の転換と革命との関わりが注目される。

1　論学術之勢力左右世界　〔岡本〕『文集』六
2　釈革　〔石川〕『文集』九
3　保教非所以尊孔論　〔岡本〕『文集』九
4　論小説与群治之関係　〔高嶋〕『文集』一〇
5　三十自述　〔高嶋〕『文集』一一
6　中国歴史上革命之研究　〔高嶋〕『文集』一五
7　暴動与外国干渉　〔岡本〕『文集』一九
8　論国民宜亟求財政常識　〔岡本〕『文集』二一

第四章は、辛亥革命以後の民国時期。第一次世界大戦までは政治家、戦後は文化人・教育家として活動した時期にあたる。そこでの行蔵・思想にかかわる文章を選んでみた。

1　鄙人対於言論界之過去及将来　〔高嶋〕『文集』二九
2　上総統書(国体問題)　〔岡本〕『文集』三四
3　曾文正公嘉言鈔序　〔岡本〕『文集』三四
4　欧遊心影録／中国人之自覚　〔高嶋〕『専集』二三
5　復張東蓀書論社会主義運動　〔石川〕『文集』三六
6　無産階級与無業階級　〔石川〕『文集』四二
7　第十度的〝五七〟　〔石川〕『文集』四一
8　我的病与協和医院　〔石川〕
9　悼啓　〔石川〕『文集』四四上

梁啓超は森羅万象、あらゆる方面に文筆をふるった知の巨人であったから、いかに九牛の一毛であれ、一人で翻訳にあたるのはとうてい不可能、以上の構成は、訳者の三名にとって各々関心があり、得意な分野・内容の文章の翻訳を担当した、というのが正直なところである。もちろんそれぞれに独立した文章なので、訳者が互いに検討をくわえて最低限の用語・表記の統一ははかったものの、文体の厳密な統一まではカがおよばなかった。また理解が及ばず、訳しきれなかった部分も少なくない。いずれも浅学菲才の致すところであり、大方のご叱正をお願いしたい。

本書が成るにあたっては、梁啓超の文章を日本に紹介する意義をみとめて、刊行を快諾くださった岩波書店の小田野耕明さんに、ひとかたならぬお世話になった。また翻訳作業においては、訳文の品隲から細かな注釈・用語にいたるまで、狭間直樹先生に懇切なご批正をいただいた。記して衷心の謝意を表したい。

梁啓超の生涯と作品は、激動の中国および東アジアの近代史、そしてその結果、生まれた現代中国の姿態を映し出す鑑をなす。その一端なりとも読者諸賢に伝わり、今昔の日中の関係に思いを馳せていただければ、望外の喜びである。

関係文献

本書を編むにあたって参照した梁啓超に関わる研究文献は、文字どおり枚挙に暇がない。学術的専門的な著述が多く、日本であまり知られない梁啓超なので、読者諸賢にそうした文献をそのまま列挙紹介しても、近づきにくいように思われる。そこでここでは、先行するほかの訳業を紹介することで、少しでも梁啓超の文章・思想に触れていただくよすがとしたい。

以下に記すとおり、本書に収めた文章にも、いくつか先行する既訳がある。本書ではその趣旨に合うようにすべて改訳したので、新旧を読み比べていただくのも一法である。また既訳にはくわしい説明を加えたり、文献を引用している場合もあるので、いっそう深く知りたい向きは、そこから参照に足る情報が得られるであろう。

著書と論文に分けて、刊行順に排列する。

著書

『支那歴史研究法』小長谷達吉訳、改造社、一九三八年
『先秦政治思想史』重沢俊郎訳、創元社(創元支那叢書)、一九四一年
『支那近世学術史』岩田貞雄訳、人文閣(支那文化叢書)、一九四二年
『清代学術概論――中国のルネッサンス』小野和子訳注、平凡社(東洋文庫)、一九七四年

『李鴻章――清末政治家悲劇の生涯』張美慧訳、久保書店、一九八七年
『新民説』高嶋航訳注、平凡社(東洋文庫)、二〇一四年

論　文

「学問の趣味」土井彦一郎訳註、『西湖の夜――白話文学二十編』白水社、一九三九年
「小説と政治との関係」増田渉訳(本書三―4)、『中国現代文学選集　第一巻　清末・五四前夜集』平凡社、一九六三年
「亡友夏穂卿(夏曾佑)先生」
「支那の宗教改革について」(本書二―1)
「言論界における私の過去と将来」(本書四―1)
以上三篇はいずれも島田虔次訳、同『中国革命の先駆者たち』筑摩書房(筑摩叢書)、一九六五年、所収。
「譚嗣同伝」小野和子訳
「新中国未来記(抄)」島田虔次訳
「開明専制論(抄)」藤田敬一訳
以上三篇は、西順蔵・島田虔次編『清末民国初政治評論集』平凡社(中国古典文学大系)、一九七一年、所収。
「中国之武士道　自叙(抄)」宮崎市定訳、同『政治論集』朝日新聞社(中国文明選)、一九七

一年、所収。
「君主政治より民主政治への推移の道理について」伊東昭雄訳・村田雄二郎改訳
「中国積弱の根源について(抄)」伊東昭雄訳
「戒纏足会序」吉川次郎訳
以上三篇はいずれも、村田雄二郎責任編集『新編原典中国近代思想史　第二巻　万国公法の時代——洋務・変法運動』岩波書店、二〇一〇年、所収。
「中国史叙論」(本書二—5)吉川次郎訳
「開明専制論(抄)」藤田敬一訳
「新民説(抄)」吉川次郎訳
以上三篇はいずれも、村田雄二郎責任編集『新編原典中国近代思想史　第三巻　民族と国家——辛亥革命』岩波書店、二〇一〇年、所収。
「欧遊心影録(抄)」吉川次郎訳(本書四—4の一部)、坂元ひろ子責任編集『新編原典中国近代思想史　第四巻　世界大戦と国民形成——五四新文化運動』岩波書店、二〇一〇年、所収。

また梁啓超の文章を数多く引用した著作として、丁文江・趙豊田編／島田虔次編訳『梁啓超年譜長編』岩波書店、二〇〇四年をあげておく。これは書簡を中心に、当時の関係資料を豊富に収載する梁啓超の年表風・履歴書風の伝記を邦訳したものであり、たとえば本書でいえば、四―2「大総統に上る書簡」の全訳、および二―3「日本文を学ぶ利益」・四―9「追悼」の抄訳を収録するほか、他の文章にも少なからぬ引用・言及がある。

索　引

あ　行

か　行

さ　行

た　行

な　行

は　行

ま　行

や　行

ら　行

わ　行

梁啓超文集《りょうけいちょうぶんしゅう》

2020年8月18日　第1刷発行

編訳者　岡本隆司《おかもとたかし》　石川禎浩《いしかわよしひろ》　高嶋《たかしま》　航《こう》

発行者　岡本　厚

発行所　株式会社　岩波書店
〒101-8002 東京都千代田区一ツ橋 2-5-5
案内 03-5210-4000　営業部 03-5210-4111
文庫編集部 03-5210-4051
https://www.iwanami.co.jp/

印刷・理想社　カバー・精興社　製本・中永製本

ISBN 978-4-00-332341-0　　Printed in Japan

読書子に寄す

――岩波文庫発刊に際して――

岩波茂雄

真理は万人によって求められることを自ら欲し、芸術は万人によって愛されることを自ら望む。かつては民を愚昧ならしめるために学芸が最も狭き堂宇に閉鎖されたことがあった。今や知識と美とを特権階級の独占より奪い返すことはつねに進取的なる民衆の切実なる要求である。岩波文庫はこの要求に応じそれに励まされて生まれた。それは生命ある不朽の書を少数者の書斎と研究室とより解放して街頭にくまなく立たしめ民衆に伍せしめるであろう。近時大量生産予約出版の流行を見る。その広告宣伝の狂態はしばらくおくも、後代にのこすと誇称する全集がその編集に万全の用意をなしたるか。千古の典籍の翻訳企図に敬虔の態度を欠かざりしか。さらに分売を許さず読者を繋縛して数十冊を強うるがごとき、はたしてその揚言する学芸解放のゆえんなりや。吾人は天下の名士の声に和してこれを推挙するに躊躇するものである。このときにあたって、岩波書店は自己の責務のいよいよ重大なるを思い、従来の方針の徹底を期するため、すでに十数年以前より志して来た計画を慎重審議この際断然実行することにした。吾人は範をかのレクラム文庫にとり、古今東西にわたって文芸・哲学・社会科学・自然科学等種類のいかんを問わず、いやしくも万人の必読すべき真に古典的価値ある書をきわめて簡易なる形式において逐次刊行し、あらゆる人間に須要なる生活向上の資料、生活批判の原理を提供せんと欲する。この文庫は予約出版の方法を排したるがゆえに、読者は自己の欲する時に自己の欲する書物を各個に自由に選択することができる。携帯に便にして価格の低きを最主とするがゆえに、外観を顧みざるも内容に至っては厳選最も力を尽くし、従来の岩波出版物の特色をますます発揮せしめようとする。この計画たるや世間の一時の投機的なるものと異なり、永遠の事業として吾人は微力を傾倒し、あらゆる犠牲を忍んで今後永久に継続発展せしめ、もって文庫の使命を遺憾なく果たさしめることを期する。芸術を愛し知識を求むる士の自ら進んでこの挙に参加し、希望と忠言とを寄せられることは吾人の熱望するところである。その性質上経済的には最も困難多きこの事業にあえて当たらんとする吾人の志を諒として、その達成のため世の読書子とのうるわしき共同を期待する。

昭和二年七月

《東洋思想》〔青〕

- 易経 全二冊 高田真治・後藤基巳訳
- 論語 金谷治訳注
- 孔子家語 藤原正校訳
- 孟子 全二冊 小林勝人訳注
- 老子 蜂屋邦夫訳注
- 荘子 全四冊 金谷治訳注
- 新訂 孫子 金谷治訳注
- 荀子 全二冊 金谷治訳注
- 韓非子 全四冊 金谷治訳注
- 史記列伝 全五冊 司馬遷 小川環樹・今鷹真・福島吉彦訳
- 春秋左氏伝 全三冊 小倉芳彦訳
- 塩鉄論 曾我部静雄訳註
- 千字文 小川環樹・木田章義注解
- 大学・中庸 金谷治訳注
- 孫文革命文集 深町英夫編訳
- 実践論・矛盾論 毛沢東 松村一人・竹内実訳

- ガンディー獄中からの手紙 森本達雄訳
- ウパデーシャ・サーハスリー ―真実の自己の探求 シャンカラ 前田専学訳
- インド思想史 J・ゴンダ 鎧淳訳

《仏教》〔青〕

- ブッダのことば ―スッタニパータ 中村元訳
- ブッダの真理のことば 感興のことば 中村元訳
- 般若心経・金剛般若経 中村元・紀野一義訳註
- 法華経 全三冊 坂本幸男・岩本裕訳注
- 日蓮文集 兜木正亨校注
- 浄土三部経 全二冊 中村元・早島鏡正・紀野一義訳註
- 大乗起信論 宇井伯寿・高崎直道訳注
- 天台小止観 ―坐禅の作法 天台大師 関口真大訳注
- 臨済録 入矢義高訳注
- 碧巌録 全三冊 入矢義高・溝口雄三・末木文美士・伊藤文生訳注
- 無門関 西村恵信訳注
- 盤珪禅師語録 ―付 行業記― 鈴木大拙編校
- 法華義疏 全二冊 聖徳太子 花山信勝校訳

- 往生要集 全二冊 源信 石田瑞麿訳注
- 教行信証 親鸞 金子大栄校訂
- 歎異抄 金子大栄校注
- 親鸞和讃集 名畑應順校注
- 正法眼蔵 全四冊 道元 水野弥穂子校注
- 正法眼蔵随聞記 懐奘編 和辻哲郎校訂
- 道元禅師清規 大久保道舟訳注
- 南無阿弥陀仏 ―付 心偈 柳宗悦
- 蓮如文集 蓮如 笠原一男校注
- 蓮如上人御一代聞書 稲葉昌丸校訂
- 日本的霊性 鈴木大拙 篠田英雄校訂
- 新編 東洋的な見方 鈴木大拙 上田閑照編
- 禅堂生活 鈴木大拙 横川顕正訳
- 大乗仏教概論 鈴木大拙 佐々木閑訳
- 浄土系思想論 鈴木大拙
- ブッダ最後の旅 ―大パリニッバーナ経 中村元訳
- 明恵上人集 久保田淳・山口明穂校注

仏弟子の告白 —テーラガーター— 中村元訳
尼僧の告白 —テーリーガーター— 中村元訳
ブッダ神々との対話 —サンユッタ・ニカーヤI— 中村元訳
ブッダ悪魔との対話 —サンユッタ・ニカーヤII— 中村元訳
驢鞍橋 鈴木正三 鈴木大拙校訂
ブッダが説いたこと ワールポラ・ラーフラ 今枝由郎訳
ブータンの瘋狂聖ドゥクパ・クンレー伝 ゲンドゥン・リンチェン編 今枝由郎訳

《音楽・美術》〔青〕

新編ベートーヴェンの手紙 全二冊 ベートーヴェン 小松雄一郎編訳
ベートーヴェンの生涯 ロマン・ロラン 片山敏彦訳
音楽と音楽家 シューマン 吉田秀和訳
モーツァルトの手紙 —その生涯のロマン— 全二冊 柴田治三郎編訳
レオナルド・ダ・ヴィンチの手記 全二冊 杉浦明平訳
ゴッホの手紙 全三冊 硲伊之助訳
ビゴー日本素描集 清水勲編
ワーグマン日本素描集 清水勲編
河鍋暁斎戯画集 山口静一 及川茂編
葛飾北斎伝 飯島虚心 鈴木重三校注
近代日本漫画百選 清水勲編
うるしの話 松田権六
ドーミエ諷刺画の世界 喜安朗編
河鍋暁斎 ジョサイア・コンドル 山口静一訳
伽藍が白かったとき ル・コルビュジエ 生田勉 樋口清訳
デューラー自伝と書簡 前川誠郎訳
蛇儀礼 ヴァールブルク 三島憲一訳
迷宮としての世界 —マニエリスム美術— 全二冊 グスタフ・ルネ・ホッケ 種村季弘 矢川澄子訳
日本洋画の曙光 平福百穂
江戸東京実見画録 長谷川渓石画 進士慶幹 花咲一男注解
映画とは何か 全二冊 アンドレ・バザン 野崎歓 大原宣久 谷本道昭訳
漫画 坊っちゃん 近藤浩一路
漫画 吾輩は猫である 近藤浩一路
ロバート・キャパ写真集 ICPロバート・キャパ・アーカイブ編
北斎 富嶽三十六景 日野原健司編
日本漫画史 —鳥獣戯画から岡本一平まで— 細木原青起
胡麻と百合 ラスキン 石田憲次 照山正順訳

《歴史・地理》〔青〕

- 新訂 魏志倭人伝・後漢書倭伝・宋書倭国伝・隋書倭国伝 —中国正史日本伝1　石原道博編訳
- ヘロドトス 歴史 全三冊　松平千秋訳
- トゥーキュディデース 戦史 全三冊　久保正彰訳
- ガリア戦記　カエサル 近山金次訳
- タキトゥス ゲルマーニア　泉井久之助訳註
- タキトゥス 年代記 全二冊 —ティベリウス帝からネロ帝へ　国原吉之助訳
- 歴史とは何ぞや　ベルンハイム 坂口昂・小野鉄二訳
- 歴史における個人の役割　プレハーノフ 木原正雄訳
- 古代への情熱 —シュリーマン自伝　シュリーマン 村田数之亮訳
- 大君の都 全三冊 —幕末日本滞在記　オールコック 山口光朔訳
- アーネスト・サトウ 一外交官の見た明治維新 全二冊　坂田精一訳
- ベルツの日記 全二冊　トク・ベルツ編 菅沼竜太郎訳
- 武家の女性　山川菊栄
- インディアスの破壊についての簡潔な報告　ラス・カサス 染田秀藤訳
- ラス・カサス インディアス史 全七冊　長南実訳 石原保徳編
- コロンブス航海誌　林屋永吉訳
- コロンブス 全航海の報告　林屋永吉訳
- 洞窟絵画から連載漫画へ —人間コミュニケーションの万華鏡　ホグベン 寿岳文章・林達夫・平田寛・南博訳
- 戊辰物語　東京日日新聞社会部編
- 大森貝塚 —付 関連史料　E・S・モース 近藤義郎・佐原真編訳
- 魔女 全二冊　ミシュレ 篠田浩一郎訳
- ナポレオン言行録　オクターヴ・オブリ編 大塚幸男訳
- 中世的世界の形成　石母田正
- 日本の古代国家　石母田正
- フランス二月革命の日々 —トクヴィル回想録　トクヴィル 喜安朗訳
- 日本における近代国家の成立　E・H・ノーマン 大窪愿二訳
- 朝鮮・琉球航海記 —一八一六年アマースト使節団とともに　ベイジル・ホール 春名徹訳
- ローマ皇帝伝 全二冊　スエトニウス 国原吉之助訳
- 回想の明治維新 —一ロシア人革命家の手記　メーチニコフ 渡辺雅司訳
- インカの反乱 —被征服者の声　ティトゥ・クシ・ユパンギ述 染田秀藤訳
- 三国史記倭人伝 他六篇 朝鮮正史日本伝一　佐伯有清編訳
- ヒュースケン 日本日記 —1855〜61　青木枝朗訳
- さまよえる湖 全二冊　ヘディン 福田宏年訳
- 老松堂日本行録 —朝鮮使節の見た中世日本　宋希環 村井章介校注
- 北槎聞略 —大黒屋光太夫ロシア漂流記　桂川甫周 亀井高孝校訂
- ヨーロッパ文化と日本文化　ルイス・フロイス 岡田章雄訳注
- 十八世紀ヨーロッパ監獄事情　ジョン・ハワード 川北稔・森本真美訳
- 東京に暮す —一九二八〜一九三六　キャサリン・サンソム 大久保美春訳
- ミカド —日本の内なる力　W・E・グリフィス 亀井俊介訳
- 増補 幕末百話　篠田鉱造
- 明治百話 全二冊　篠田鉱造
- 幕末明治 女百話 全二冊　篠田鉱造
- トゥバ紀行　メンヒェン＝ヘルフェン 田中克彦訳
- 一七八九年—フランス革命序論　G・ルフェーヴル 高橋幸八郎・柴田三千雄・遅塚忠躬訳
- ツアンポー峡谷の謎　F・キングドン－ウォード 金子民雄訳
- アレクサンドロス大王東征記 付インド誌 全二冊　アッリアノス 大牟田章訳
- 高麗史日本伝 —朝鮮正史日本伝2 全二冊　武田幸男編訳
- シエサ・デ・レオン インカ帝国地誌　増田義郎訳
- インカ皇統記 全四冊　インカ・ガルシラーソ・デ・ラ・ベーガ 牛島信明訳
- ローマ建国史 全三冊（既刊上巻）　リーウィウス 鈴木一州訳

元治夢物語 —幕末同時代史　馬場文英　徳田武校注

フランス・プロテスタントの反乱 —カミザール戦争の記録　カヴァリエ　二宮フサ訳

ニコライの日記 —ロシア人宣教師が生きた明治日本 全三冊　中村健之介編訳

マゼラン最初の世界一周航海　長南実訳

パリ・コミューン 全二冊　H・ルフェーヴル　河野健二・柴田朝子・西川長夫訳

徳川制度 全三冊・補遺　加藤貴校注

第二のデモクラテス 戦争の正当原因についての対話　セプールベダ　染田秀藤訳

チベット仏教王伝 ソンツェン・ガンポ物語　ソナム・ギェルツェン　今枝由郎監訳

《法律・政治》〔白〕

人権宣言集　高木八尺・末延三次・宮沢俊義 編
新版 世界憲法集 第二版　高橋和之 編
君主論　マキアヴェッリ　河島英昭 訳
フィレンツェ史 全二冊　マキァヴェッリ　齊藤寛海 訳
リヴァイアサン 全四冊　ホッブズ　水田洋 訳
ビヒモス　ホッブズ　山田園子 訳
法の精神 全三冊　モンテスキュー　野田良之・稲本洋之助・上原行雄・田中治男・三辺博之・横田地弘 訳
ローマ人盛衰原因論　モンテスキュー　田中治男・栗田伸子 訳
第三身分とは何か　シィエス　稲本洋之助・伊藤洋一・川出良枝・松本英実 訳
完訳 統治二論　ジョン・ロック　加藤節 訳
寛容についての手紙　ジョン・ロック　加藤節・李静和 訳
ルソー 社会契約論　桑原武夫・前川貞次郎 訳
フランス二月革命の日々 —トクヴィル回想録　トクヴィル　喜安朗 訳
アメリカのデモクラシー 全四冊　トクヴィル　松本礼二 訳
犯罪と刑罰　ベッカリーア　風早八十二・五十嵐二葉 訳
ヴァジニア覚え書　T・ジェファソン　中屋健一 訳
リンカーン演説集　高木八尺・斎藤光 訳
権利のための闘争　イェーリング　村上淳一 訳
民主主義の本質と価値 他一篇　ハンス・ケルゼン　長尾龍一・植田俊太郎 訳
法における常識　P・G・ヴィノグラドフ　末延三次・伊藤正己 訳
近代国家における自由　H・J・ラスキ　飯坂良明 訳
外交談判法　カリエール　坂野正高 訳
危機の二十年 —理想と現実　E・H・カー　原彬久 訳
ザ・フェデラリスト　A・ハミルトン　J・ジェイ　J・マディソン　斎藤眞・中野勝郎 訳
マッツィーニ 人間の義務について　齋藤ゆかり 訳
モーゲンソー 国際政治 —権力と平和 全三冊　原彬久 監訳
現代議会主義の精神史的状況 他一篇　カール・シュミット　樋口陽一 訳
第二次世界大戦外交史 全二冊　芦田均
憲法講話　美濃部達吉
日本国憲法　長谷部恭男 解説

《経済・社会》〔白〕

政治算術　ペティ　大内兵衛・松川七郎 訳
ケネー 経済表　平田清明・井上泰夫 訳
チュルゴオ 富に関する省察　永田清 訳
国富論 全四冊　アダム・スミス　水田洋 監訳　杉山忠平 訳
道徳感情論 全二冊　アダム・スミス　水田洋 訳
コモン・センス 他三篇　トーマス・ペイン　小松春雄 訳
ロバート・マルサス初版 人口の原理　ロバート・マルサス　高野岩三郎・大内兵衛 訳
経済学における諸定義　マルサス　玉野井芳郎 訳
オウエン自叙伝　ロバアト・オウエン　五島茂 訳
経済学および課税の原理 全二冊　リカードウ　羽鳥卓也・吉澤芳樹 訳
農地制度論　フリードリッヒ・リスト　小林昇 訳
戦争論 全三冊　クラウゼヴィッツ　篠田英雄 訳
自由論　J・S・ミル　塩尻公明・木村健康 訳
女性の解放　J・S・ミル　大内兵衛・大内節子 訳
大学教育について　J・S・ミル　竹内一誠 訳
ユダヤ人問題によせて ヘーゲル法哲学批判序説　マルクス　城塚登 訳
経済学・哲学草稿　マルクス　城塚登・田中吉六 訳
新編輯版 ドイツ・イデオロギー　マルクス・エンゲルス　廣松渉 編訳　小林昌人 補訳
マルクス・エンゲルス 共産党宣言　大内兵衛・向坂逸郎 訳

賃労働と資本　マルクス　長谷部文雄訳
賃銀・価格および利潤　マルクス　長谷部文雄訳
マルクス 経済学批判　武田隆夫・遠藤湘吉・大内力・加藤俊彦訳
マルクス 資本論 全九冊　エンゲルス編　向坂逸郎訳
文学と革命 全二冊　トロツキイ　桑野隆訳
ロシア革命史 全五冊　トロツキー　藤井一行訳
空想より科学へ ―社会主義の発展　エンゲルス　大内兵衛訳
家族・私有財産・国家の起源　エンゲルス　戸原四郎訳
帝国主義論 全二冊　ホブスン　矢内原忠雄訳
帝国主義　レーニン　宇高基輔訳
金融資本論 全二冊　ヒルファディング　岡崎次郎訳
ローザ・ルクセンブルク 獄中からの手紙　秋元寿恵夫訳
雇用、利子および貨幣の一般理論 全二冊　ケインズ　間宮陽介訳
シュムペーター 経済発展の理論 全二冊　塩野谷祐一・中山伊知郎・東畑精一訳
租税国家の危機　シュムペーター　木村元一・小谷義次訳
恐慌論　宇野弘蔵
経済原論　宇野弘蔵

ユートピアだより　ウィリアム・モリス　川端康雄訳
社会科学と社会政策にかかわる認識の「客観性」　マックス・ヴェーバー　富永祐治・立野保男訳　折原浩補訳
プロテスタンティズムの倫理と資本主義の精神　マックス・ヴェーバー　大塚久雄訳
職業としての学問　マックス・ウェーバー　尾高邦雄訳
社会学の根本概念　マックス・ヴェーバー　清水幾太郎訳
職業としての政治　マックス・ヴェーバー　脇圭平訳
古代ユダヤ教 全三冊　マックス・ヴェーバー　内田芳明訳
宗教と資本主義の興隆 歴史的研究 全二冊　トーニー　出口勇蔵・越智武臣訳
未開社会の思惟 全二冊　レヴィ・ブリュル　山田吉彦訳
社会学的方法の規準　デュルケム　宮島喬訳
世論 全二冊　リップマン　掛川トミ子訳
王権　A・M・ホカート　橋本和也訳
鯰絵 ―民俗的想像力の世界　C・アウエハント　小松和彦・中沢新一・飯島吉晴・古家信平訳
贈与論 他二篇　マルセル・モース　森山工訳
国民論 他二篇　マルセル・モース　森山工編訳
ヨーロッパの昔話 その形と本質　マックス・リュティ　小澤俊夫訳

《自然科学》〔青〕

科学と仮説　ポアンカレ　河野伊三郎訳
改訳 科学と方法　ポアンカレ　吉田洋一訳
エネルギー　オストヴァルト　山県春次訳
星界の報告 他一篇　ガリレオ・ガリレイ　山田慶児・谷泰訳
大陸と海洋の起源 全二冊 ―大陸移動説　ヴェーゲナー　都城秋穂・紫藤文子訳
ロウソクの科学　ファラデー　竹内敬人訳
種の起原 全二冊　ダーウィン　八杉龍一訳
実験医学序説　クロード・ベルナール　三浦岱栄訳
完訳 ファーブル昆虫記 全十冊　山田吉彦・林達夫訳
増訂新版 アルプス紀行　ジョン・チンダル　矢島祐利訳
数について ―連続性と数の本質　デーデキント　河野伊三郎訳
史的に見たる科学的宇宙観の変遷　アーレニウス　寺田寅彦訳
科学談義　T・H・ハックスリ　小泉丹訳
アインシュタイン 相対性理論　内山龍雄訳・解説
相対論の意味　アインシュタイン　矢野健太郎訳
自然美と其驚異　ジョン・ラバック　板倉勝忠訳

《東洋文学》〔赤〕

- 王維詩集　小川環樹・都留春雄・入谷仙介 選訳
- 杜甫詩選　黒川洋一編
- 李白詩選　松浦友久編訳
- 蘇東坡詩選　小川環樹・山本和義 選訳
- 陶淵明全集　全二冊　松枝茂夫・和田武司 訳注
- 唐詩選　全三冊　前野直彬注解
- 完訳 三国志　全八冊　小川環樹・金田純一郎 訳
- 完訳 水滸伝　全十冊　吉川幸次郎・清水茂 訳
- 西遊記　全十冊　中野美代子訳
- 菜根譚　洪自誠　今井宇三郎訳注
- 浮生六記 —浮生夢のごとし　沈復　松枝茂夫訳
- 阿Q正伝・狂人日記 他十二篇（吶喊）　魯迅　竹内好訳
- 家　全二冊　巴金　飯塚朗訳
- 寒い夜　巴金　立間祥介訳
- 駱駝祥子 —らくだのシアンツ　老舎　立間祥介訳
- 新編 中国名詩選　全三冊　川合康三編訳
- 遊仙窟　張文成　今村与志雄訳
- 聊斎志異　全二冊　蒲松齢　立間祥介編訳
- 李商隠詩選　川合康三選訳
- 白楽天詩選　全二冊　川合康三訳注
- 文選　全六冊（既刊五冊）　川合康三・富永一登・釜谷武志・和田英信・浅見洋二・緑川英樹 訳注
- タゴール詩集（ギーターンジャリ）　タゴール　渡辺照宏訳
- マハーバーラタ ナラ王物語 —ダマヤンティー姫の数奇な生涯　鎧淳訳
- バガヴァッド・ギーター　上村勝彦訳
- 朝鮮民謡選　金素雲訳編
- 尹東柱詩集 空と風と星と詩　金時鐘編訳
- アイヌ神謡集　知里幸惠編訳
- アイヌ民譚集 付 えぞおばけ列伝　知里真志保編訳

《ギリシア・ラテン文学》〔赤〕

- ホメロス イリアス　全二冊　松平千秋訳
- ホメロス オデュッセイア　全二冊　松平千秋訳
- イソップ寓話集　中務哲郎訳
- アンティゴネー　ソポクレース　中務哲郎訳
- ソポクレス オイディプス王　藤沢令夫訳
- ヒッポリュトス —パイドラーの恋　エウリーピデース　松平千秋訳
- バッカイ —バッコスに憑かれた女たち　エウリーピデース　逸身喜一郎訳
- ヘシオドス 神統記　廣川洋一訳
- アリストパネース 蜂　高津春繁訳
- 女の議会　アリストパネース　村川堅太郎訳
- アポロドーロス ギリシア神話　高津春繁訳
- 黄金の驢馬　アープレーイユス　呉茂一・国原吉之助訳
- アベラールとエロイーズ 愛の往復書簡　沓掛良彦・横山安由美訳
- オウィディウス 変身物語　全二冊　中村善也訳
- ギリシア奇談集　アイリアノス　松平千秋・中務哲郎訳
- ギリシア・ローマ神話 付 インド・北欧神話　ブルフィンチ　野上弥生子訳
- ギリシア・ローマ名言集　柳沼重剛編
- ローマ諷刺詩集　ペルシウス・ユウェナーリス　国原吉之助訳
- 内乱 —パルサリア　全二冊　ルーカーヌス　大西英文訳

《日本文学(古典)》〔黄〕

- 古事記　倉野憲司校注
- 記紀歌謡集　武田祐吉校註
- 日本書紀　全五冊　坂本太郎・家永三郎・井上光貞・大野晋校注
- 万葉集　全五冊　佐竹昭広・山田英雄・工藤力男・大谷雅夫・山崎福之校注
- 原文万葉集　全二冊　佐竹昭広・山田英雄・工藤力男・大谷雅夫・山崎福之校注
- 竹取物語　阪倉篤義校訂
- 伊勢物語　大津有一校注
- 玉造小町子壮衰書 ―小野小町物語　杤尾武校注
- 古今和歌集　佐伯梅友校注
- 土左日記　紀貫之　鈴木知太郎校注
- 蜻蛉日記　今西祐一郎校注
- 源氏物語　全九冊(既刊四冊)　柳井滋・室伏信助・大朝雄二・鈴木日出男・藤井貞和・今西祐一郎校注
- 枕草子　池田亀鑑校訂
- 和泉式部日記　清水文雄校注
- 和泉式部集・和泉式部続集　清水文雄校注
- 更級日記　西下経一校注
- 今昔物語集　全四冊　池上洵一編
- 三条西家本栄花物語　全三冊　三条西公正校訂
- 堤中納言物語　大槻修校注
- 西行全歌集　久保田淳・吉野朋美校注
- 梅沢本古本説話集　川口久雄校訂
- 後撰和歌集　松田武夫校訂
- 古語拾遺　斎部広成撰　西宮一民校注
- 王朝物語秀歌選　全二冊　樋口芳麻呂校注
- 倭漢朗詠集　山田孝雄校訂
- 落窪物語　藤井貞和校注
- 新訂方丈記　市古貞次校注
- 新訂新古今和歌集　佐佐木信綱校訂
- 金槐和歌集　源実朝　斎藤茂吉校訂
- 新訂徒然草　西尾実・安良岡康作校注
- 平家物語　全四冊　梶原正昭・山下宏明校注
- 神皇正統記　北畠親房　岩佐正校注
- 御伽草子　全二冊　市古貞次校注
- 王朝秀歌選　樋口芳麻呂校注
- わらんべ草　大蔵虎明　笹野堅校訂
- 千載和歌集　久保田淳校注　藤原俊成撰
- 読む能の本 謡曲選集　野上豊一郎編
- 東関紀行・海道記　玉井幸助校訂
- おもろさうし　外間守善校注
- 太平記　全六冊　兵藤裕己校注
- 好色五人女　井原西鶴　東明雅校註
- 武道伝来記　井原西鶴　横山重・前田金五郎校注
- 西鶴文反古　井原西鶴　片岡良一校訂
- 芭蕉紀行文集 付 嵯峨日記　中村俊定校注
- 芭蕉おくのほそ道 付 曾良旅日記・奥細道菅菰抄　萩原恭男校注
- 芭蕉俳句集　中村俊定校注
- 芭蕉連句集　中村俊定・萩原恭男校注
- 芭蕉文集　潁原退蔵編註
- 芭蕉俳文集　全二冊　堀切実編注
- 芭蕉自筆奥の細道　上野洋三・櫻井武次郎校注

岩波文庫の最新刊

梁啓超文集
岡本隆司・石川禎浩・高嶋航編訳

中国の青年たちに精神の改造と社会の近代化を唱えた清末・民国期の知識人、梁啓超(一八七三―一九二九)。その広範な活動を伝える二八篇を精選、解題を付す。

〔青二三四―一〕 本体一三二〇円

シンボルの哲学
――理性、祭礼、芸術のシンボル試論――
S・K・ランガー著／塚本明子訳

シンボルの操作こそ、人間と動物を区別するものである――。アメリカにおける記号論を美学に発展させたS・K・ランガー(一八九五―一九八五)の代表作。一九四二年刊。

〔青N六〇二―一〕 本体一四四〇円

ジャック・ラカン 精神分析の四基本概念(上)
ジャック＝アラン・ミレール編／小出浩之・新宮一成・鈴木國文・小川豊昭訳

ラカン理論の核心を示す、最重要のセミネールの記録。「無意識、反復、転移、欲動」の四基本概念について、精緻な議論が展開される。改訳を経ての初の文庫化。(全二冊)〔青N六〇三―一〕 本体七八〇円

……今月の重版再開……

ルイ十四世の世紀(一)
ヴォルテール著／丸山熊雄訳

本体七八〇円 〔赤五一八―三〕

ルイ十四世の世紀(二)
ヴォルテール著／丸山熊雄訳

本体七八〇円 〔赤五一八―四〕